원리 영문법

원리 영문법

초판 1쇄 발행 2020년 5월 25일

지은이 이원일
펴낸이 장길수
펴낸곳 지식과감성#
출판등록 제2012-000081호

디자인 장홍은
편집 이현, 장홍은
교정 양수진
마케팅 고은빛

주소 서울시 금천구 벚꽃로298 대륭포스트타워6차 1212호
전화 070-4651-3730~4
팩스 070-4325-7006
이메일 ksbookup@naver.com
홈페이지 www.knsbookup.com

ISBN 979-11-6552-158-5(13740)
값 16,000원

ⓒ 이원일 2020 Printed in Korea

잘못된 책은 구입하신 곳에서 바꾸어 드립니다.
이 책의 전부 또는 일부 내용을 재사용하려면 사전에 저작권자와 펴낸곳의 동의를 받아야 합니다.

이 도서의 국립중앙도서관 출판예정도서목록(CIP)은 서지정보유통지원시스템
홈페이지(http://seoji.nl.go.kr)와 국가자료공동목록시스템(http://www.nl.go.kr/kolisnet)에서
이용하실 수 있습니다. (CIP제어번호 : CIP2020019519)

홈페이지 바로가기

원리 영문법

원리를 깨우쳐서
리딩 · 라이팅 · 스피킹을 원어민의 속도로

영어의 망망대해에서 등대가 되어줄 희망의 책

이원일 지음

술술 읽기만 해도
나의 평생자산이 된다!

지식과감성#

목차

A 영어 문장 이해하기

Part 1 영문법 지도 8
Part 2 원어민의 영어 사용 느낌 9
Part 3 영어문장 한눈에 이해하기 10
Part 4 문장을 구성하는 뼈대와 문장의 4요소 11
    1. 문장을 구성하는 뼈대 11
    2. 문장의 4요소 12
Part 5 문장의 5형식과 부연설명 13
    1. 우리말과 영어의 어순차이 13
    2. 문장의 5형식 13
    3. 문장과 부연설명 14
    4. 수여동사와 전치사 18
Part 6 문장의 종류 20
    1. 평서문 20
    2. 의문문 20
    3. 명령문 20
    4. 감탄문 21
    5. 기원문 22
Part 7 품사(品詞) 23
    1. 품사란? 23
    2. 8품사 23

B 8품사 이해하기(동사 편)

Part 8 동사(動詞) 전반 28
    1. 동사란? 28
    2. 동사의 종류 28
    3. 존재동사와 동작동사 30
    4. 부정문과 의문문 34
    5. 주요동사 44
Part 9 부정사(不定詞)와 준동사(準動詞) 52
    1. 부정사 53
    2. 준동사란? 56
Part 10 to부정사 57
    1. to부정사의 용법 57
    2. to부정사의 의미상의 주어 58
    3. to부정사의 관용적 표현 59
    4. to부정사의 시제 59
    5. to부정사의 주의할 용법 60
    6. that절에서 사용되는 원형부정사 61
    7. to부정사의 보어용법과 to be의 생략 64
Part 11 동명사(動名詞) 68
    1. 동명사란? 68
    2. 동명사의 의미상의 주어 68
    3. 동명사와 to부정사를 목적어로 취하는 동사 69
    4. 동명사의 관용적 표현 72
Part 12 분사(分詞) 75
    1. 분사(分詞)란? 75
    2. 분사의 용법 76
    3. 분사구문(分詞構文) 77

Part 13 **수동태(受動態) 80**
  1. 수동태란? 80
  2. 수동태의 형태 80
  3. 수동태에 쓰는 전치사 81
  4. 진행수동과 완료수동 82
  5. 조동사가 있는 수동태 83
  6. 수동형 분사구문 83

Part 14 **동사의 시제(時制) 85**
  1. 동사의 활용 86
  2. 시제란? 87

Part 15 **현재시제(現在時制) 88**
  1. 현재시제란? 88
  2. 일반동사 현재시제 88

Part 16 **과거시제(過去時制) 91**
  1. 과거시제란? 91
  2. be동사 과거시제 91
  3. 일반동사 과거시제 91
  4. used to 92

Part 17 **진행형(進行形) 94**
  1. 진행형이란? 94
  2. 현재진행형 95
  3. 과거진행형 96
  4. 미래진행형 97

Part 18 **완료형(完了形) 98**
  1. have와 완료형 98
  2. 현재완료 98
  3. 과거완료 100
  4. 미래완료 101
  5. 완료진행과 완료수동 103
  6. 기타 have의 용법 104
  7. yet과 already 107

Part 19 **미래형(未來形) 110**
  1. 미래형과 조동사 110
  2. 미래조동사 110

Part 20 **가정법(假定法) 122**
  1. 법(法)이란? 122
  2. 법(法)의 종류 122
  3. 조건접속사 'if' 123
  4. 조동사의 과거형 123
  5. 가정법의 종류 124
  6. 주절만 사용하는 가정법 과거완료 127
  7. 특별한 형식의 가정법 128

C 8품사 이해하기(동사 이외)

Part 21 관사(冠詞) 134
1. 관사란? 134
2. 정관사 the 134
3. 부정관사 a, an 142
4. 관사의 발음 143

Part 22 명사(名詞) 144
1. 명사란? 144
2. 명사의 종류 144
3. 명사의 주의할 용법 145
4. 명사의 수(數) 146
5. 셀 수 있는 명사와 셀 수 없는 명사 148
6. 명사의 격(格) 149
7. 명사의 성(性) 151

Part 23 대명사(代名詞) 153
1. 대명사란? 153
2. 대명사의 종류 153
3. 인칭대명사(人稱代名詞) 153
4. 지시대명사(指示代名詞) 159
5. 부정대명사(不定代名詞) 161

Part 24 관계사(關係詞) 177
1. that절 177
2. 관계대명사(關係代名詞) 177
3. 관계부사(關係副詞) 181
4. 관계형용사(關係形容詞) 184
5. 복합관계대명사(複合關係代名詞) 185
6. 복합관계부사(複合關係副詞) 185
7. 복합관계형용사(複合關係形容詞) 186
8. 의사관계대명사(擬似關係代名詞) 186

Part 25 형용사(形容詞) 187
1. 형용사의 종류 187
2. 형용사의 용법 187
3. 형용사의 어순 188
4. 수량형용사 188

Part 26 부사(副詞) 191
1. 부사의 종류와 형태 191
2. 부사의 용법과 위치 191
3. 주의할 부사의 용법 194
4. as, so, such 201
5. 일상회화에서 많이 쓰는 부사 205

Part 27 비교표현법(비교급, 최상급) 209
1. 형용사, 부사의 변화 3가지 209
2. 원급비교(동등비교) 210
3. 비교급 비교(우열비교) 211
4. 최상급 212

Part 28 접속사(接續詞) 214
1. 접속사의 구실과 종류 214
2. 접속사의 용법 214

Part 29 전치사(前置詞) 224
1. 전치사의 기능 224
2. 전치사의 용법 224

D 특수문장

Part 30 일치(一致)와 화법(話法) 242
1. 주어와 동사의 일치 242
2. 시제의 일치 243
3. 화법의 전환 244

Part 31 특수구문(特殊構文) 246
1. 도치, 강조, 생략 246
2. 공통, 삽입, 동격, 무생물주어 248

부록

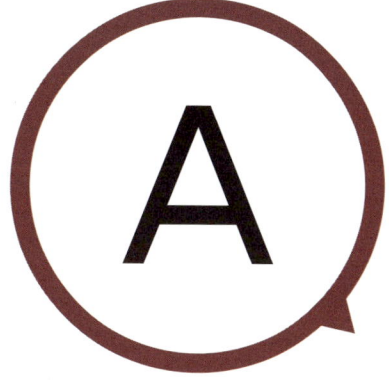

영어 문장 이해하기

Part 1 영문법 지도 (GRAMMAR MAP)

- **문장**
  - **기본 4요소**
    - 주어 / 목적어 / 보어
      - **명사**: 사람이나 사물의 이름을 나타내는 말
      - **대명사**
        - 명사 대신 쓰는 말
        - 인칭대명사, 지시대명사, 부정대명사, 의문대명사, 관계대명사
    - 동사
      - **동사**
        - 주어인 사람이나 사물의 상태나 동작을 나타내는 말
        - 부정사와 준(準)동사—to부정사, 동명사, 분사
        - 태(態)—능동태, 수동태
        - 시제(동사의 형태가 바뀌어서 나타나는 시간의 개념)—현재시제, 과거시제
        - 어떤 시간 안에서 나타나고 있는 하나의 모습—진행형, 완료형, 미래형
        - 법(法)—직설법, 가정법
  - **보조요소**
    - 수식어
      - **형용사**
        - 사람이나 사물의 성질이나 상태를 나타내는 말
        - 명사 앞에 쓰여 그 명사를 수식하거나 보어로 쓰임
        - 원급, 비교급, 최상급
      - **부사**
        - 동사나 형용사, 다른 부사, 문장 전체를 수식하는 말
    - 연결어
      - **부사**
        - 명사나 대명사 앞에 놓여 다른 낱말과의 관계를 나타내는 말
      - **접속사**
        - 절과 절, 구와 구, 단어와 단어를 연결해 주는 말
        - 등위접속사, 종속접속사
- **단어**
  - **구**
    - 2개 이상의 단어가 모여서 하나의 품사 역할
    - 주어+동사의 형태를 갖추지는 않음
  - **절**
    - 2개 이상의 단어가 모여서 하나의 품사 역할
    - 주어+동사의 형태를 갖춤

Part 2 원어민의 영어 사용 느낌

1. 영어의 '주어 중심 사고'
- 홍길동은 영어로 왜 'Kildong Hong'일까?
  주어인 자기 자신과 가까운 것은 **'이름'**이므로 영어식 사고방식에서는 이름이 먼저 오고, 우리말은 가문을 중시하는 사고방식에 따라 성씨가 먼저 옴

2. 영어는 주어로 시작해서 주어와 가까운 단어부터 순서대로 나열한다.
- He jumped **for** a shot **over** a defender **in** K-league **at** Jamsil Stadium.
  그는 점프했다. / 무엇만을 생각하면서(for) 하나의 슛 / 위에서 무엇을 다 덮어서(over) 수비수를 /
  무엇 안에서(in) K리그 / 그 경기가 열리는 장소는 콕 찍듯 가리켜(at) 잠실 경기장

3. 영어는 단어가 나오는 순서대로 바로바로 이해해야 한다.
- A book is on the table.
  한 권의 책이(a book) 있다.(is) / 무엇에 덧붙여서 위에(on) 테이블 (테이블 위에)

4. 영어는 결론부터 말하고 다음에 결론에 대한 설명을 덧붙인다.
- 영어에 있어 동사가 차지하는 비중은 너무나 큼
  - 정착민족의 전통을 가진 우리나라는 감정의 표현을 나타내는 형용사의 서술형이나 동사는 말의 가장 끝에 위치하게 됨. 하지만 유목민의 전통을 가진 영어권 사람들의 생활은 이동과 새로운 만남의 연속이었기 때문에 그들의 삶은 그렇게 치열하고 급박할 수밖에 없었으며 그렇기 때문에 감정을 표현하는 동사가 단도직입적으로 주어 바로 뒤에 따라오게 됨
  - 기존 영문법 교과서에서 다루고 있는 내용 중 70% 이상에 해당하는 to부정사, 동명사, 분사, 현재시제, 과거시제, 진행형, 완료형, 미래형, 수동태, 가정법 등의 문법사항들은 모두 동사의 변화와 관련된 것임
- I think **that** he is honest.
  나는 생각한다.(think) / **그건(that)** 그가 이다.(he is)라고 정직한 상태(honest)
  (나는 생각한다. 그가 정직하다고)
- I know the girl **that(who)** lives in London.
  나는 알고 있다.(know) 그 소녀를 / 그 소녀는(that) 산다.(lives) / 무엇 안에서(in) / 런던 (런던에서)

Part 3 영어문장 한눈에 이해하기

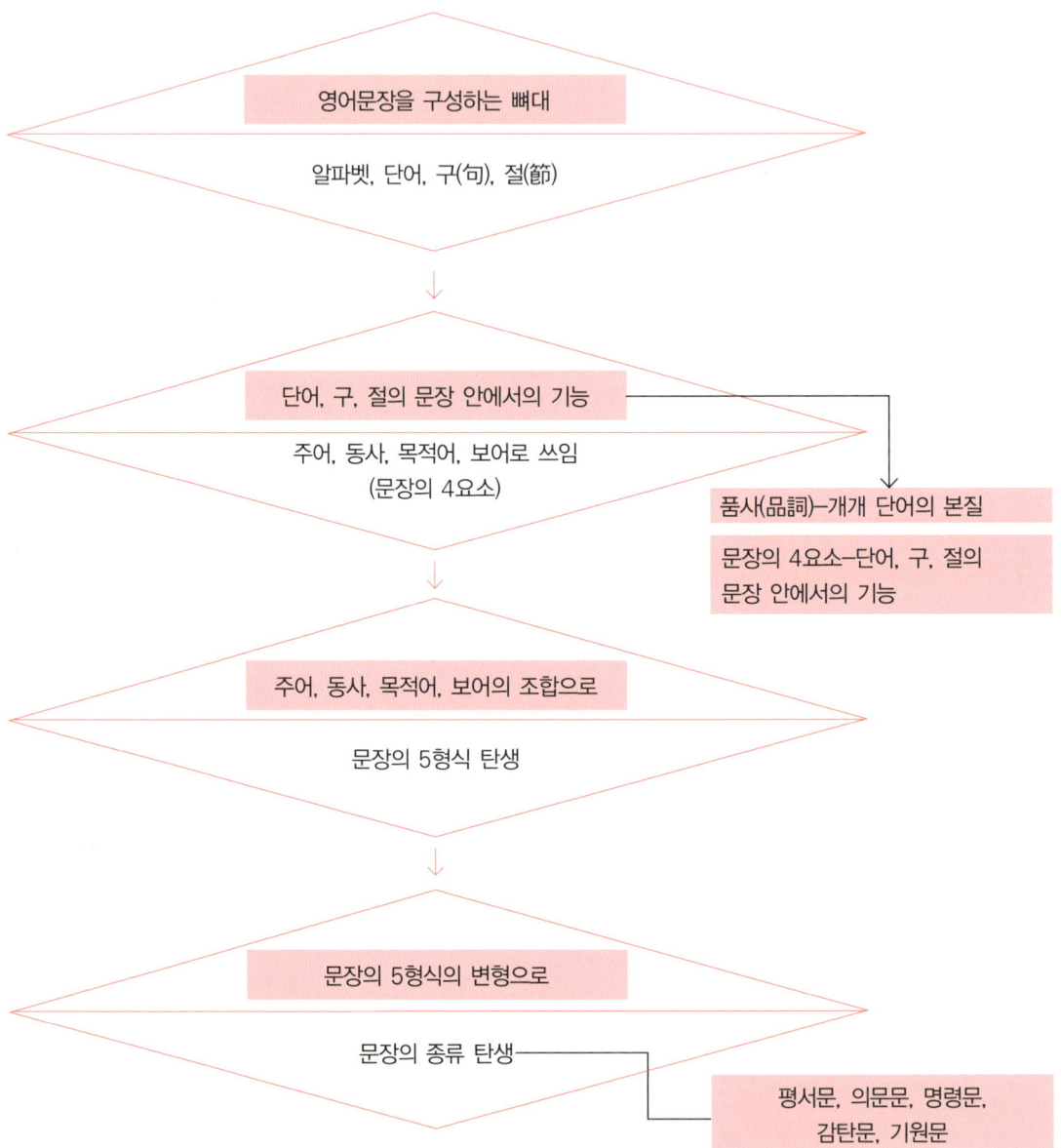

Part 4 문장을 구성하는 뼈대와 문장의 4요소

1. 문장을 구성하는 뼈대
(1) 알파벳(Alphabet)

(2) 단어: 알파벳이 짝을 지어 이루어진 하나의 독립된 뜻을 갖게 되는 말

(3) 구(句): 2개 이상의 단어가 모여서 하나의 품사 역할을 하는 단어들의 덩어리로 '주어+동사'의 형태를 갖추지 않음

To read good books is important. (주어 역할)

읽는 것은(to read) 좋은 책들을 / 이다.(is) 중요한 상태(important)

(좋은 책들을 읽는 것은 중요하다.)

(4) 절(節): 2개 이상의 단어가 모여서 하나의 품사 역할을 하는 단어들의 덩어리로 '주어+동사'의 형태를 갖춤

That he is honest is true. (주어 역할)

그건(that) 그가 정직하다는 것은(he is honest) / 이다.(is) 사실인 상태(true)

(그가 정직하다는 것은 사실이다.)

2. 단어, 구(句), 절(節)의 문장 안에서의 기능 (문장의 4요소)

(1) 주어(主語-Subject word)

　① 어떠한 행위나 상태의 주체가 되는 말 (명사, 대명사, 명사에 상당하는 말)

　② **Mary** and **I** are good friends.
　　메리와 나는 이다.(are) 좋은 친구(good friends)

(2) 동사(動詞-Verb)

　① 주어인 사람이나 사물의 상태나 동작을 나타내는 말

　② I **like** apples very much.
　　나는 좋아한다.(like) 사과를(apples) 매우 많이

(3) 목적어(目的語-Object)

　① 동사가 나타내는 동작의 대상이 되는 말

　　I ate **apples**. (3형식)
　　나는 먹었다.(ate) 사과를(apples)

　② 4형식의 간접목적어와 직접목적어

　　(a) 간접목적어(I.O): '~에게'에 해당하는 목적어 (사람이나 동물)

　　(b) 직접목적어(D.O): '~을(를)'에 해당하는 목적어 (사물)

　　(c) Mary showed **me an album**. (4형식)
　　　메리는 보여 주었다.(showed) 나에게(me) 앨범을(an album)

(4) 보어(補語-Complement)

　① 동사만으로는 뜻이 불충분하기 때문에 그 뜻의 모자람을 보충하여, 주어 또는 목적어를 설명해 주는 말

　② 주격보어: 주어를 설명해 주는 보어로, '주어=주격보어'의 관계

　　He is **our school teacher**. (He=our school teacher)
　　그는 이다.(is) 우리의 학교 선생님(our school teacher)
　　(그는 우리 학교 선생님이다.)

　③ 목적격보어: 목적어를 설명해 주는 보어로, '목적어=목적격보어'의 관계

　　I thought **him honest**. (him=honest)
　　나는 생각했다.(thought) 그가(him) 정직하다고(honest)

Part 5 문장의 5형식과 부연설명

1. 우리말과 영어의 어순차이

영 어	한국어
I like apples. (주어+동사+목적어)	나는 사과를 좋아한다. (주어+목적어+동사)

※ 우리말도 화가 나서 혹은 급하게 결론부터 말할 때는 영어와 어순이 같아짐

2. 문장의 5형식

(1) 요약

❶ 1형식: 주어+동사 　Birds sing. 새가 노래한다. ❷ 2형식: 주어+동사+보어 　She is kind. 그녀는 이다.(is) 친절한 상태 ❸ 3형식: 주어+동사+목적어 　I love you. 나는 사랑한다. 당신을 ❹ 4형식: 주어+동사+간접목적어+직접목적어 　I gave her a flower. 나는 주었다. 그녀에게 꽃을 ❺ 5형식: 주어+동사+목적어+목적보어 　I believe him honest. 나는 믿는다. 그가 정직하다는 것을	**+부사 상당어구** (부사, 전치사구, 부사절 등) (부사 상당어구는 급할 땐 없어도 그만인 거품이라서 대부분 문장 뒤쪽에 옴)

(2) 자동사와 타동사

① 자(自)동사: 동사의 영향을 받는 대상이 주어 자신 (목적어 필요 없음)
　(a) 굳이 행위의 대상을 콕 찍어 말할 필요가 없거나 누구나 알 수 있는 경우 자동사 사용 (영어의 경제성)
　(b) She **eats** well.
　　그녀는 음식을 먹는다.(eats) 잘(well)
　　▶ 어떤 음식을 먹는지 듣는 이에게 굳이 콕 찍어 말할 필요가 없기 때문에 자동사로 사용됨

② 타(他)동사: 동사의 영향을 받는 대상이 주어 아닌 다른 대상 (다른 대상으로서의 목적어 필요)
　(a) 행위의 대상을 콕 찍어 한 가지를 말해야 할 때 타동사 사용
　(b) They **ate** tomatos.
　　그들은 먹었다.(ate) 토마토를
　　▶ 음식을 먹되 음식 중 토마토를 먹었다고 토마토 하나만을 콕 찍어 말하기 때문에 타동사로 사용됨

(3) 2형식, 4형식, 5형식은 모두 3형식과 같은 표현임
  ① 보어는 움직임이 없다는 점에서 주격보어든 목적격보어든 모두 '상태'
    ■ 상태(狀態): 처해 있는 형편이나 모양 (움직임이 없음)
  ② 현지인들은 모든 상태를 명사인 목적어처럼 취급함
    ■ 상태는 움직임이 없다는 점에서 명사와 같은 성질을 가지고 있어 명사처럼 취급할 수 있고 따라서, 논리적으로 상태는 명사처럼 목적어가 될 수 있음

    상태(움직임×)=명사(움직임×) → 따라서, 상태는 목적어 취급 가능

    • 2형식의 [보어]도
    • 4형식의 [누가 무엇을 가지고 있는 상태(간·목+직·목)]도
    • 5형식의 [누가 무엇인 상태(목+목·보)]도 모두 목적어처럼 취급함

  ③ 예문
    ■ She gets [angry]. (2형식)
      그녀는 가진다.(gets) [화난 상태]를 (그녀는 화났다.)
    ■ He made [his sister a new house]. (4형식)
      그는 만들었다.(made) [그의 여동생이 새 집을 가진 상태]를
      (그는 만들어 주었다. 그의 여동생에게 새 집을)
    ■ He made [me clean the room]. (5형식)
      그는 만들었다.(made) [내가 청소하는 상태를 그 방을]
      (그는 시켰다. 내가 그 방을 청소하도록)

3. 문장과 부연설명

(1) **주어 동사+부연설명** → 부연설명은 문장에 덧붙여 표현을 풍부하게 함
(2) **부연설명의 종류**
  ① 주어 동사+전치사구: 주어의 상태 (1형식, 2형식)
  ② 주어 동사+준동사(구): 시간 관련 주어의 상태 (2형식, 3형식)
  ③ 주어 동사+목적어: 주어의 구체적 행위상태 (3형식)
  ④ 주어 동사+형용사: 주어의 쉽게 변하지 않는 상태 (2형식)
  ⑤ 주어 동사+부사: 주어의 일시적인 상태 (1형식)
  ⑥ 주어 동사+다른 무엇이 다른 무엇을 가지고 있는 상태: 4형식
  ⑦ 주어 동사+다른 무엇의 어떤 상태: 5형식
(3) **주어 동사+전치사구(전치사+명사)**
  ① 전치사구에는 형용사구와 부사구가 있는데 거의 모든 전치사구는 부사구로 일시적인 행위나 상태를 의미함. 형용사구가 아닌 '전치사+명사' 구조는 모두 부사구로 보면 됨

② 형용사구

　　She is **of importance** in the town. (2형식)

　　그녀는 이다.(is) 중요한 상태(of importance) 무엇 안에서(in) 그 마을 (그 마을에서)

　　▶ 'of importance(important)'는 형용사구로 문장에서 주격보어 역할을 함

③ He was **on the floor**. (1형식)

　　그는 있었다.(was) / 무엇에 덧붙어 위에(on) 마루 (그는 있었다. 마루에)

　　▶ on the floor는 부사구로 문장의 형식에 영향을 미치지 않음

(4) 주어 동사+준(準)동사(구)

① 주어 동사+to부정사

　　He wants **to leave** here tomorrow. (3형식)

　　그는 원한다.(wants) 떠나기를(to leave) 여기에서 내일

② 주어 동사+동명사

　　It began **raining** in the afternoon. (3형식)

　　시작했다.(began) 비 오는 것을(raining) / 무엇 안에서(in) 오후 (오후에)

　　(비가 오기 시작했다. 오후에)

③ 주어 동사+분사(현재분사, 과거분사)

　　I am **going** to school. (현재분사) (2형식)

　　나는 이다.(is) 가고 있는 상태(going) / 무엇을 목표로(to) 학교

　　(나는 가고 있다. 학교에)

　　She has **gone** to Paris. (과거분사) (2형식)

　　그녀는 현재 가지고 있다.(has) 갔던 상태(gone)를 / 무엇을 목표로(to) 파리

　　(그녀는 가 있다. 파리에)

(5) 주어 동사+목적어 (3형식)

① 목적어는 명사를 사용하며 해당동사의 행위 대상 중 분명한 하나만을 표시해 문장인 '주어+동사'를 부연설명함

② I ate **apples**. (목적어는 apples)

　　나는 먹었다.(ate) 사과를

(6) 주어 동사+형용사(보어) (2형식)

① 주격보어로 형용사를 취하는 동사 (감각동사 등)

> - look 어떤 쪽으로 눈을 돌리다 (~을 보다)
> - taste ~의 맛을 보다
> - sound ~소리를 내다
> - seem (특별한 상태)인 것 같다
> - smell ~의 냄새를 맡다
> - feel ~을 느끼다
> - appear (무엇이) 모습을 보이다

(a) You **look** happy.

너는 눈을 돌린다.(look) 행복한 상태 쪽으로(happy) (너는 행복해 보인다.)
► 행복한 상태 쪽으로 눈을 돌리고만(향해) 있지 가 있는 상태는 아니라서 '행복한 상태인 것 같다'란 의역이 나옴

(b) The candy **tastes** sweet.
그 캔디에서 맛을 본다.(tastes) 달콤한 상태의 맛을(sweet)
(그 사탕에서 달콤한 맛이 난다.)

(c) It **smells** good.
그것에서 냄새를 맡는다.(smells) 좋은 상태의 냄새를(good)
(그것에서 좋은 냄새가 난다.)

(d) That **sounds** great.
그 말은 소리를 낸다.(sounds) 매우 좋은 상태의 소리를(great)
(그 말은 들린다. 매우 좋게)

(e) I **feel** happy.
나는 느낀다.(feel) 행복한 상태를(happy)

(f) The box **seems** heavy to carry.
그 상자는 특별한 상태인 것 같다.(seems) 무거운 상태(heavy) 옮기기에(to carry)
(그 상자는 무거운 것 같다. 옮기기에)

(g) He **appears** rich.
그는 모습을 보인다.(appears) 부유한 상태를(rich) (부유해 보인다.)

② 기타 주격보어로 형용사를 취하는 동사

- be동사(~이다)
- keep(무엇을 잡고 있다), remain(계속 어떤 상태이다), stay(계속 그대로 있다)
- get(~을 가지다), grow(~을 기르다), turn(둥글게 돌다), become(~이 되다), go(무엇에서 멀어지다)

(a) His class **is** interesting.
그의 수업은 이다.(is) 흥미로운 상태(interesting) (그의 수업은 재미있다.)

(b) Babies should **keep** warm.
아기들은 해야 한다.(should) 잡고 있는 것(keep) 따뜻한 상태를(warm)
(아기들은 유지해야 한다. 따뜻한 상태를)

(c) The weather **remained** cloudy.
날씨가 계속 어떤 상태였다.(remained) 흐린 상태(cloudy) (날씨가 계속 흐렸다.)

(d) You should **stay** healthy.
너는 해야 한다.(should) 계속 그대로 있는 것(stay) 건강한 상태로(healthy)
(너는 건강을 유지해야 한다.)

(e) The students **got** quiet.
학생들은 가졌다.(got) 조용한 상태를(quiet) (학생들이 조용해졌다.)

(f) He **grew** tired.

그는 길렀다.(grew) 피곤한 상태를(tired) (그는 피곤해졌다.)

(g) Her face **turned** red.

그녀의 얼굴은 돌았다.(turned) 빨간 상태로(red) (그의 얼굴은 빨개졌다.)

(h) Alice **became** a teacher.

앨리스는 되었다.(became) 선생님이

(i) The milk will **go** bad in three days.

우유는 멀어져서 가 있을 것이다.(will go) 상한 상태로(bad) 3일 후에(in three days)
(우유는 상할 것이다.)

③ 2형식 문장에서 보어로 형용사를 사용해야 하는 경우

(a) 주어의 쉽게 변하지 않는 성질을 설명할 때

He is **humble**.

그는 이다.(is) 겸손한 상태(humble) (그는 겸손하다.)

(b) 동작이 끝난 후의 주어의 상태를 표현할 때

She gets **angry**.

그녀는 가진다.(gets) 화난 상태를(angry) (그녀는 화났다.)

(c) 사물주어의 보어를 표현할 때

ⓐ 사물주어는 움직일 수 없으므로 일시적 행위를 의미하는 부사를 보어로 쓸 수 없으며 반드시 형용사를 사용

ⓑ 사물주어는 움직일 수 없으므로 그 사물주어를 대상으로 생각해 '그것에서 사람이 해당 동사의 행위를 한다'고 느끼면 됨

The metal **felt smooth**.

그 금속에서 느꼈다.(felt) 부드러운 상태를(부드러움을)(smooth)

(한국식 의역: 그 금속은 부드럽게 느껴졌다.)

(7) 주어 동사+부사 (1형식)

① 해당동사의 행위를 일시적으로 묘사할 때 부사 사용

② He ate **quickly**.

그는 먹었다.(ate) 빠르게(quickly)

(8) 주어 동사+다른 무엇이 무엇을 가지고 있는 상태 (4형식)

① 우리말 해석으론 주로 '누구에게 무엇을 주다'로 해석되지만 원어민의 느낌은 '어떤 행위를 하여 누가 무엇을 가지고 있는 상태이게 하다'임

② '주어 동사' 다음 [누가 무엇을 가지고 있는 상태]를 하나의 목적어처럼 느끼고 [누구/무엇(물건)]의 순서로 말함

③ give: (줄 수 있는 것을) 주다

She **gave** [me a candy].

그녀는 주었다.(gave) [내가 캔디를 가지고 있는 상태]를

(그녀는 주었다. 나에게 캔디를)

▶ [me a candy=I have a candy]라고 설명할 수 있음

④ tell(무엇을 이야기하다), show(무엇을 보여 주다), teach(무엇을 가르치다)

(a) 위 동사들은 해주는 것이 가지고 있을 수 있는 물건이 아닌 형체가 없는 '내용'임

(b) 위 동사들은 간접목적어(사람)와 직접목적어(무형의 지식)의 사이에 have가 생략된 것이 아니라 '알고 있다'란 뜻의 know가 생략되어 있음

(c) She **taught** [students economics].

그녀는 가르쳤다.(taught) [학생들이 경제학을 알고 있는 상태]를

(그녀는 가르쳤다. 학생들에게 경제학을)

▶ [students economics=students know economics]

(9) 주어 동사+다른 무엇의 어떤 상태 (5형식)

① He **saw** [her crying].

그는 보았다.(saw) [그녀가(her) 울고 있는 상태를(crying)]

② 대괄호 안은 다른 무엇의 어떤 상태이기 때문에 상태를 표현하는 'be'가 생략되었고

[her crying=She was crying]으로 볼 수 있음

4. 수여동사(受與動詞)와 전치사

(1) 수여동사란?

'누구에게 무엇을 주다'라는 뜻을 갖는 동사임

(2) 전치사 **to**와 결합하는 동사

① 전치사 to의 원뜻: 무엇을 목표로 하여 도착할 때까지

② to의 의미에는 '무엇을 목표로 하여'라는 방향성이 포함되어 있으므로 '누구에게 무엇을 주다'라는 의미의 동사들과 어울림

③ 전치사 to를 사용하는 동사

▪ give 주다	▪ tell 이야기하다	▪ send 보내다	▪ bring 가지고 오다
▪ write 쓰다	▪ teach 가르치다	▪ show 보여 주다	▪ pay 지불하다
▪ hand 건네다	▪ lend 빌려주다	▪ offer 제공하다	▪ promise 약속하다

④ She **gave** me a candy. (4형식)

그녀는 주었다.(gave) 내가 캔디를 가지고 있는 상태를

(그녀는 주었다. 나에게 캔디를)

⇒ She **gave** a candy **to** me. (3형식)

그녀는 주었다. 캔디를 / 무엇을 목표로(to) 나 (나에게)

(그녀는 주었다. 캔디를 나에게)

(3) 전치사 for와 결합하는 동사

① for의 원뜻: 무엇만을 생각하면서 (유일한 생각 전치사)

② 4형식에서 3형식으로 전환 시 for를 사용하는 동사들을 살펴보면 모두 원뜻이 누구를 위한 행위가 아닌 그냥 자신이 하고 싶어 하는 단순행위임

③ 그래서, 3형식 문장이 '주다'란 의미를 갖게 만들려면 '그 사람만을 생각하는 마음'이 있어야 하는데 전치사 중 유일한 생각 전치사는 for이므로 4형식에서 3형식으로 전환 시 전치사 for를 사용하게 됨

④ 전치사 for를 사용하는 동사

- make 만들다
- choose 무엇을 고르다
- get 가지다
- buy 무엇을 사다
- order 무엇을 주문하다
- cook 요리를 하다

⑤ He **bought** me a cake. (4형식)

그는 샀다.(bought) 내가 케이크를 가지고 있는 상태를

(그는 사주었다, 나에게 케이크를)

⇒ He **bought** a cake **for** me. (3형식)

그는 샀다. 케이크를 / 무엇만을 생각하면서(for) 나

(그는 사주었다. 케이크를 나에게)

(4) 전치사 of와 결합하는 동사

① of의 원뜻: 분리 불가능한 무엇의 일부로서의

of를 중심으로 **일부 of 본체**

▶ the handle **of** the car (그 차와 그 핸들은 분리 불가능함)

그 핸들 / 분리 불가능한 무엇의 일부로서의(of) 그 차

② 전치사 of를 사용하는 동사

- ask (누구의 생각을) 요구하다 (묻다)
- inquire 묻다 (문의하다)

(a) ask는 요구하는 것이 물건이 아닌 상대방의 생각의 종류인 '의견, 감정, 지식' 등임. 그래서 ask의 목적어는 상대방의 '생각의 종류'만 올 수 있음

(b) She **asked** me a question. (4형식)

그녀는 요구했다.(물었다)(asked) 나에게(me) 하나의 질문을(a question)

⇒ She **asked** a question **of** me. (3형식)

⇒ She **asked** a question **to** me. (×)

▶ '질문(question)'은 '생각'이며 사람의 생각은 그 사람과 분리 불가능함. 그래서, 3형식이 되었을 때 질문은 나와 분리 불가능하게 되므로, 전치사 of를 사용하여 'a question of me'처럼 표현함

Part 6 문장의 종류

1. 평서문: 사실을 그대로 나타내는 문장
(1) 어순은 '주어+동사'가 되고, 마침표(Period)로 끝맺음
(2) 긍정문과 부정문이 있음

    She is an English teacher. (긍정문)
    그녀는 이다.(is) 한 사람의 영어 선생님

   ⇒ She is **not** an English teacher. (부정문)
      그녀는 이다.(is) 아니게(not) (아니다.) 한 사람의 영어 선생님

2. 의문문: 상대방에게 어떠한 사실을 묻고자 할 때 쓰이는 문장
(1) 어순은 '동사+주어'가 되고, 물음표(Question Mark)로 끝맺음
(2) She is an English teacher. (평서문)
    그녀는 이다.(is) 한 사람의 영어 선생님(an English teacher)

   ⇒ **Is she** an English teacher? (의문문)
      인가요?(is) 그녀는 한 사람의 영어 선생님(an English teacher)

(3) **Yes**와 **No**
   ① 우리말 '예, 아니요'는 '이다, 아니다'에 가깝지만 영어의 'yes, no'는 '행위가 있다, 행위가 없다'에 가까움
   ② 원어민 느낌
     A: "Don't you like it?" 하지 않아요? 당신 좋아하는 것 그것을
     B: "**Yes**, I do." 해요(행위가 있음), 나는 좋아해요.
         "**No**, I don't." 안 해요(행위가 없음), 나는 좋아하지 않아요.

3. 명령문: 명령, 금지, 의뢰를 나타내는 문장
(1) 누군가에게 어떤 것을 하라고 말할 때는 원형부정사(동사원형)를 사용함
   ① 명령은 상대방에 대한 절대적 행위인데, 절대적 행위는 원형부정사 사용
   ② 주어 You를 생략하고 문장의 맨 앞에 동사원형을 쓴 형태로 '~해라'의 뜻을 나타냄. 'am, is, are'의 동사원형은 'be'임

    You are kind to others. (평서문)
    너는 이다.(are) 친절한 상태(kind) 다른 사람들에게(to others)

   ⇒ **Be** kind to others. (명령문)
      친절해라.(be kind) 다른 사람들에게(to others)

③ 부정명령문: 'Don't+동사원형'의 형태로 '~하지 마라'의 뜻임

You close the door. (평서문)

너는 닫는다.(close) 그 문을

⇒ **Don't close** the door. (명령문)

하지 말아라.(don't) 닫는 것(close) (닫지 말아라.) 그 문을

(2) **Let's**로 시작하는 명령문

① Let's+동사원형

(a) 권유나 제안을 할 때 쓰며 '~하자'의 뜻임. 응답은 'Yes, No'로 함

(b) a: **Let's play** soccer.

허락하자.(let) 우리가(us) 하는 것을(play) 축구를 (우리 축구하자.)

b: Yes, let's. (All right. Okay.) / No, let's not.

▶ let: 무엇이 원하는 것을 허락하다

▶ Let's=Let us

② Let's not+동사원형: '~하지 말자'의 뜻임

Let's not go out.

하지 말자.(let's not) 가는 것(go) 밖으로(out) (나가지 말자.)

4. 감탄문: 강한 감정을 나타내는 문장

(1) how나 what을 사용하여 '정말 ~하구나!'라는 감탄의 의미를 표현할 수 있음. 주어, 동사는 생략이 가능하며 맨 끝에는 감탄부호(!)를 붙임

(2) **How**(의문부사)+형용사(부사)+(주어+동사)! (형용사 강조)

① She is **very kind**. (평서문)

그녀는 이다.(is) 매우 친절한 상태(very kind)

⇒ **How** kind (she is)! (감탄문)

정말 친절하구나 (그녀는)!

② how는 본질이 의문부사이므로 형용사나 부사와 어울림

(3) **What**(의문형용사)+a(an)+형용사+명사+(주어+동사)! (명사 강조)

① She is **a very kind woman**. (평서문)

그녀는 이다.(is) 매우 친절한 여성(a very kind woman)

⇒ **What** a kind woman (she is)! (감탄문)

정말 친절한 여성이구나. (그녀는)

② what은 본질이 의문대명사이므로 명사와 어울림

(4) **how**나 **what** 뒤에 오는 형용사(부사)에 강세를 둠

5. 기원문: 기도를 올리거나 소원을 말할 때 쓰는 문장
(1) 기원문은 'May+주어+동사'의 어순을 가짐
> ▶ 기원이라는 것은 '바라는 일이 이루어지기를 비는 것'을 의미하는데 바라는 일이 이루어질 것인가의 여부는 확신할 수 없고 추정할 수만 있음. 따라서, '무엇 할(일) 수도 있다'라는 추정의 의미를 갖는 미래조동사 may가 기원문에 어울림

(2) God **may** help you. (평서문)
　신께서 할 수도 있습니다.(may) 꺼내 주는 것(도와주는 것)(help) 당신을
　(신께서 당신을 도와드릴 겁니다.)
　⇒ **May** God help you. (기원문)
　　할 수도 있기를.(may) 신께서(God) 꺼내 주는 것(도와주는 것)(help) 당신을
　　(신께서 도와드리기를! 당신을)
> ▶ help: (무엇을 어떤 상태에서) 꺼내 주다

Part 7 품사(品詞)

1. 품사란?
(1) 문법적으로 공통된 성질을 가진 단어끼리 묶어 놓은 것
(2) 문장의 4요소는 단어, 구, 절의 문장 안에서의 기능에 따라 주어, 동사, 목적어, 보어로 구분한 것이고 품사는 개개 단어의 본질임

2. 8품사
(1) **명사(名詞)(noun)**: 사람이나 사물의 이름을 나타내는 낱말 [book, James]
(2) **대명사(代名詞)(pronoun)**: 명사 대신 쓰는 낱말 [그 사람(he), 그것(it)]
(3) **형용사(形容詞)(adjective)**: 사람이나 사물의 성질이나 상태를 나타내는 낱말
　① 명사 앞에 쓰여 그 명사를 수식함

　　a **beautiful** girl 아름다운 소녀

　② 보어로 쓰임

　　He is **nice**.

　　그는 이다.(is) 멋진 상태(nice) (그는 멋지다.)

(4) **부사(副詞)(adverb)**: 동사, 형용사, 다른 부사, 문장 전체를 수식하는 낱말
　① 동사의 앞 또는 뒤에서 동사를 수식함

　　He **always** works **hard**.

　　그는 언제나(always) 일한다.(works) 열심히(hard)

　② 형용사 앞에서 형용사를 수식함

　　a **very** nice person

　　매우(very) 멋진(nice) 사람

　③ 다른 부사를 수식함

　　He can speak English **very** well.

　　그는 할 수 있다.(can) 말하는 것(speak) 영어를 매우(very) 잘(well)

　④ 문장 전체를 수식함

　　Happily she did not die.

　　행복하게도(happily) 그녀는 하지 않았다.(did not) 죽는 것(die)

　　(행복하게도 그녀는 죽지 않았다.)

(5) **동사(動詞)(verb)**: 주어인 사람이나 사물의 상태(움직임 없음)나 동작(움직임 있음)을 나타내는 낱말

(6) 전치사(前置詞)(preposition): 명사 또는 대명사 앞에 놓여 다른 말과의 관계를 나타내는 낱말
   ① **on** the table
      무엇에 덧붙어서 위에(on) 그 테이블 (그 테이블 위에)
   ② 전치사는 서로 다른 단어들을 연결하는 고리의 역할을 하는 기능어임. 고급영어를 구사하기 위해서는 60여 개에 달하는 전치사의 이해가 선행돼야 함!

(7) 접속사(接續詞)(conjunction): 절과 절, 구와 구, 단어와 단어를 연결하여 주는 낱말
   and(그리고), or(또는), because(왜냐하면) 등

(8) 감탄사(感歎詞)(interjection): 감정(희, 노, 애, 락)을 나타내는 낱말
   Oh! Bravo! Alas(슬픔, 유감을 나타내는 소리) 등

주요 전치사 미리보기

전치사	이미지	원 뜻	예문
up		(최고치까지) 무엇 위로	He is coming **up** the stairs.
down		무엇 아래로	He fell **down** the stairs.
from		무엇에서부터 시작하여	He came **from** Europe.
to		무엇을 목표로 도착할 때까지(미래)	Let's go **to** the museum.
toward		어떤 쪽을 향하여 (운동의 방향)	He walked **toward** me.
on (upon)		무엇에 덧붙어서 위에	This book is **on** the table. (on 구어체 upon 문어체)
beneath		무엇에 덧붙어서 아래에	He put the pillow **beneath** my head.
off (or away)		무엇에서 떨어져 (무엇에서 분리되어)	He fell **off** the bed.
over		위에서 무엇을 다 덮어서 (수직방향의 바로 위)	There is a bridge **over** the river.
under		대항할 수 없는 무엇 아래에 (수직방향의 바로 아래)	The dog is **under** the table.
underneath		무엇 아래에 (덮여 있어서 보이지 않는 경우)	He is looking **underneath** the car.
above		무엇 위쪽에 (비스듬히 멀리 떨어져서 위) (기준 이상)	There is a waterfall **above** the bridge.
below		무엇 아래쪽에 (비스듬히 멀리 떨어져서 아래) (기준 이하)	The hut is **below** the top of the mountain.
in		무엇의 안에	This ball is **in** the box.
into		무엇의 안으로	He jumped **into** the sea.

전치사	이미지	원 뜻	예문
out		무엇의 밖에	This ball is **out** the box.
out of		무엇의 밖으로	He tried to pull it **out of** the water.
across		무엇을 가로질러	Don't run **across** the road.
along		무엇을 죽 따라서	He ran **along** the river.
around		무엇을 돌아서	He ran **around** the lake.
past		무엇을 지나서	My house is **past** the bookstore.
through		무엇을 통과해서	The fly came **through** the window.
about (=concerning=regarding=as regards=as to=in(with) regard to=respecting=with respect to=in respect of=in(with) reference to) 《떨어져(ab=away) 밖에(out) 있다》		무엇에 관하여 《about 다음의 것과는 동일체가 아니고 떨어져 있는 것(관련된 것)이라는 개념》	Tell me all **about** it.
after		무엇의 뒤를 따라서 (무엇 후에)	He takes **after** his father.
before		무엇 전에	He will leave **before** lunch.
by	가까이에 있는(near) (가까이에 있으면 영향을 미치게 됨)	① 가까이에 있어 영향을 미치는 힘은 ② 무엇 가까이에 (무엇 옆에-장소) ③ 어느 시간 가까이에 (언제까지-시간)	① This house is heated **by** gas. ② Come and sit **by** me. ③ I will finish my work **by** tomorrow.
for		무엇만을 생각하면서 (생각 전치사)	It's a book **for** children.
of	일부 of 전체	분리 불가능한 무엇의 일부로서의	the handle **of** my car
at		여러 개 중 무엇 하나만 콕 찍듯 가리켜	He met her **at** the hospital.

B
8품사 이해하기 (동사 편)

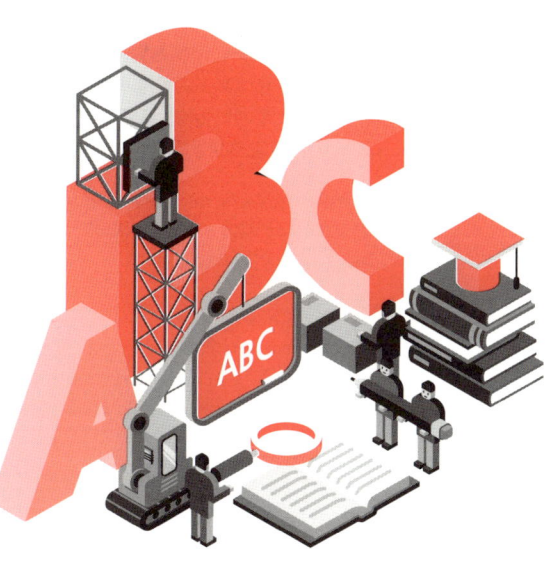

Part 8 동사(動詞) 전반

1. 동사란?: 주어인 사람이나 사물의 상태(움직임 없음)나 동작(움직임 있음)을 나타내는 낱말

2. 동사의 종류

성질에 따른 분류					
성질에 따른 분류	존재동사	움직임이 없는 동사	be동사: ~이다, 있다	❶ 진행형과 수동태에 쓰이지 않는 be동사	조동사 (❷❸❹❺)
				❷ 진행형과 수동태에 쓰이는 be동사	
			❸ 완료형의 have: 가지고 있다		
			❹ 미래조동사 • will: ~할(일) 것이다 • shall: ~하(이)기로 되어 있다 • can: ~할(일) 수 있다 • may: ~할(일) 수도 있다 • must: 반드시 ~하(이)기로 되어 있다		
	동작동사	움직임이 있는 동사	❺ 본래는 본동사이지만 상황에 따라 조동사로 쓰이는 동사들 • do: ~을 하다 • ought to: ~해야 한다 • need: ~해야 한다 • dare: 감히 ~할 용기가 있다		
			❻ 일반동사: 동작동사 전체에서 ❺를 뺀 동사 (동작동사-❺)		본동사 (❻)
형태에 따른 분류	부정사	• 말의 법칙이 따로 정(定)하여져 있지 아니한(不) 말(詞)로서 인칭, 수의 영향을 받지 않고 항상 원형으로만 쓰이는 동사		• 부정사=원형부정사=동사원형≠to부정사 • '행위 자체'를 표현	
	준동사	• 준동사는 동사의 특성을 그대로 가지고 있어 동사에 준(準)하지만, 문장 안에서 다른 품사(명사, 형용사, 부사)로 써먹는 말들임 • to부정사, 동명사, 분사(현재분사, 과거분사)로 분류		• **to부정사**=to+부정사 • **동명사**=부정사에 –ing를 붙임 • **현재분사**=부정사에 –ing를 붙여 진행형 표현 • **과거분사**=부정사에 –ed를 붙이거나 형태를 바꾸어서 **완료형**과 **수동태** 표현	
	시제	• 부정사의 형태를 바꾸어서 나타내는 시간의 법칙		• **현재시제**=부정사에 –(e)s 등을 붙여 표현 • **과거시제**=부정사에 –ed 등을 붙이거나 형태를 바꾸어 표현	
	유사시제	• 조동사의 도움을 받아서 표현하는 어떤 시간 안에서의 하나의 모습으로 시제는 아니지만 시제와 유사한 형태 • 부정사의 형태가 바뀌는 것이 아니라 be동사, 완료형의 have, 미래조동사의 도움을 받아 표현		• **진행형**=be동사+부정사 –ing • **완료형**=have+과거분사 • **미래형**=미래조동사(현재형)+원형부정사 • **가정법**=미래조동사(현재형or과거형)+원형부정사	

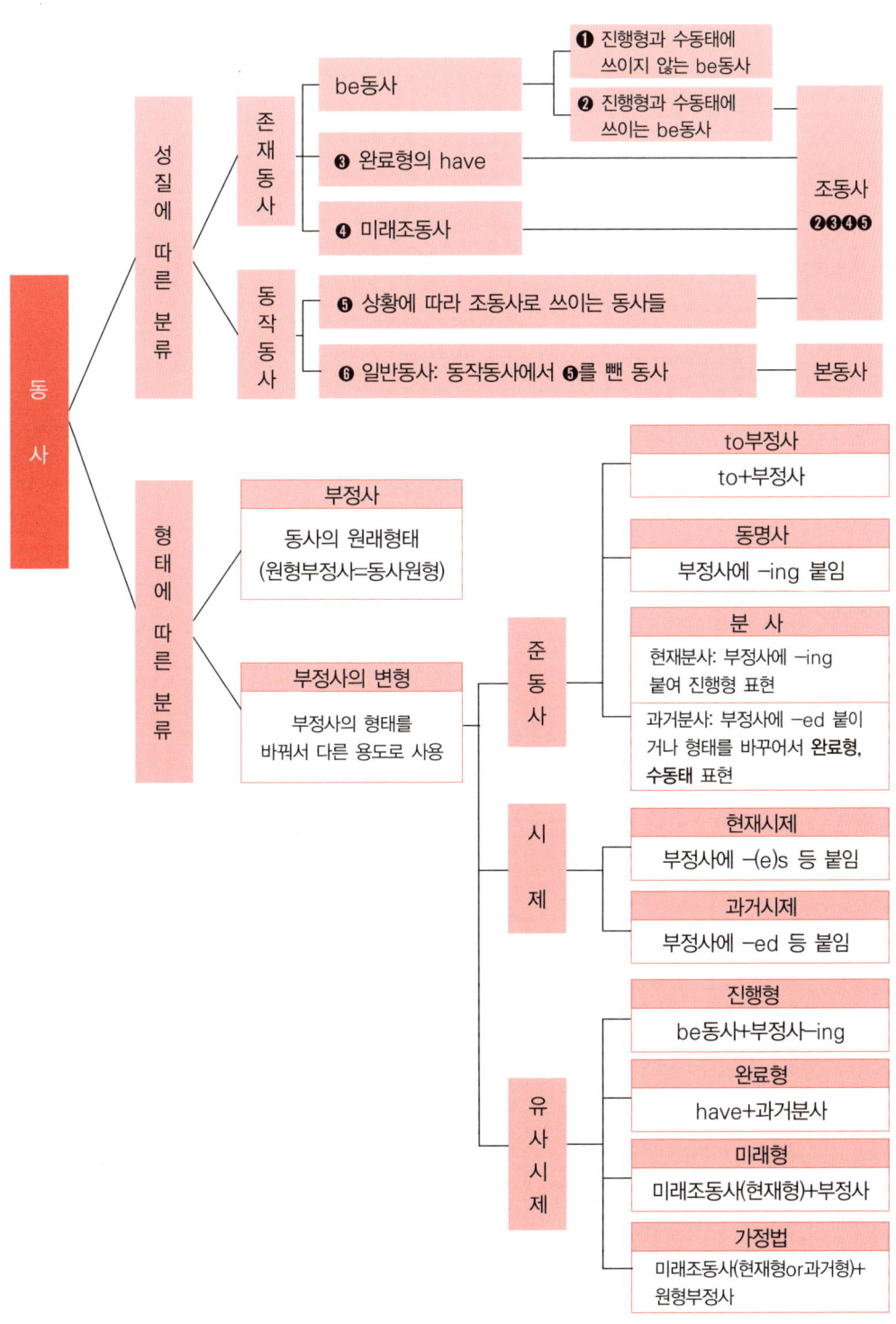

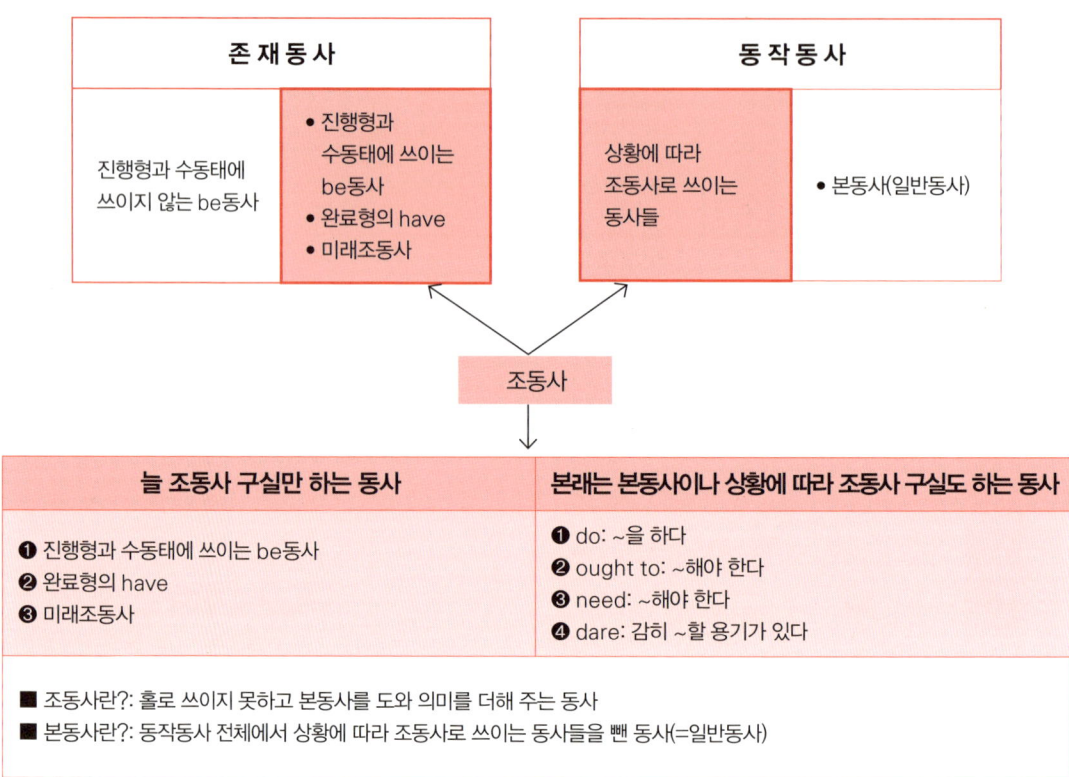

3. 존재동사와 동작동사

(1) 존재동사(움직임이 없는 동사)

① 세상의 모든 '존재함'은 사람의 힘으로 결정할 수 없고 사람의 능력을 초월한 절대자의 뜻에 의해 결정되므로 존재동사는 절대자 취급을 함

② be동사: 존재 (to exist)

(a) 주어가 어떤 상태로 존재하다 (우리말 느낌은 '~이다')

I **am** a student. 나는 이다.(am) 학생

(b) 주어가 어디에 구체적으로 존재하다 (우리말 느낌은 '있다')

I **am** here. 나는 있다.(am) 여기에(here)

(c) 진행형과 수동태에 쓰이는 be동사는 조동사의 역할도 함

ⓐ I **am** *going* to school. (진행형)

나는 이다.(is) 가고 있는 상태(going) / 무엇을 목표로(to) 학교
(나는 가고 있다. 학교에)

▶ be동사 'am'이 동사의 성격을 가진 현재분사 'going'을 도와 '~이다'라고 문장을 완성시켜 줌

ⓑ The door **was** *opened* by him. (수동태)

그 문을 이었다.(was) 열렸던 상태(opened) / 가까이에서 영향을 미치는 힘은(by) 그 사람 (그 문을 열었다. 그가)

> ▶ be동사 'was'가 동사의 성격을 가진 과거분사 'opened'를 도와 '~이었다'라고 문장을 완성시켜 줌

③ 완료형의 have: 기억의 소유

  (a) have는 '가지다'란 동작이 아니라 '기억을 가지고 있다'라는 기억의 소유의 '존재'를 의미하므로 존재동사로 분류할 수 있음

  (b) 현재완료(have+p.p.)는 '완료한 상태(p.p.)를 현재 가지고 있다(have)'인데 이미 완료한 상태를 현재 가지고 있을 방법은 사람의 기억밖에 없음

  (c) have는 조동사 역할도 함

    She **has** gone to Paris.

    그녀는 지금 가지고 있다.(has) 갔던 상태(gone)를 / 무엇을 목표로(to) 파리 (파리로)

    (그녀는 가 있다. 파리에)

> ▶ 'have'가 동사의 성격을 가진 과거분사 'gone'을 도와 '가지고 있다'라고 문장을 완성시켜 줌

④ 미래조동사: 미래(will, shall, can, may, must)

  (a) 미래조동사는 미래에 '존재할 상태나 동작을 나타낸다'는 의미에서 존재동사로 분류할 수 있음

  (b) 미래조동사는 당연히 조동사 역할을 함

    I **will** go there tomorrow.

    나는 할 것이다.(will) 가는 것(go) 거기에(there) 내일

> ▶ 'will'이 동사 'go'를 도와 '할 것이다'라고 문장을 완성시켜 줌

(2) 동작동사(움직임이 있는 동사)

① 본래는 본동사이지만 상황에 따라 조동사 구실도 하는 동사

  (a) 아무 동사나 조동사가 될 수 있는 것이 아니라 본동사를 도울 수 있는 무게감을 가진 동사들만 조동사 역할을 수행할 수 있음. 따라서 인간의 행위를 대표하는 동사인 do, 무엇을 해야 한다는 당위를 나타내는 ought to, need, dare 등의 행위동사들이 조동사 역할을 할 수 있음

  (b) do(does, did): ~을 하다

    ⓐ do는 인간의 행위를 대표하는 동사임

    ⓑ do는 의문문과 부정문에서 절대자인 존재동사처럼 본동사를 도와주는 조동사 역할을 하므로 존재동사처럼 절대자 취급을 해줌. 따라서 부정어 not은 감히 조동사 앞에 위치하면 안 되고 조동사 바로 뒤에 위치하며, 조동사 다음에는 순수한 원형부정사가 와야 함

    ⊙ What **did** you **do** yesterday? (did는 조동사 / do는 본동사)

      무엇을(what) 했니(did)? 너 하는 것(do) 어제 (뭐 했니 너? 어제)

    ⊙ **Do** you **like** milk? (do는 조동사 / like는 본동사)

      하니?(do) 너 좋아하는 것(like) 우유를 (너 좋아하니? 우유를)

- ⊙ I **do** not like milk. (부정문: do는 조동사)

    나는 한다.(do) 아니게(not) (하지 않는다.) 좋아하는 것(like) 우유를

    (나는 좋아하지 않는다. 우유를)

- ※ do가 대(代)동사로 쓰이는 경우

    a: Did you go to the park yesterday?

    했니?(did) 너 가는 것(go) / 무엇을 목표로(to) 공원 어제

    (너 갔니? 공원에 어제)

    b: Yes, I **did**. (=Yes, I **went** there yesterday.)

    응, 나는 갔어.

    ▶ did는 went 대신 쓰인 대동사

(c) ought to: ~해야 한다

  ⓐ ought: (의무, 도덕적 책임) ~해야 한다

  ⓑ We ***ought to help*** one another.

    우리는 해야 한다(ought to). 돕는 것을(help) 서로(one another)

    (우리는 도와야 한다. 서로)

  ⓒ 'ought to do'의 부정은 'ought not to do(~해서는 안 된다)'

    You **ought not to say** such a thing.

    너는 해서는 안 된다(ought not to). 말하는 것을(say) 그러한 것을(such a thing)

    (너는 안 된다. 말해서는 그런 것을)

    ▶ 'ought to'는 절대자인 존재동사처럼 본동사를 도와주는 조동사 역할을 하므로 존재동사처럼 절대자 취급을 해줌. 따라서 부정어 not은 감히 조동사 앞에 위치하면 안 되고 조동사 바로 뒤에 위치하며, 조동사 다음에는 순수한 원형부정사가 와야 함

(d) need: ~을 해야 한다

  ⓐ 의문문, 부정문에서는 조동사로 쓰이고, 긍정문에서는 본동사로 쓰임

    ▶ 의문문, 부정문에서는 조동사로 쓰이므로 주어가 3인칭 단수인 경우에도 need에 −s를 붙이지 않음

  ⓑ need: ~을 필요로 하다 → (필요하니까 해야 함) → 해야 한다

  ⓒ 부정문, 의문문: 조동사

    ⊙ Paul **need not come** here. [~하지 않아도 된다 (~할 필요가 없다)]

    폴은 필요로 한다.(해야 한다.)(need) 아니게(not) 오는 것(come) 여기에

    (폴은 올 필요가 없다. 여기에)

    ▶ 여기서 need는 절대자인 존재동사처럼 본동사를 도와주는 조동사 역할을 하므로 존재동사처럼 절대자 취급을 해줌. 따라서 부정어 not은 감히 조동사 앞에 위치하면 안 되고 조동사 바로 뒤에 위치하며, 조동사 다음에는 순수한 원형부정사가 와야 함

- **Need** Paul *come* here? (해야 한다)
  필요로 하나요?(need) 폴이 오는 것(come) 여기에
  (폴이 와야 하나요? 여기에)

ⓓ 긍정문: 본동사
- 어감의 세기: must(반드시 해야 한다) > have to(해야 한다) > need(해야 한다) > should(했으면 좋겠다)
- Alice **needs** to come here.
  앨리스는 필요로 한다.(해야 한다.)(needs) / 오기로 되어 있는 상태를(to come) 여기에
  (앨리스는 와야 한다. 여기에)

(e) dare: 감히 ~할 용기가 있다
  ⓐ 의문문, 부정문에서는 조동사로 쓰이고, 긍정문에서는 본동사로 쓰임
  - 의문문, 부정문에서는 조동사로 쓰이므로 주어가 3인칭 단수인 경우에도 dare에 –s를 붙이지 않음

  ⓑ 부정문, 의문문: 조동사
  - He **dare not (daren't)** say such a thing.
    그는 감히 할 용기가 있다.(dare) 아니게(not) (~할 용기가 없다.) 말하는 것(say) / 그러한 것을
    (그는 감히 말할 용기가 없다. 그러한 것을)
    ▶ 여기서 dare는 절대자인 존재동사처럼 본동사를 도와주는 조동사 역할을 하므로 존재동사처럼 절대자 취급을 해줌. 따라서 부정어 not은 감히 조동사 앞에 위치하면 안 되고 조동사 바로 뒤에 위치하며, 조동사 다음에는 순수한 원형부정사가 와야 함
  - **Dare** he *say* such a thing?
    감히 할 용기가 있겠니?(dare) 그는 말할(say) / 그러한 것을(such a thing)
    (그가 감히 말할 용기가 있겠니? 그러한 것을)

  ⓒ 긍정문: 본동사
  - He **dares** to say such a thing.
    그는 감히 할 용기가 있다.(dares) 말할(to say) 그러한 것을(such a thing)

② 일반동사(본동사): 동작동사 전체에서 본래는 본동사이지만 상황에 따라 조동사 구실도 하는 동사를 뺀 동사

I **study** English everyday.
나는 공부한다.(study) 영어를 매일

4. 존재동사와 동작동사 활용하기 (부정문과 의문문)

(1) 부정문

① 존재동사 부정문

(a) 존재동사는 절대자이므로 'not'은 존재동사 앞에 위치할 수 없고 바로 뒤에 위치하며 존재동사 다음에는 순수한 원형부정사가 옴

(b) be동사: be동사만 보면 무조건 be 다음에 not 사용

I **am not** hungry.

나는 이다.(am) 아니게(not) (아니다.) 배고픈 상태(hungry)

(나는 배고프지 않다.)

(c) 완료형의 have: 완료형만 보면 무조건 have 다음에 not 사용

I **have not** eaten Chinese food.

나는 현재 가지고 있다.(have) 아니게(not) (가지고 있지 않다.) 먹었던 상태를(eaten) 중국음식을

(나는 먹어본 적이 없다. 중국음식을—경험)

(d) 미래조동사: 미래조동사만 보면 무조건 다음에 not 사용

I **will not (won't)** change my mind.

나는 할 것이다.(will) 아니게(not) (하지 않을 것이다.) 바꾸는 것(change) 나의 마음을(my mind)

(나는 바꾸지 않을 것이다. 나의 마음을)

② 동작동사 부정문

(a) 본래 본동사이지만 상황에 따라 조동사 구실도 하는 동사의 부정문

ⓐ do, ought to, need, dare 조동사만 보면 무조건 다음에 not 사용

ⓑ 위 조동사들은 절대자인 존재동사처럼 본동사를 도와주는 조동사 역할을 하므로 존재동사처럼 절대자 취급을 해줌. 따라서 부정어 not은 감히 조동사 앞에 위치하면 안 되고 조동사 바로 뒤에 위치하며, 조동사 다음에는 순수한 원형부정사가 와야 함

ⓒ 현재시제 부정문: do not / does not+동사원형(원형부정사)

(긍정)		(부정)		
I we you they	know.	I we you they	**do not** (=don't)	know.
he she it	knows.	he she it	**does not** (=doesn't)	

⊙ I **don't** *like* coffee.

나는 하지 않는다.(don't) 좋아하는 것(like) 커피를

⊙ She **does not** *like* coffee.

그녀는 하지 않는다.(does not) 좋아하는 것(like) 커피를

(그녀는 좋아하지 않는다. 커피를)

ⓓ 과거시제 부정문: did not + 동사원형(원형부정사)

He **did not** *have* a bicycle.

그는 하지 않았다.(did not) 가지고 있는 것(have)을 자전거를

(그는 가지고 있지 않았다. 자전거를)

ⓔ 부정 명령문: 인간의 행위라서 do의 도움을 받음

Don't make a noise.

만들지 마라.(don't make) 시끄러운 소리를(a noise) (시끄럽게 하지 마라.)

(b) 본동사(일반동사) 부정문

ⓐ 일반동사는 절대자가 아니므로 앞에 부정어가 위치할 수 있음

ⓑ '결코 ~하지 않는다'라고 강하게 부정할 때 never를 씀

He **never comes** on time.

그는 결코 하지 않는다.(never) 가까워지는 것(comes) (오는 것) / 무엇에 덧붙여서(on) 시간

(그는 결코 오지 않는다. 정해진 시각에)

in time	on time
in(~안에서)+time(시간) → 정해진 시각 안에(늦지 않게) ex) 6시 안에 도착해라	on(~에 덧붙여서)+time(시간) → 정해진 시각에(정각에) ex) 저녁 6시에 만나자

(2) 의문문

① 일반의문문: 핵심(결론)부터 묻는 문장

(a) 존재동사 의문문

ⓐ 존재동사인 'be동사, 완료형의 have, 미래조동사'는 절대자이므로 마음대로 이동할 수 있어 문장 맨 앞에 나오고 그 자리를 그 누구도 메울 수 없으므로 원래 있던 자리는 그냥 비워 두고 말함

ⓑ be동사 (존재)

⊙ She **is** from China. (평서문) → **Is** she from China? (의문문)

평서문	
I	am
he/she/it	is
we/you/they	are

의문문	
am	I
is	he/she/it
are	we/you/they

- **Am** I late?

  인가요?(am) 나(I) 늦은 상태(late) (나는 늦었나요?)

ⓒ 완료형의 have (기억의 소유)
- 핵심(have)+주어+과거분사(p.p.)
- 의문문에서 have로 먼저 물으면 '어떤 시점에서 어떤 시점까지 계속되는 일을 묻는구나' 라고 느끼면 됨
- **Have** you **been** to Moscow?

  가지고 있니?(have) 너 있었던 상태를(been) / 무엇을 목표로 가서(to) 모스크바(모스크바로 가서)
  (모스크바에 가본 적 있니?-경험)

ⓓ 미래조동사 (미래)
- 핵심+주어+동사? (핵심은 미래조동사 will, shall, can, may, must)
- **Will** you open the window?

  할 것이니?(will) 너 여는 것(open) 그 창문을 (창문 좀 열어 줄래?)
- **Shall** I wait?

  하기로 되어 있니?(shall) 나 기다리는 것(wait) (나 기다려야 해?)
- **Can** you play the piano?

  할 수 있니?(can) 너 연주하는 것(play) 피아노를
- **May** I come in?

  할 수도 있니?(may) 내가 가까워지는 것(come) 무엇 안에(in)
  (들어가도 되겠니?)

(b) 동작동사 의문문

ⓐ 존재동사는 절대자이므로 누구의 도움도 받지 않으나, 동작동사는 존재동사와 달리 연약한 존재이므로 의문문을 만들 때 인간의 행위를 대표하는 동사인 'do(하다)'의 도움을 받아야 함

ⓑ 이때 'do'는 절대자인 존재동사처럼 본동사를 도와주는 조동사 역할을 하므로 존재동사처럼 절대자 취급을 해줌. 따라서 부정어 not은 감히 조동사 앞에 위치하면 안 되고 조동사 바로 뒤에 위치하며, 조동사 다음에는 순수한 원형부정사가 와야 함

ⓒ 핵심+주어+동사?
- **Do** you **eat** milk?

  하니?(do) 너 먹는 것(eat) 우유를? (너 먹니? 우유를)
- **Did** you **eat** milk?

  했니?(did) 너 먹는 것(eat) 우유를? (너 먹었니? 우유를)
- **Don't** you **eat** milk?

  하지 않니?(don't) 너 먹는 것(eat) 우유를? (너 먹지 않니? 우유를)

ⓓ 현재시제 의문문은 'do/does+주어+동사원형'으로 씀

(긍정)

I / we / you / they	like
he / she / it	likes

(의문)

do	I / we / you / they	like?
does	he / she / it	

- **Do** you like music?

  하니?(do) 너 좋아하는 것(like) 음악을 (너 좋아하니? 음악을)

- **Does** Nicole love dogs?

  하니?(does) 니콜 매우 좋아하는 것(love) 개를
  (니콜은 매우 좋아하니? 개를)

ⓔ 현재시제 의문문에 다음과 같이 답할 수 있다.

Yes,	I/we/you/they	do.
	he/she/it	does.

No,	I/we/you/they	don't
	he/she/it	doesn't.

- a: Do you know Judy?

  너 알고 있니?(know) 쥬디를

  b: **Yes, I do**. (=Yes, I know her.)

  예, 나는 알고 있어요.

- a: Does she play the piano?

  하니?(does) 그녀 연주하는 것(play) 피아노를
  (그녀는 연주하니? 피아노를)

  b: **No, she doesn't**.

  아니. 그녀는 하지 않아.

ⓕ 과거시제 의문문은 '핵심(did)+주어+동사원형'으로 사용

- **Did** you have breakfast?

  했니?(did) 너는 가지고 있는 것(have) 아침을 (너는 먹었니? 아침을)

- 과거시제 의문문에 다음과 같이 답할 수 있음

Yes,	I/we/you/they he/she/it	did.

No,	I/we/you/they he/she/it	didn't.

a: **Did** you **have** a nice day?

당신 가지고 있는 것(have) 좋은 하루를
(좋은 하루를 보냈나요?)

b: **Yes, I did**. (=Yes, I had a nice day.)
   예, 나는 했어요. (예, 나는 가지고 있었어요. 좋은 하루를)

② 의문사 의문문
   (a) 의문사 의문문이란?
      ⓐ 의문사가 '1핵심'으로 제일 앞에 오고 다음에 '2핵심'이 오는 의문문
      ⓑ 묻는 내용이 '언제, 어디서, 누가, 무엇을, 어떻게, 왜' 등 의문사 고유의 내용을 묻기에 'Yes, No'가 아닌 구체적인 내용으로 대답해야 함
   (b) 의문사의 종류
      ⓐ 의문대명사: who(누구), what(무엇), which(어느 것)
         ⊙ who: '누구'라는 의미로 사람에 대해 물을 때 사용
            a: **Who** is he?
               누구(who)이니(is)? 그는
            b: He's my favorite singer.
               그는 이다.(is) 나의 가장 좋아하는 가수
         ⊙ what: '무엇'이라는 의미로 사물 등에 대해 물을 때 사용
            a: **What** is it?
               무엇(what)이니(is)? 그것
            b: It's a gift for my friend.
               그것은 이다.(is) 선물 / 무엇만을 생각하면서 (for) 내 친구
               (내 친구를 위한)
         ⊙ which: '어느 것'이라는 의미로 사물에 대해 물을 때 사용
            Which do you want, coffee or tea?
            어느 것을(which) 하나요?(do) 당신 원하는 것(want), 커피 혹은 차
      ⓑ 의문부사: when(언제), where(어디에), how(어떻게), why(왜)
         ⊙ when(때): '언제'라는 의미로 시간 또는 날짜를 물을 때 사용
            When is Cindy's birthday?
            언제(when)이니(is)? 신디의 생일
         ⊙ where(장소): '어디에'라는 의미로 장소를 물을 때 사용
            Excuse me, **where** is the bathroom?
            용서해 주세요.(excuse) 나를 (실례합니다.) / 어디에(where) 있나요?(is) 화장실이
         ⊙ how(방법): '어떻게'라는 의미로 방법을 물을 때 사용
            ■ **How** do you say "tree" in Chinese?
               어떻게(how) 하나요?(do) 당신 말하는 것(say) 나무를 / 무엇 안에서(in) 중국어 (중국어로)

- **How is it? / How about it?: 그것은 어때?**
  - **How is it?**: 일이 결정 난 후에 상대방에게 의견을 물어보는 질문
    - a: You bought a new car. **How is it?**
      너 샀구나. 새 차를 / 어떻게(how)이니(is) 그것은?
      (어떻니? 그것은)
    - b: It's just perfect.
      그것은 이다.(is) 딱 원래 그대로(just) 완벽한 상태(perfect)
      (정말 완벽해.)
  - **How about it?**: 일이 결정되지 않은 상황에서 상대방에게 의견을 물어보는 질문
    - a: I'm looking for a shirt.
      나는 이다.(am) 찾고 있는 상태(looking for) 셔츠를
    - b: **How about it?**
      어떻게(how) (생각해)? / 무엇에 관하여(about) 그것
      (그것은 어때?)
- **how+형용사/부사: 얼마나 ~**

How	형용사 (부사)	질문	응답
"How 얼마나	long 오래	have you known him?" 가지고 있니? 너 알았던 상태를 그를(너는 알아 왔니? 그를)	"For ten years." 10년 동안
"How 얼마나	far 멀리	is the bus station?" 있니? 버스 정류장	"Five miles." 5마일.
"How 얼마나	much 많은	is this ticket?" 이니? 이 티켓	"It's $10." 10달러
"How 얼마나	many 많은	brothers do you have?" 형제들을 너 가지고 있니?	"two brothers." 두 명의 형제
"How 얼마나	often 자주	do you exercise?" 하니? 너 운동하는 것	"Once a week." 한 번 일주일에
"How 얼마나	old 늙은	is Victoria?" 이니? 빅토리아	"She is 20." 그녀는 20살이야.

ⓞ why(이유): '왜'라는 의미로 이유를 물을 때 사용

Why did you call me last night?

왜(why) 했나요(did)? 당신(you) 전화하는 것(call) 나에게(me) 어젯밤(last night)

ⓒ 의문형용사: 의문사가 뒤에 있는 명사를 꾸며 주는 형용사 역할

ⓞ what+명사: 무엇(무슨, 어떤) ~

What color do you like?

무슨 색을(what color) 당신은 좋아하나요?(do you like)

- ⊙ which+명사: 어느 ~

  Which channel do you want to watch?

  어느 채널을(which channel) 당신 원하나요(do you want)? 보기를(to watch)

- ⊙ whose+명사: 누구의 ~

  Whose book is this?

  누구의 책(whose book)이니?(is) 이것(this)

(c) 의문대명사 의문문

ⓐ 존재동사 의문문

- ⊙ ① 의문사를 제일 먼저 말하고 ② 다음에 존재동사가 나오고 ③ 다음에 주어(or 주어+동사)를 덧붙임
   - ► 존재동사가 절대자이므로 제일 먼저 나올 것 같지만 제목이 의문사 의문문이므로 의문사가 제일 먼저 나옴

- ⊙ **What will** you do this vacation?

  무엇(what) 할 것이니(will)? 너는(you) 하는 것(do) 이번 여름방학에

  (뭐 할 거니? 너 이번 여름방학에)

- ⊙ **What is** her phone number?

  무엇(what)이니(is)? 그녀의(her) 전화번호(phone number)

ⓑ 동작동사 의문문

- ⊙ ① 의문사를 제일 먼저 말하고 ② 다음에 동작동사를 도와주는 do가 나오고, ③ 다음에 '주어+동사'를 덧붙임

- ⊙ **What do** you do?

  무엇(what) 하니(do)? 너(you) 하는 것(do) (직업이 뭐니?)

- ⊙ **Which do** you like better, tea or coffee?

  어느 것(which) 해요(do)? 당신 좋아하는 것(like) 더(better) / 차 혹은 커피

(d) 의문부사 의문문

ⓐ 존재동사 의문문

- ⊙ be동사 (존재)
   - ■ 의문사+be동사+주어?
   - ■ **How are** you?

     어떻게(how) 있나요(are)? 당신? (잘 지내죠?-안부 묻기)

   - ■ **How are** you doing?

어떻게(how) 인가요(are)? 당신 하고 있는 상태(doing) → 어떻게 당신 하고 있나요? (하시는 일은 어떠세요?)

► "How are you?"보다 세심한 질문

◉ 완료형의 have (기억의 소유)
- 의문사+have(has)+주어+과거분사(p.p.)
- **How have** you been?

어떻게(how) 가지고 있나요(have)? 당신 있었던 상태(been)

(지금까지 어떻게 지냈어요?)

► '과거에 있었던 상태(been)'가 현재까지 계속됨을 표현

- **How long have** you lived here?

얼마나 오래(how long) 가지고 있나요(have)? 당신 살았던 상태(lived)를 여기에서

(얼마나 오래 살아왔나요? 여기에서)

► 과거에 살았던 상태(lived)가 현재까지(have) 계속됨을 표현

◉ 미래조동사 (미래): will, shall, can, may, must
- 의문사+미래조동사+주어+동사?
- **Where will** you live in the future?

어디에서(where) 할 것이니(will)? 너 사는 것(you live) / 무엇 안에(in) 미래(미래에)

(어디에서 살 것이니? 미래에)

ⓑ 동작동사 의문문

◉ ① 의문사를 제일 먼저 말하고 ② 다음에 동작동사를 도와주는 do가 나오고 ③ 다음에 '주어+동사'를 덧붙임

◉ **When do** you go to school?

언제(when) 하니(do)? 너(you) 가는 것(go) / 무엇을 목표로(to) 학교 (학교로) (언제 너 가니? 학교로)

◉ **Where does** Helen live?

어디에서(where) 하니(does)? 헬렌 사는 것(Helen live)?

(어디에서 헬렌은 살아요?)

◉ **Why did** you cry?

왜(why) 했니(did)? 당신(you) 우는 것(cry)? (왜 당신은 울었죠?)

◉ **How often do** you eat out?

얼마나(how) 자주(often) 하나요(do)? 당신 먹는 것(you eat) 밖에서(out)

(얼마나 자주 당신 외식하나요?)

► how often 전체를 하나의 의문사처럼 여기므로 같이 앞에 놓고 말함(서로를 떼어 놓으면 정확한 의미 전달이 안 됨)

◉ **How many subjects do** you study?

얼마나 많은 과목을(how many subjects) 하니(do)? 너 공부하는 것(you study)
▶ 'How many subjects' 전체를 하나의 의문사처럼 여김

(e) 의문형용사 의문문
ⓐ **What *time*** is it?
무엇인(what) 시간(time)이니(is)? (몇 시니?)
ⓑ **which *season*** do you like best?
어느 계절(which season) 하니(do)? 너 좋아하는 것(you like) 가장(best)
(어느 계절을 너는 가장 좋아하니?)
ⓒ **Whose *idea*** was the plan?
누구의(whose) 아이디어(idea)이었니(was)? 그 계획(the plan)

(f) who, what, which, where로 시작하는 의문문에서 전치사는 맨 끝에 옴
ⓐ 여기에서 의문사는 전치사의 목적어 역할을 하며 격식체에서는 전치사가 의문사 앞으로 가는 경우도 있음
▶ **For** what is she shopping?
무엇만을 생각하면서(for what) / 이니(is)? 그녀 쇼핑하고 있는 상태(she shopping)
(무엇을 그녀는 쇼핑하니?)
ⓑ **Where** are you ***from***?
어디에서부터 시작하여(where from) (와서) 있나요(are)? 당신(you)
(어디에서 왔나요? 당신)
ⓒ **What** is the weather ***like*** today? (like는 전치사임)
무엇과 같이(what like) 이니(is)? 날씨(the weather) 오늘
(오늘 날씨가 어떤가요?)

(g) 선택의문문
ⓐ 선택의문문은 둘 중에 하나를 선택하여 대답하는 의문문이므로 Yes나 No로 대답하지 않음
ⓑ Which do you like better, **summer or winter**?
어느 것(which) 하니?(do) 너 좋아하는 것(you like) 더(better) / 여름 혹은 겨울 중
(어느 것이 너는 좋니? 더, 여름과 겨울 중)

(h) 부가의문문(附加疑問文)
ⓐ 상대방에게 확인이나 동의를 구하기 위해 문장 맨 끝에 짧게 덧붙이는 의문문으로 동어반복을 피하기 위해 긍정문 뒤엔 부정의 부가의문문, 부정문 뒤엔 긍정의 부가의문문이 옴
ⓑ 주어+동사의 긍정형, be/do/미래조동사의 부정형+인칭대명사?
◉ He **is** a teacher, **isn't he**?
그는 이다.(is) 선생님, / 아니니(isn't) 그는? (그렇지 않니?)
◉ You **like** Tom, **don't you**?

너는 좋아해(like) 탐을, / 하지 않니(don't) 너? (그렇지 않니?)

- She **will** meet her friend, **won't she**?

    그녀는 만날 것이다.(will meet) 그녀의 친구를, / 안 할 것이니?(won't) 그녀 (그렇지 않니?)

    ▶ 부가의문문의 부정형은 반드시 축약형으로 써야 함. 문장 끝으로 갈수록 호흡이 부족해질 것이므로 줄여 쓸 수 있는 부분은 줄여 쓰는 것임 (언어의 경제성)

ⓒ 주어+동사의 부정형, be/do/미래조동사의 긍정형+인칭대명사?

- You **aren't** tired, **are you**?

    너는 이다.(are) 아니게(not) (아니다.) 피곤한 상태(tired), / 이지(are) 너(you)? (그렇지?)
    (너는 피곤하지 않아, 그렇지 너?)

- The students **didn't** study hard, **did they**?

    그 학생들은 공부하지 않았어.(didn't study) 열심히, / 했니(did) 그들(they)? (그렇지?)

- We **can't** play soccer, **can we**?

    우리는 할 수 없어.(can't) 하는 것(play) 축구를, / 할 수 있어(can) 우리(we)? (그렇지?)

ⓓ 명령문의 부가의문문

- 앞 문장의 내용이 긍정형이든 부정형이든 상관없이 명령문의 부가의문문은 항상 'will you?'로 씀

    ▶ '무엇 해라'라고 명령을 하고 다짐을 받는 표현은 '그렇게 할 것이지?'임. 따라서 '~할 것이다'의 뜻을 가진 will 사용

- **Be** quiet, **will you**?

    이어라.(be) 조용한 상태(quiet), / 할 것이지(will) 너?
    (조용히 해, 그렇게 할 것이지 너?)

- **Don't be** late, **will you**?

    이지 마라.(don't) 늦은 상태이다.(be late), / 할 것이지(will) 너?
    (늦지 마라, 그렇게 할 것이지 너?)

ⓔ Let's로 시작하는 명령문의 부가의문문은 'shall we?'로 씀

- **Let's** go climbing, **shall we**?

    허락해라.(let) 우리가(us) 멀어져서 가는 것을(go) 등산하고 있는 상태로(climbing) 그렇게 하기로 되어 있는 거지(shall) 우리(we)?
    (우리 등산 가자, 그렇게 하는 거지 우리?)

    ▶ let: 무엇이 원하는 것을 허락하다
       shall: ~하기로 되어 있다

    ▶ 절대적 의미를 갖는 let은 당위라는 절대적 의미를 갖는 조동사 shall과 어울리므로 Let's로 시작하는 명령문의 부가의문문에서 shall을 쓰는 것임

- **Let's not** watch TV, **shall we**?

보지 말자(let's not watch) TV를, / 그렇게 하기로 되어 있는 거지(shall) 우리(we)?
(보지 말자, TV를, 그렇게 하는 거지 우리?)

5. 주요동사

(1) **take와 get**

① take와 get의 관계

　(a) take: 앞에 있는 것을 가지다

　　▶ reach for and hold: 무엇만을 생각하면서 뻗어서 잡다

　　▶ 앞에 있는 것을 손을 뻗어 잡는 느낌 (노력이 필요하지 않은 느낌)

　(b) get: 앞에 없는 것을 가지다

　　▶ come to have something: 가까워지다. 무언가를 가지기 위해

　　▶ 앞에 없는 것을 가지기 위해 다가서는 느낌 (노력이 느껴짐)

　(c) 기본 느낌은 모두 '가지다(소유)'라는 동작이지만

　　▶ 지금 내 앞에 포도만 있고 내가 먹고 싶은 사과는 마트 등 지금 내 앞이 아닌 다른 곳에 있다고 가정해볼 때 사과를 가진다면?

　　▶ 내 앞에 없는 것을 가지니까 get임. 그래서, "I **get** apples."

② take와 get의 어감 비교

　(a) I **took** first prize.

　　나는 가졌다.(took) 일등상을 (일등상을 탔다.)

　　▶ 내가 당연히 상을 탔다는 어감

　(b) I **got** first prize.

　　나는 가졌다.(got) 일등상을 (일등상을 탔다.)

　　▶ 내가 상을 탈 확률이 거의 없는데 상을 탔다는 어감

③ take

　(a) take와 일반어의 결합

　　ⓐ 자동사일 때 (동사 다음에 목적어가 없음)

　　　◉ 앞에 있는 것을 가지는데 어떤 하나를 콕 찍어 말할 필요가 없을 때임

　　　◉ The airplane **took** off for London.

　　　　그 비행기는 가졌다.(took) (하늘을) 떨어져서(off) (땅에서) / 무엇만을 생각하면서(for) 런던 (런던을 향해) (그 항공기는 이륙했다. 런던을 향해)

　　　▶ 항공기가 가질 수 있는 것은 하늘임. 항공기가 떨어져 분리(off)되는 것은 땅인데 당연한 사실이므로 off의 목적어인 땅을 생략하고 off를 부사로 사용했음

　　　▶ '비행기가 땅과 떨어져서 항공기 앞에 있는 하늘을 가지다'가 되고, 그래서 'take

off'는 '이륙하다'라는 의미를 가짐
　　　ⓑ 타동사일 때 (동사 다음에 목적어가 있음)
　　　　　⊙ '앞에 있는 것 중' 하나를 콕 찍어 말해야 할 때 타동사 사용
　　　　　⊙ She **took** her medicine.
　　　　　　그녀는 가졌다.(took) 그녀의 약을 (그녀는 먹었다. 약을)
　(b) take의 기타 용법
　　　ⓐ take가 명사를 가지는 행동의 특징은 '(앞에 있으므로) 마음만 먹으면 언제나 할 수 있는 것을 하다'의 느낌임

take a bath 목욕을 하다	take a walk 산책을 하다
take a rest 휴식을 취하다	take a shower 샤워를 하다
take a picture 사진을 찍다	take a look 바라보다

　　　ⓑ She **took** him **for** a doctor.
　　　　그녀는 가졌다.(took) 그를 / 무엇만을 생각하면서(for) 의사 (의사만을 생각하면서)
　　　　(그녀는 생각했다. 그를 의사로)
　　　　　▶ 의사 하나만을 생각하면서 그를 가진 것은 그를 의사라고 생각한 것이라고 볼 수 있으므로 'take A for B'는 'A를 B로 착각하다'의 뜻임
　　　ⓒ We **take it for** (being) **granted that** our children will be better.
　　　　❶ 우리는 가진다.(take) 그것을 무엇만을 생각하면서(for) 믿고서 무엇을 주었던 상태이다.를(being granted) / 그것은(that) 우리의 아이들이(our children) 좀 더 좋아질 것이라는 것(will be better)
　　　　❷ 우리는 당연하다고 여긴다. 그것은 우리 아이들이 더 좋아질 것이라는 것을
　　　　　▶ grant 원뜻: 믿고서 무엇을 주다 (수여하다)
　　　　　▶ take it for granted: take(가지다)+it(그것을)+for(무엇만을 생각하면서)+being granted(믿고서 주었던 상태이다) → 믿고서 주었던 상태만을 생각하면서 그것을 가지다 → 그것을 당연하다고 여기다 ('그것'은 that 이하에서 설명)

④ get: (앞에 없는 것을) 가지다
　(a) 유사단어
　　　ⓐ gather: 모으다
　　　ⓑ guess: (생각을 모아서) 추측하다, 알아맞히다
　　　ⓒ gain: 일하여 모으다(벌다)
　(b) get과 일반어의 결합
　　　ⓐ **Get** out of here!
　　　　가져라.(get) (있음을) / 무엇의 밖으로 가서(out of) 여기 (여기 밖으로)
　　　　(꺼져 버려!)

ⓑ We can't **get** along without love.
   우리는 할 수 없다.(can't) 가지는 것(get) (삶을) 무엇을 죽 따라서(along) / 무엇 없이(without) 사랑 (우리는 살아갈 수 없다. 사랑 없이는)
   ▶ get along: get(앞에 없는 것을 가지다)+(인생을)+along(무엇을 죽 따라서) → 살아가다

(c) 2형식: '없던 상태'를 get하다
   ⓐ get의 2형식에서의 느낌은 '없던 상태'를 가지는(get하는) 느낌임. 없던 상태는 형용사로 표현하고 명사처럼 목적어 취급을 함
   ⓑ He **gets** angry.
      그는 가진다.(gets) 화난 상태를(angry) (그는 화가 났다.)

(d) 3형식: 타동사일 때
   ⓐ 집에 우유가 없어 마트에 가서 우유를 사서 가지고 오는 것은 get 사용
      ▶ coffee 전문점에서 커피를 사서 밖으로 가는 것은 take를 사용하여 'take out coffee' 라고 표현
   ⓑ **Get** your book.
      가져라.(get) 너의 책을 (책을 가지고 와라.)
      ▶ take는 앞에 있는 것을 편하게 가지고 어디론가 가는 반면 get은 앞에 없는 것을 가지러 갔다가 있던 곳으로 돌아감

(e) 4형식: '없던 상태'를 가지다
   ⓐ 주어+get+[사람(간접목적어)+사물(직접목적어)]
      간접목적어가 직접목적어를 가지고 있는(have) 상태로 주어가 get하는(가지는) 느낌임
   ⓑ Will you **get** [me another coffee], please?
      할 것인가요?(will) 당신 가지는 것(you get) 내가 다른 커피를 가지고 있는 상태를
      (다른 커피 좀 가져다주시겠어요?)
      ▶ '없던 상태'인 [me another coffee]를 get함

(f) 5형식: '없던 상태'를 가지다
   ⓐ 주어+get+[목적어+목적보어]
      ▶ '대괄호 전체를 get하다'가 원어민 느낌!
   ⓑ He **got** [his wife angry].
      그는 가졌다.(got) 그의 부인이(his wife) 화난 상태를(angry)
      (그는 그의 부인을 화나게 했다.)
      ▶ '없던 상태' [Your wife angry] 전체를 하나의 목적어로 느끼는 것이 원어민의 느낌임
      [Your wife angry=Your wife was angry]

(g) get과 준동사의 결합

ⓐ 세 가지 준동사 모두 현재 눈앞에 없어 take의 목적어로는 어울리지 않고 get의 목적어로 어울리게 됨

ⓑ 주어+get+**to do** (2형식)

  ⦿ '없던 상태'인 '미래의 일(to do)'을 get하는 것임 (2형식)

  ⦿ I **get to know** him.
    나는 가진다.(get) 알고 있기로 되어 있는 상태를(to know) 그를
    (나는 알게 되었다. 그를)
    ▶ '없던 상태'인 'to know'를 get한 것임. 알고 있지 못하다가 알게 된 것임

ⓒ 주어+get+**one+to do** (5형식)

  He **got me to catch** a taxi. (설득)
  그는 가졌다.(got) 내가(me) 잡기로 되어 있는 상태를(to catch) 택시를
  (그는 나에게 택시를 잡게 했다.)
    ▶ '없던 상태'인 'me to catch a taxi'를 그가 가진 것(get)이므로 의미상 그가 나를 설득시켜 택시를 잡게 한 것임

ⓓ 주어+get+**doing** (2형식)

  My business **got paying**.
  나의 사업은 가졌다.(got) 지불하고 있는 상태를(paying)
  (사업은 잘되기 시작했다.)
    ▶ 사업이 잘 풀려 '없던 상태'인 '지불하고 있는 상태'를 가진(got) 것임

ⓔ 주어+get+**one+doing** (5형식)

  ⦿ 'one is doing' 부분 전체를 get하는 느낌임

  ⦿ Thomas **got the PC going**.
    토마스는 가졌다.(got) 그 PC가(the PC) 작동하고 있는 상태를(going)
    (토마스는 PC를 작동하게 했다.)
      ▶ going하지 않던 것을 토마스가 'going(작동)'하도록 만든 것임

ⓕ 주어+get+**done** (2형식)

  I **get tired**.
  나는 가진다.(get) 피곤한 상태를(tired) (나는 피곤해졌다.)
    ▶ 피곤하지 않았다가 '없던 상태'인 '피곤한 상태(tired)'를 가진(get) 것임

ⓖ 주어+get+**one+done** (5형식)

  ⦿ 'one done'을 'One is done'으로 볼 수 있고, 'One is done'을 get하는 느낌임

  ⦿ I have to **get my cellphone fixed**.
    나는 가져야 한다.(have to get) 내 휴대전화를 수리했던 상태이다.를(fixed)
    (나는 수리해야 한다. 내 휴대전화를)

▶ '없던 상태'인 'my cellphone fixed' 전체를 get한 것임

(2) come과 go

① come: 무엇으로 가까워지다

(a) 무엇으로 가까워지는 움직임이 come임. come의 뜻으로 알고 있는 '오다'는 come의 작은 부분일 뿐임

(b) 구체적인 '무엇'으로 가까워지다

a: Linda! Supper's ready!
린다! 저녁이(supper) 이다.(is) 준비된 상태(ready) (린다! 저녁 준비됐다!)

b: Yes. I'm coming in a minute.
네. 나는 이에요.(am) 가까워지고 있는 상태(coming) / 무엇 안에(in) 잠깐(a minute) (곧) (네, 곧 가요.)

▶ 이때 '(곧) 가요.'를 한국식 영어로 'I'm going'이라고 하면 '외출할 거예요'라는 엉뚱한 대답이 됨

▶ come이 우리말로는 '오다'뿐만 아니라 '가다'로도 해석되는 경우가 있지만 모두 '무엇'으로 가까워지는 움직임에 불과함

(c) '현실'로 가까워지다

ⓐ '사람이 사는 세상'인 '현실'에 가까워지는 것임. 특정 장소를 언급하지 않을 때 모두 '현실'임

ⓑ This dress **comes** in black and red.
이 드레스는 가까워진다.(comes) (현실에) / 무엇 안에서(in) 검은 색상과 빨간 색상
(이 드레스는 나온다. (출시된다) 검은 색상과 빨간 색상으로)

(d) 주어가 보어인 '무엇'에 가까워지다

ⓐ Your dreams will **come** true.
당신의 꿈은 가까워질 것이다.(will come) 사실인 상태에(true)
(꿈은 실현될 것이다.)

▶ 꿈이 '무엇'인 true에 가까워짐. 여기서 true는 보어

ⓑ How (did it) **come** (that) you didn't order a coffee?
어떻게(how) 했니?(did) 그것이(it) 가까워지는 것(come)? / 그건(that) 네가(you) 주문하지 않은 상태에 (didn't order) 커피를 (왜 커피 주문을 하지 않았니?)

▶ 'How come'은 'How did it come that S+V~ (that절은 it의 보어)'를 줄인 말로 'did it'과 that은 굳이 말하지 않아도 서로 알 수 있어 생략

② Go: 무엇에서 멀어지다

(a) 무엇에서 멀어지는 움직임이 go임. 우리가 go의 뜻으로 알고 있는 '가다'는 go의 작은 부분임

Egoism and greed must **go**.
이기주의와 탐욕은 해야 한다.(must) 멀어지는 것(go)

(이기주의와 탐욕은 추방해야 한다.)
> ► 이기주의와 탐욕이 이 세상에서 멀어져야 한다는 의미

(b) 멀어져 도착하는 새로운 공간을 전치사로 표시

When does the next train **go** for Busan?

언제(when) 하죠(does)? 다음 기차가(the next train) 멀어지는 것(go) / 무엇만을 생각하면서(for) 부산(부산) (언제 다음 기차가 출발하죠? 부산행)

(c) 주어가 어떤 공간에서 멀어져서 보어인 새로운 공간으로 가 있다 (2형식)

ⓐ Henry **went** mad.

헨리는 멀어져서 갔다.(went) 미친 상태로(mad) (헨리는 미쳐 버렸다.)

ⓑ Emma **went** shopping at a mall.

엠마는 (일상에서) 멀어져서 갔다.(went) 쇼핑하고 있는 상태로(shopping) / 콕 찍듯 가리켜(at) 쇼핑몰(쇼핑몰에) (엠마는 쇼핑하러 갔다. 쇼핑몰에)

⊙ '엠마가 쇼핑하고 있는 상태(형용사)'로 가 있는 것이므로 shopping은 주어를 보충해 주는 주격보어임

⊙ 일상에서 잠시 떠나 여가나 취미를 즐길 때 진행의 의미가 있는 '-ing'를 사용해 보어로 표현함

| go fishing | 일상에서 멀어져 간다. 낚시하고 있는 상태로 |
| go swimming | 일상에서 멀어져 간다. 수영하고 있는 상태로 |

(3) **make**: 무엇을 만들다

① **make**와 일반어의 결합

(a) 자동사일 때

She **made** toward the door.

그녀는 만들었다.(made) (움직임을) / 무엇 쪽을 향하여(toward) 그 문
(다가갔다. 문 쪽으로)

> ► 그가 문 쪽으로 만들 수 있는 것은 당연히 움직임이므로 '움직임'을 굳이 콕 찍어 말할 필요가 없어 자동사를 사용

(b) '주어의 존재상태'를 나타내는 보어를 가진 2형식

ⓐ 목적어를 가진 3형식처럼 보이지만, 목적어가 아닌 '주어의 존재상태'를 설명해 주는 보어를 가진 2형식 표현이 있음

ⓑ She **made London** last night. (2형식)

그는 만들었다.(made) 런던에 존재하는 상태를(London) / 지난밤(last night)
(그녀는 드디어 런던에 왔다. 지난밤에)

> ► 그녀가 런던을 만들 수는 없음. 그녀가 고생하여 '런던에 존재하는 상태(London)'를 만든 것임

(c) 명사처럼 보이지만 명사가 아닌 보어로 쓰이는 원형부정사

　ⓐ make의 주격보어로 오는 동사들은 인간의 행위 중에서 '기본적 행위'를 나타내는 동사들로 'do(무엇을 하다), shift(무엇을 움직이다), talk(대화를 하다)' 등임

　ⓑ 여기서 '기본적 행위 동사'들은 보어로 쓰이고, 보어는 움직임이 없는 '상태'임. 따라서, '기본적 행위 동사'들은 어떠한 움직임(변형)도 없는 동사의 원래 형태인 원형부정사를 써야 함

　ⓒ She tries to **make do** on very small income. (2형식)

　　그녀는 노력한다. 만들기 위해(to make) 하는 상태를(do) (살아감을) / 무엇에 덧붙여서(on) 아주 적은 수입
　　(그녀는 어떻게든 살아가려 애쓴다. 아주 적은 수입으로)

　　▶ 여기서 do는 '기본적인 행위'인 '하는 상태(살아감)'를 의미하는 원형부정사이고, 주어를 설명해 주는 행위로서 주격보어임

　　▶ 보어는 움직임이 없다는 점에서 주격보어든 목적격보어든 모두 '상태'이며 현지인들은 모든 상태를 명사인 목적어처럼 취급함

(d) 타동사일 때

　Julia's presence **made my day**. (3형식)
　줄리아의 존재는 만들었다.(made) 나의 날(my day)
　(줄리아가 있어서 즐거운 날이 되었다.)

② make와 준동사의 결합

(a) make to부정사

　ⓐ to부정사는 미래의 뜻을 갖는데 미래의 일을 만들 수 없기 때문에 make와 to부정사는 어울릴 수 없지만 to부정사를 만들 수 있는 무엇으로 바꾸면 make와 어울릴 수 있음

　ⓑ to부정사가 '무엇 하기로 되어 있는 상태'의 뜻으로 보어로 쓰일 때 보통 사람이 만들 수 있는 건 미래의 계획인 '의도(무엇을 이루려는 생각)'임

　ⓒ She **made to tell** something, but didn't.

　　그녀는 만들었다.(she made) 말하기로 되어 있는 상태를(to tell) 무언가를(something) / 그러나 하지 않았다.(didn't) (그녀는 말하려고 했다. 무언가를 그러나 하지 않았다.)

　　▶ 'made to tell'은 '말하려는 의도를 만들었다(말하려고 했다)'의 뜻임

(b) 과거분사가 목적어 자리에 올 때

　ⓐ 과거분사는 이미 만들어진 것이어서 만들 수 없으므로 make의 목적어 또는 목적보어 자리에 올 수 없으나, 예외적으로 주어 자신이 재귀대명사 형태로 목적어로 오고 그 재귀대명사의 목적보어로 과거분사가 올 수 있음

　ⓑ 왜냐하면 남의 과거행위는 만들 수 없는 것이라서 make를 사용할 수 없지만 행위자인 주어 자신의 과거는 자신이 만들 수 있기 때문임

ⓒ Terry took pains to **make** himself *understood*.

테리는 가졌다.(took) 고통을 / 만들기 위해(to make) (남이) 그 자신을(himself) 이해했던 상태를(understood) (테리는 애먹었다. 그의 말을 이해시키기 위해)

▶ 'himself understood(He was understood)'는 목적어 역할을 하며 '남이 그 자신을 이해했던 상태'의 의미임. 자신의 과거를 자신이 만든 것이기에 make를 사용할 수 있음

(4) **please**: (무엇이 원하는 것을) 하게 해주다

① **please**의 어원

(a) please의 뜻은 '제발'이 아니라, '무엇이 원하는 것을 하게 해주다'이며 동사임. 여기에서 '기쁘게 하다, 제발' 등의 의미가 파생된 것임

▶ plea 청원(원하는 것을 하게 해달라고 청함) / plead 청원하다

(b) please를 명령문에서 사용하면 생략된 주어인 you가 행위주체가 되어 '당신이 (무엇이 원하는 것을) 하게 해주세요=당신 행위를 부탁해요'가 되기 때문에 명령(강요)이 아닌 안 해도 그만인 부탁이 되고 그 부탁하는 입장에선 행위자가 변형이 없는 '행위(상태) 자체'를 해주기를 바라므로 '행위(상태) 자체'를 표현하는 원형부정사를 사용함

ⓒ Nothing could **please** me more, honestly.

어떤 것도 할 수 없었다. 원하는 것을 하게 해주는 것(please) 내가 원하는 것(me)을 더, 솔직하게 (어떤 것도 더 이상 나를 즐겁게 할 수 없었다. 솔직하게)

▶ 여기서 please는 원형부정사이고, me는 please의 목적어임

(d) **Please** yourself.

하게 해주세요.(please) 당신 자신이 원하는 것을(yourself)

(스스로 하고 싶은 대로 하세요.)

(e) I am **pleased** to meet you here.

나는 이다.(am) 하게 해줬던 상태(기쁜 상태)(pleased) / 만나서(to meet) 너를 여기에서 (나는 기쁘다. 너를 여기에서 만나게 되어)

▶ pleased: 원하는 것을 하게 해주니 기쁠 것이고, 여기에서 '기쁜'이라는 뜻이 나옴

② **please**의 명령문은 부탁이며 부탁 내용은 원형부정사를 씀

Please excuse me.

(당신이) 하게 해주세요.(please) 용서하는 것(excuse) 나를 (양해해 주세요.)

▶ excuse는 please의 목적어인 원형부정사임

③ 기초회화의 please 역시 모두 동사 (원형부정사)

Can I get dollars for this, **please**?

할 수 있나요?(can) 나 가지는 것(I get) 달러를(dollars) 무엇만을 생각하면서(for) 이 돈(this), / 하게 해 주실래요?(please) (이 돈을 달러로 바꿀 수 있나요? 부탁드려요.)

Part 9 부정사(不定詞)와 준동사(準動詞)

동사의 종류 복습하기

성질에 따른 분류					
성질에 따른 분류	존재동사	움직임이 없는 동사	be동사: ~이다 있다	❶ 진행형과 수동태에 쓰이지 않는 be동사	조동사 (❷❸❹❺)
				❷ 진행형과 수동태에 쓰이는 be동사	
			❸ 완료형의 have: 가지고 있다		
			❹ 미래조동사 • will: ~할(일) 것이다 • shall: ~하(이)기로 되어 있다 • can: ~할(일) 수 있다 • may: ~할(일) 수도 있다 • must: 반드시 ~하(이)기로 되어 있다		
	동작동사	움직임이 있는 동사	❺ 본래는 본동사이지만 상황에 따라 조동사로 쓰이는 동사들 • do: ~을 하다 • ought to: ~해야 한다 • need: ~해야 한다 • dare: 감히 ~할 용기가 있다		
			❻ 일반동사: 동작동사 전체에서 ❺를 뺀 동사 (동작동사-❺)		본동사 (❻)

형태에 따른 분류		
부정사	• 말의 법칙이 따로 정(定)하여져 있지 아니한(不) 말(詞)로서 인칭, 수의 영향을 받지 않고 항상 원형으로만 쓰이는 동사	• 부정사=원형부정사=동사원형≠to부정사 • '행위 자체'를 표현
준동사	• 준동사는 동사의 특성을 그대로 가지고 있어 동사에 준(準)하지만, 문장 안에서 다른 품사(명사, 형용사, 부사)로 써먹는 말들임 • to부정사, 동명사, 분사(현재분사, 과거분사)로 분류	• **to부정사**=to+부정사 • **동명사**=부정사에 -ing를 붙임 • **현재분사**=부정사에 -ing를 붙여 진행형 표현 • **과거분사**=부정사에 -ed를 붙이거나 형태를 바꾸어서 **완료형**과 **수동태** 표현
시제	• 부정사의 형태를 바꾸어서 나타내는 시간의 법칙	• **현재시제**=부정사에 -(e)s 등을 붙여 표현 • **과거시제**=부정사에 -ed 등을 붙이거나 형태를 바꾸어 표현
유사 시제	• 조동사의 도움을 받아서 표현하는 어떤 시간 안에서의 하나의 모습으로 시제는 아니지만 시제와 유사한 형태 • 부정사의 형태가 바뀌는 것이 아니라 be동사, have, 미래조동사의 도움을 받아 표현	• **진행형**=be동사+부정사 -ing • **완료형**=have+과거분사 • **미래형**=미래조동사(현재형)+원형부정사 • **가정법**=미래조동사(현재형or과거형)+원형부정사

1. 부정사(不定詞) (=원형부정사)

(1) 부정사(infinitive)란?
① 부정사(不定詞)는 '말의 법칙이 정해지지(定) 아니한(不) 말(詞)'이라는 의미로 인칭, 수, 시제의 영향을 받지 않고 언제나 동사원형으로만 사용하는 말임
② 특별히 미래를 의미할 때만 전치사 to를 동사원형 앞에 두는 'to부정사' 사용
③ 부정사=원형부정사=동사원형 ≠ to부정사

(2) 사역동사, 지각동사
① 사역동사(使役動詞)
  (a) 사역동사의 형태: have, make, let＋사람(목)＋원형부정사(목·보)
    ⓐ 'have(가지고 있다), make(만들다), let(허락하다)'과 같은 동사들은 5형식에서 주어는 [누가 무엇인 상태(목+목·보)]를 '가지고 있다, 만들다, 허락하다'와 같이 다른 존재의 상태를 지배하는 절대자의 위치에 있게 되며 주어의 지배를 받는 목적어는 순수한 '행위 자체'만을 해야 함
    ⓑ 항상 원래 형태로만 쓰이는 동사가 원형부정사이므로 '행위의 원래 형태'인 '행위 자체'를 표현해야 할 때는 '원형부정사(부정사)'를 써야 함
    ⓒ 이러한 이유로 절대적 의미를 가진 동사가 포함된 5형식 문장에서는 목적보어로 원형부정사를 사용해야 하고, 이 동사들은 한국식으로 의역할 때 '일(役 일 역)을 시키다(使 시킬 사)'의 의미가 되므로 '사역동사'라는 이름을 붙였음
  (b) 'S+have+목적어+to do'의 구조는 성립할 수 없음
    have는 '이미 무엇을 가지고 있다'이고 'to do'는 전치사 to 때문에 미래의 의미인데, 위 문장 구조는 주어가 주어 이외의 '타인 또는 사물의 미래(to do)'의 상태를 가지고 있다는 모순을 포함하고 있음. 그래서, to부정사가 아닌 원형부정사가 오는 것임
  (c) 예문
    ⓐ **Let** me *know* what he said.
      허락하세요.(let) 내가 알고 있는 상태를(me know) / 무엇(what) 그가 말했던
      (알려 주세요. 그가 말했던 것을)
    ⓑ I **had** my brother *write* a letter.
      나는 가지고 있었다.(had) 내 동생이 쓰는 상태를(my brother write) 편지를
      (나는 시켰다. 내 동생이 쓰도록 편지를)
    ⓒ He **made** me *clean* the room.
      그는 만들었다.(made) 내가 청소하는 상태를(me clean) 그 방을
      (그는 시켰다. 내가 청소하도록 그 방을)
② 지각동사(知覺動詞)

(a) 어떤 사실을 눈, 귀, 촉감 등으로 알게 되는 동사
(b) 누구의 미래의 일을 보고, 듣고, 느끼는 것은 불가능하므로 목적보어로 'to부정사'를 사용할 수 없고, 원형부정사나 현재분사(진행 표현)를 사용함
▶ I saw him **to run** away. (×)
(c) 지각동사의 형태: hear, see, watch 등+사람+원형부정사(or 현재분사)
ⓐ I **saw** him **run** away. (run-원형부정사)
나는 보았다.(saw) 그가(him) 도망가는 상태를(run away)
ⓑ I **saw** him **running** away. (running-현재분사)
나는 보았다.(saw) 그가(him) 도망가고 있는 상태를(running away)
▶ 진행의 의미를 표현하고 싶을 땐 현재분사(running)를 사용

③ 지각동사, 사역동사의 목적보어로 원형부정사가 쓰인 문장을 수동태로 전환시킬 때 원형부정사는 to부정사로 바뀜

(a) They **made** me **work**. (능동태)
그들은 만들었다.(made) 내가(me) 일하는 상태를(work)
(그들은 시켰다. 내가 일하도록)

I **was made to work** by them. (수동태)
나를 이었다.(was) 만들었던 상태(made) / 일하기로 되어 있는 상태로(to work) 가까이에 있어 영향을 미치는 힘은(by) 그들 (나를 만들었다.(시켰다.) 일하도록 그들이)
▶ 수동태가 되면서 행위의 대상이 주어가 됨으로써 능동태일 때처럼 '주어가 남의 상태를 만들다'라는 절대적 의미가 없어지므로 원형부정사를 쓰지 않고 to부정사를 사용했음

(b) I **saw** him **go out**. (능동태)
나는 보았다.(saw) 그가(him) 나가는 상태를(go out)
⇒ He **was seen to go out** by me. (수동태)
그를 이었다.(was) 보았던 상태(seen) 나가는 것을(to go out) 가까이에 있어 영향을 미치는 힘은(by) 나 (내가) (그가 나가는 것을 보았다. 내가)

(3) help와 원형부정사

① help 원뜻: (무엇을 어떤 상태에서) 꺼내 주다
② help+목적어+원형부정사 (or to부정사)

(a) Doris **helped** me **cook**. 또는 Doris **helped** me **to cook**.
도리스는 꺼내 주었다.(도왔다.)(helped) 내가(me) 요리하는 상태(cook)에서
(도리스는 도와주었다. 내가 요리하는 것을)

(b) He's an employee, so he cannot **help** working.
그는 종업원이다. / 그것과 같아서(그래서)(so) 그는 할 수 없다.(cannot) 꺼내 주는 것을(help) (그 자신을)

일하고 있는 상태에서(working)

(그는 일하지 않을 수가 없었다.)

- ▶ cannot help -ing: cannot(~할 수 없다)+help(꺼내 주다)+-ing(~하고 있는 상태) → ~하고 있는 상태에서 꺼내줄 수 없다 → ~하지 않을 수 없다

(c) Someone **has helped** himself to Karen's valuables.

누군가가 현재 가지고 있다.(has) 꺼내 줬던 상태(helped) 그 자신을 / 무엇을 목표로 갔냐면(to) 캐런의 귀중품에게로(Karen's valuables) (누군가가 캐런의 귀중품을 훔쳐 갔다.)

- ▶ '누군가(someone) 자신이 처한 상황에서 스스로(himself) 빠져나와 캐런의 귀중품에게로 갔다(to)'라는 이미지에서 '훔쳐 갔다'라는 의미가 나옴
- ▶ 과거에 훔친 결과가 있었고, 그 결과가 현재까지 영향을 미쳐 귀중품을 찾지 못했음 (현재완료 결과용법)

(4) 기타 원형부정사를 쓰는 경우

① had better+원형부정사: ~하는 것이 더 좋겠다

(a) had(가지고 있었다)+better(더 좋은 것은)+원형부정사(무엇 하는 것) → 더 좋은 것은 무엇 하는 것인 상태를 가지고 있었다 → ~하는 것이 좋을 거야

(b) '그렇게 하는 것이 좋을 거야. 그렇게 하지 않을 경우 좋지 않을 거야'라는 의미가 들어 있어 강한 권위적 명령을 담고 있음 (상대방에게 무례한 표현으로 들릴 수 있음)

(c) You **had better not annoy** me.

너는 더 좋을 거야.(had better) 짜증나지 않게 하는 것이(not annoy) 나를(me)

② cannot but+원형부정사=~하지 않을 수 없다

(a) cannot(할 수 없다)+but(반대되게)+원형부정사(무엇 하는 것) → 무엇 하는 것과 반대되게 할 수 없다 → ~하지 않을 수 없다

- ▶ but: 앞의 내용과 '반대된다(그러나)'의 의미임

(b) I **cannot but respect** him.

나는 하지 않을 수 없다.(cannot but) 존경하는 것(respect) 그를(him)

=I **cannot help respecting** him.

나는 할 수 없다.(I cannot) 꺼내 주는 것을(help) 존경하고 있는 상태에서(respecting) 그를 (나는 존경하지 않을 수 없다. 그를)

2. 준동사란?

동사의 특성을 가지고 있어 동사에 준(準)하지만 문장 안에서 다른 품사(명사, 형용사, 부사)로 써먹는 단어들

준동사		형태	역할	의미	성질
❶ to부정사		to+부정사	명사 형용사 부사	무엇 하기(이기)로 되어 있는 미래 의미	미래성
		❶ 전치사 to(무엇을 목표로 하여 도착할 때까지)의 원뜻에 미래의 의미(도착할 때까지)가 있어 to가 붙는 to부정사는 미래의 의미를 갖게 됨 ❷ **To read** good books is important. (명사적 용법) 　읽는 것은(to read) 좋은 책을 / 이다.(is) 중요한 상태(important) 　(읽는 것은 좋은 책을 / 중요하다.)			
❷ 동명사		부정사+ing	명사	무엇 하고(이고) 있는 것 진행 의미　명사 느낌	과거성
		❶ ing가 붙으면 진행의 의미를 갖는데, 지금 진행하고 있다는 것은 최소한 현재보다 단 0.1초라도 이전에 동작이 시작되었다는 의미이므로 동명사는 과거의 의미를 갖게 됨 ❷ **Riding** a bicycle is fun. (주어로 쓰임) 　타는 것은(riding) 자전거를 / 이다.(is) 재미있는 상태(fun) 　(자전거를 타는 것은 재미있다.)			
❸ 분사	현재분사	부정사+ing	형용사	무엇 하고 있는 상태 진행 의미　형용사	진행형에 사용
		❶ '동사+ing'는 동명사든 현재분사든 진행의 의미를 가짐 ❷ I am **going** to school. (현재진행형) 　나는 이다.(is) 가고 있는 상태(going) / 무엇을 목표로(to) 학교 　(나는 가고 있다. 학교에)			
	과거분사 (p.p.)	부정사+ed	형용사	무엇 했(이었)던 상태 과거 의미　형용사	완료형과 수동태에 사용
		❶ 완료형: 　무엇 했(이었)던 상태를 가지고 있다/ 있었다 /있을 것이다 　　과거분사(p.p.)　　　have　　had　　will have 　▶ 어떤 시점에서 어떤 시점까지 계속적으로 이어지는 상태를 표현하기 위해 완료형 사용함 　▶ She **has gone** to Paris. (완료형-현재완료) 　　그녀는 현재 가지고 있다.(has) 갔던 상태(gone)를 / 무엇을 목표로(to) 파리 　　(그녀는 파리에 가있다.) ❷ 수동태: 무엇 했(이었)던 상태(p.p.)이다(be동사) 　▶ 말하는 사람의 의사와 관계없이(passive) 이미 벌어져 있는 상태를 표현할 때 사용 　▶ The door **was opened** by him. (수동태) 　　그 문은 이었다.(was) 열었던 상태(opened) / 가까이에서 영향을 미치는 힘은(by) 그 사람 　　(그 문을 열었다. 그가) 　▶ open(연다-현재동사)-opened(열었다-과거동사)-opened[열었던 상태-과거분사(형용사)] 　▶ 수동태에서 주어는 행위의 대상이므로 목적어처럼 느끼면 됨			

Part 10 to부정사(不定詞)

1. to부정사의 용법

(1) **명사적 용법**: to부정사가 명사처럼 주어, 목적어, 보어로 쓰이는 용법임

　① **To teach** English is very difficult. (주어)
　　가르치는 것(to teach) 영어를 / 이다.(is) 매우 어려운 상태(difficult)

　② He wants **to leave** here tomorrow. (목적어)
　　그는 원한다.(wants) 떠나기를(to leave) 여기에서 내일

　③ The most important thing in life is **to do** our best. (보어)
　　가장 중요한 것은 인생에서(in life) / 이다.(is) 하는 것(to do) 우리의 최선을(our best)

(2) **형용사적 용법**: to부정사가 명사 뒤에서 그 명사를 수식하는 용법

　Please give me something **to eat**.
　주세요.(give) 나에게(me) / 어떤 것을(something) 먹을(to eat)

(3) **부사적 용법**: 부사와 같이 동사, 형용사, 다른 부사를 수식하는 용법

　① 목적: ~하기 위하여

　　He came **to see** me yesterday.
　　그는 가까워졌다.(왔다.)(came) 보기 위하여(to see) 나를 어제

　② 원인: ~하니(감정의 원인)

　　I am glad **to see** you.
　　나는 이다.(am) 기쁜 상태(glad) / 보니(to see) 너를 (나는 기쁘다. 너를 보니)

　③ 이유, 판단의 근거: ~하다니

　　He must be a fool **to say** such a thing.
　　그는 무조건 이기로 되어 있다.(must) 바보이다.(be a fool) / 말하다니(to say) 그러한 것을
　　(그는 바보임에 틀림없다. 그러한 말을 하다니)

　④ 결과: ~해서 (그 결과) ~하다

　　The boy grew up to be a great musician.
　　그 소년은 자라서(grew up) (그 결과) 되었다.(to be) 위대한 음악가가

　⑤ 조건: ~한다면

　　I would be happy **to go** with you.
　　나는 일 것이다.(would) 행복한 상태이다.(be happy) / 가기로 되어 있으면(to go) 무엇과 함께(with) 너 (너와 함께) (나는 행복할 텐데. 갈 수 있다면 너와 함께)

　⑥ 형용사를 수식: ~하기에

This river is very dangerous **to swim** in.

이 강은 이다.(is) 매우 위험한 상태(very dangerous) / 수영하기로 되어 있기에(to swim) 안에서(in)

(이 강은 위험하다. 수영하기에)

⑦ 부사를 수식

He is not old enough **to go** to school.

그는 이다.(is) 아니게(not) (아니다.) 나이 든 상태(old) 충분히(enough) / 가기로 되어 있기에(to go) 학교로(to school) (그는 충분히 나이 든 상태가 아니다. 학교를 가기에)

2. to부정사의 의미상의 주어

(1) 문장의 주어와 일치하는 경우

I hope **to succeed**. 나는 희망한다.(hope) 성공하기를(to succeed)

=I hope that I will succeed.

(2) 문장의 목적어와 일치하는 경우

I told **him to close** the window.

나는 내용을 이야기했다.(told) 그가(him) 닫을 것을(to close) 그 창문을

(3) 'for+목적어+to부정사'로 나타내는 경우

① 전치사 for는 유일한 생각 전치사로서 for 다음에 오는 '무엇만을' 생각하므로 의미상 주어를 표시하는 데 있어 가장 적절한 전치사임

▶ 전치사 for: 무엇만을 생각하면서

② The question was too difficult **for me to answer**.

그 질문은 이었다.(was) 너무(too) 어려운 상태 / 내가(for me) 대답하기에(to answer)

=The question was so difficult that I couldn't answer it.

(4) 'of+목적어+to부정사'로 나타내는 경우

① 사람의 성질을 나타내는 형용사, 즉 'kind, nice, careless, foolish …' 등이 오면 for 대신에 of를 사용

② 주어의 성질은 주어와 분리할 수 없는 것이므로 주어의 성질을 나타내는 형용사가 오면 의미상 주어로 '분리 불가능'의 본질을 갖고 있는 전치사 of를 사용

▶ 전치사 of: 분리 불가능한 무엇의 일부로서의

③ It is very nice **of you to come** and help us.

그것은 이다.(is) 매우 좋은 상태(very nice) / 당신이(of you) 와서(to come) 꺼내 주는 것(help) 우리를(us)

(매우 기분 좋은 일이다. 당신이 와서 우리를 도와주는 것은)

3. to부정사의 관용적 표현

(1) 의문사+to부정사: 명사구를 이루어 목적어로 쓰이는 때가 많음

① I really don't know **what I to say**.

　나는 정말로 알지 못한다.(don't know) / 무엇을(what) 내가 말하기로 되어 있는지를(to say) (무엇을 말해야 할지를)

② Do you know **how to drive** a car?

　너 알고 있니?(do you know) / 어떻게(how) 운전하기로 되어 있는지를(to drive) 차를 (너 알고 있니? 운전법을)

③ Decide **what school to go** to.

　결정해라.(decide) 무슨 학교로(to what school) 갈 것인지를(to go)

　(결정해라. 어떤 학교로 갈 것인지를)

(2) too… to~ (so… that… cannot~): 너무나 ~해서 ~할 수 없다

① He is **too** old **to** work.

　그는 이다.(is) 너무(too) 나이 든 상태(old) 일하기에(to work)

　(한국식 의역: 그는 나이가 너무 많아 일할 수 없다.)

　=He is **so** old **that** he **can not** work.

② That book was **too** difficult for me **to** read.

　그 책은 이었다.(was) 너무(too) 어려운 상태(difficult) / 내가(for me) 읽기에(to read)

　=That book was **so** difficult **that** I **couldn't** read it.

　=That book was **such** difficult book **that** I **couldn't** read it.

(3) enough to ~: 충분히 ~할 정도로

Austin is strong **enough to carry** this box.

오스틴은 이다.(is) 강한 상태(strong) 충분히(enough) 나를 정도로(to carry) 이 박스를

=Austin is **so** strong **that** he **can** carry this box.

　오스틴은 이다.(is) 매우(so) 강한 상태 / 그것과 같아서(그래서)(that) 그는 할 수 있다.(can) 나르는 것(carry) 이 박스를

4. to부정사의 시제

(1) 단순 부정사인 경우: 부정사의 시제는 본동사와 같음

She *seems to be* rich.

그녀는 특별한 상태인 것 같다.(seems) 부유한 상태이기로 되어 있는 상태(to be rich)

(그녀는 부유한 것 같다.)

=It *seems* that she **is** rich.

▶ seems(현재시제), is(현재시제)

(2) 완료부정사인 경우: 부정사의 시제는 본동사보다 하나 앞섬

① 완료형은 서로 다른 두 시제를 관련지어 말하는 것이므로, 완료부정사가 오면 한 문장 안에 서로 다른 두 시제가 존재한다는 의미임

② She *seems* **to have been** rich.

그녀는 특별한 상태인 것 같다.(seems) 가지고 있기로 되어 있는 상태(to have) 부유했던 상태였다.를(been rich) (그녀는 계속 부유했던 것 같다.)

=It *seems* that she **was**(**has been**) rich.

▶ '현재시제(seems)'와 다르면서 하나 앞서는 시제는 '과거시제(was)'나 '현재완료형(has been)'

③ She *seemed* **to have been** rich.

그녀는 특별한 상태인 것 같았다.(seemed) 가지고 있기로 되어 있는 상태(to have) 부유했었던 상태였다.를(been rich) (그녀는 부유했었던 것 같다.)

=It *seemed* that she **had been** rich.

▶ '과거시제(seemed)'와 다르면서 하나 앞서는 시제는 '과거완료형(had been)'이고 여기서 'been'은 大과거(과거보다 더 과거)임

(3) '미래의 의미가 있는 동사(hope, wish, want, expect 등)' 다음에 오는 to부정사의 시제는 미래를 나타냄

I *expect* you **to pass** the examination.

나는 기대한다.(expect) 당신이(you) 지나가기를(합격하기를)(to pass) 그 시험을

5. to부정사의 주의할 용법

(1) 부정사의 부정: 부정사 바로 앞에 **not** 또는 **never**를 둠

He told us **not to go** to the movies.

그는 말했다. 우리가(us) 가지 말 것을(not to go) / 무엇을 목표로(to) 영화관 (영화관으로)

(2) 부정사의 반복을 피하기 위해 **to**만 쓸 수 있음

You may *do so* if you want **to** (do so).

너는 할 수도 있다.(해도 좋다.)(may do) 그렇게(so) / 만약(if) 네가 원한다면(you want) 그렇게 하기를(to do so)

(3) **to부정사가 문장 전체를 수식하는 경우가 있음**

① **To tell the truth**, I can't understand what you say.

솔직히 말해서(to tell the truth) / 나는 할 수 없다.(I can't) 이해하는 것(understand) 무엇(what) 당신이 말한 (you say) (솔직히 말해서, 나는 이해할 수 없다. 당신이 말한 무엇을)

▶ to tell the truth: to tell(말하기로 되어 있어)+the truth(진실을) → 진실을 말하기로 되어 있어 → 솔직히 말해서

② **To be sure**, she is very charming.
　　확실히(To be sure), / 그녀는 이다.(is) 매우 매력적인 상태(very charming)
　　▶ to be sure: to be(~이기로 되어 있어)+sure(확실한 상태) → 확실한 상태이기로 되어 있어
　　　→ 확실히

③ **To begin with**, he is too young.
　　우선(to begin with), 그는 이다.(is) 너무 어린 상태(too young)
　　▶ to begin with: to begin(시작하기로 되어 있어)+with(무엇과 함께) → 무엇과 함께 시작하기로 되어 있어 → 우선

(4) **be to부정사: ~하(이)기로 되어 있다 (=shall)**
　① to부정사: ~하기로 되어 있는 / be+to부정사: ~하기로 되어 있다
　② 미래의 일을 현재 존재하게 하는 방법은 미래의 일에 대한 계획뿐임. 그래서, 미래의 계획이 지금 놓여 있어 '무엇 하(이)기로 되어 있다.'란 의미가 나옴
　③ 5가지 용법
　　(a) We **are to meet** at 7 tonight. (예정)
　　　우리는 이다.(are) 만나기로 되어 있는 상태(to meet) / 콕 찍듯 가리켜(at) 7시 (7시에) 오늘 밤
　　　(우리는 만나기로 되어 있다.)
　　(b) We **are to observe** the rules. (의무)
　　　우리는 이다.(are) 지키기로 되어 있는 상태(to observe) 그 규칙을
　　　(우리는 지켜야 한다. 규칙을)
　　(c) No one **is to be** seen on the street. (가능)
　　　어떤 누구를 아니다.(no one is) 보았던 상태이기로 되어 있는 상태(to be seen) / 무엇에 덧붙어서(on) 거리
　　　(거리에서) (어떤 누구도 보이지 않는다. 거리에)
　　(d) He **was to be** a doctor from birth. (운명)
　　　그는 이었다.(was) 의사이기로 되어 있는 상태(to be a doctor) / 무엇에서부터 시작하여(from) 출생
　　　(그는 의사일 운명이었어. 태어날 때부터)
　　(e) If you **are to succeed**, you must work hard. (의도)
　　　만약 네가 이라면(if you are) 성공하기로 되어 있는 상태(to succeed), / 너는 해야 한다.(must) 일하는 것(work) 열심히 (만약 네가 성공하고자 한다면, 너는 일해야 한다. 열심히)

6. that절에서 사용되는 원형부정사
(1) **that절에 쓰이는 should와 원형부정사**
　① 말하는 사람이나 글 쓴 사람의 생각, 의견 등을 제시하는 방법으로 that절을 이용하며 그때 that은 너무 당연해 생략 가능함

② should를 사용하면 격식을 따지는 표현이 되고, 원형부정사를 사용하면 행위(상태) 자체를 강조하는 적극적, 직설적인 표현이 됨

(2) '제안, 추천, 주장, 요구' 등의 동사가 쓰이는 문장의 that절에서 should의 생략

① 각 동사의 원뜻

- suggest (의견을) 제안하다
- recommend (더 나은 것을) 추천하다
- demand (반드시 필요한 것을) 요구하다
- propose (계획을) 제안하다
- insist (자신의 의견을) 주장하다

※ suggest는 말로 제안 / propose는 공식적, 형식화된 상태로 제안

② '(무엇을 해야 한다고) 제안, 추천, 주장, 요구하다'라는 이미지에서 알 수 있듯이 '제안, 추천 등의 동사'에는 **당위(의무)의 의미**가 내포되어 있으므로 that절에 당위를 나타내는 조동사 'should(~하기로 되어 있었다)'를 쓰는 것이며, 앞에 나온 '제안, 추천 등의 동사'에 이미 '당위의 의미'가 내포되어 있으므로 that절의 should를 생략할 수 있는 것임

③ My family doctor suggested that I (should) take a walk every day.
  나의 가족 의사(주치의)는 제안했다. / 그건(that) 내가 가지는 것을(take) 한 걸음을 매일
  (우리 주치의는 제안했다. 그건 내가 산책하는 것이다. 매일)

④ He proposed that we (should) revise the bylaws.
  그는 제안했다. / 그건(that) 우리가 개정하는 것을(revise) 규칙(회칙)을
  ▶ bylaw: by(가까이에)+law(법) → 가까이에 (놓고 보는) 법 → (단체 등의) 규칙(회칙), (자치단체의) 조례, 규칙

⑤ The doctor recommended that he (should) give up smoking.
  그 의사는 추천했다.(권했다.) / 그건(that) 그가 포기하는 것을(give up) 담배 피는 것을

⑥ He insisted that he (should) be innocent.
  그는 주장했다. / 그건(that) 그가 무죄라는 것을(he be innocent)

⑦ He demanded that we (should) tell him the whole truth.
  그는 요구했다. / 그건(that) 우리가 말하는 것을(tell) 그에게 모든 진실을

(3) 이성적 판단의 단어가 쓰이는 문장의 that절에서 should의 생략

① 각 단어의 원뜻

- important 중요한
- imperative 피할 수 없는(불가피한)
- essential 절대 필요한(필수의)
- desirable 바람직한
- necessary 필요한

② '중요하고, 절대 필요하고, 바람직하므로 (해야 한다)'라는 이미지에서 알 수 있듯 이성적 판단의 형용사에는 **당위(의무)의 의미**가 내포되어 있으므로 'that절'에 당위를 나타내는 조동사 'should(~하기로 되어 있었다)'를 쓰는 것이며, 앞에 나온 이성적 판단의 형용사에 이미 '당위의 의미'가 내포되어 있으므로 that절의 should를 생략할 수 있는 것임

③ It is **important that** you (should) **be** on time.
　　그것은 이다.(is) 중요한 상태 / 그건(that) 네가 있는 것이다.(you be) 제시간에(on time)
　　(그것은 중요하다. 그건 네가 제시간에 오는 것)

④ It is **essential that** we (should) **finish** the work on time.
　　그것은 이다.(is) 절대 필요한 상태 / 그건(that) 우리가 끝내는 것이다.(finish) 그 일을 제시간에
　　(그것은 절대 필요하다. / 그건 우리가 끝내는 것 우리의 일을 제시간에)

⑤ It is **necessary that** you (should) **exercise** regularly.
　　그것은 이다.(is) 필요한 상태 / 그건(that) 네가 운동하는 것이다.(exercise) 규칙적으로
　　(그것은 필요하다. 그건 네가 운동하는 것이다. 규칙적으로)

⑥ It is **imperative that** he (should) **complete** the task by six.
　　그것은 이다.(is) 피할 수 없는 상태 / 그건(that) 그가 끝내는 것이다.(complete) 그 업무를 6시까지
　　(그것은 불가피하다. 그건 그가 끝내는 것 그 일을 6시까지)

⑦ It is **desirable that** you (should) **change** your password regularly.
　　그것은 이다.(is) 바람직한 상태 / 그건(that) 네가 바꾸는 것이다.(change) 너의 비밀번호를 정기적으로
　　(그것은 바람직하다. / 그건 네가 바꾸는 것 너의 비밀번호를 정기적으로)

(4) 감정적 판단의 단어가 쓰이는 문장의 that절에서 should의 생략

① 각 단어의 원뜻

• strange 이상한 • incredible 믿을 수 없는 • disappointing 실망시키는	• surprising 놀라운 • sad 슬픈	• absurd 터무니없는 • regrettable 슬픈

② 감정적 판단의 형용사가 쓰이는 문장은 that절 안에 있는 동사의 행위를 **'당위처럼 하는 것'**에 대한 말하는 사람의 감정적 판단이므로 that절에 당위를 나타내는 조동사 'should(~하기로 되어 있었다)'를 쓰는 것임. 영국식 영어에서는 should를 생략하지 않으나 미국식 영어에서는 보통 생략함

③ It is **strange** that she **(should) sleep** all day long.
　　그것은 이다.(is) 이상한 상태 / 그건(that) 그녀가 자다니(sleep) 하루 종일

④ It is **surprising that** she **(should) make** such a mistake.
　　그것은 이다.(is) 놀라운 상태(surprising) / 그건(that) 그녀가 만들다니(make) 그러한 실수를(such a mistake)
　　(놀랍다. 그녀가 그러한 실수를 하다니)

⑤ It's **sad that** she **(should) be** poor.
　　그것은 이다.(is) 슬픈 상태(sad) / 그건(that) 그녀가 가난한 상태라니(be poor)
　　(슬프다. 그녀가 가난하다니)

7. to부정사의 보어용법과 to be의 생략

(1) seem: (특별한 상태)인 것 같다

- '알파벳 S'는 전후좌우가 같은 모양이므로 S가 포함된 단어는 '같다'는 뜻을 가짐
- same: 똑같은 / seem (특별한 상태) ~인 것 같다 / some: 어느 정도 같은 / similar: 비슷한
- so: (내가 보기엔) 그것과 다음과 같다 (주관적)
- as(all so): (다들 알다시피) 그것은 다음과 모두 같다 (객관적)
- such: 그것과 같은(그러한) (like that)

① seem의 보어인 '특별한 상태'란?
  (a) 누구에게나 똑같지 않은 상태이며, 말하는 사람의 주관적인 생각이 들어간 상태임
  (b) be동사가 상태의 명사나 형용사를 보어로 가져 2형식을 만들듯이 seem은 '특별한 상태'를 보어로 가지므로 seem도 2형식 문장을 만들게 됨

② seem의 보어로는 '특별한 상태'와 같은 종류의 말만 올 수 있음
  (a) 말하는 사람의 주관적인 생각이 들어가지 않은, 누구에게나 똑같은 의미가 되는 명사나 형용사(구) 등은 단독으로는 seem의 보어로 올 수 없음
  (b) "Alice seems a student." (×)
    ⓐ 'a student'의 의미가 '그냥 보통의 학생'으로 누구에게나 똑같은 객관적인 의미라 seem과 어울리지 않음
    ⓑ 하지만 "Alice seems a **smart** student.(똑똑한 학생)"처럼 말하는 사람의 주관적인 생각이 조금이라도 들어가면 적어도 말하는 사람의 입장에서는 보통 상태와는 다른 특별한 상태가 됨
  (c) to부정사는 '특별한 무언가를 ~하(이)기로 되어 있다'라는 '특별함(주관성)'의 의미를 가지기 때문에 seem 다음에 'to be'를 넣게 되면 무조건 특별한 상태가 되어 'to be' 다음에 주관적인 말이 오든 객관적인 말이 오든 상관없이 모두 seem의 보어로 올 수 있음

③ seem의 부정법
  (a) 일반어를 보어로 사용할 때

   You sure **don't seem** happy on your job.
   너는 확실히 인 것 같지 않다.(don't seem) 행복한 상태(happy) 무엇에 덧붙여서(on) 너의 일
   (너는 확실히 행복하지 않은 것 같다. 너의 일에)

  (b) '존재동사(움직임이 없음) to부정사'를 보어로 사용할 때
    ⓐ He **seemed not** to have slowed down at all.
      그는 같았다.(seemed) 가지고 있지 않았던 상태(not to have) 속도를 줄였었던 상태를(slowed down) 전혀
      (그 운전자는 같았다. 속도를 줄이지 않았었던 상태 전혀)
      (속도를 줄이지 않았었던 것 같았다.)
      ▶ 약간의 고의성 또는 부주의함이 느껴짐

▶ 완료형의 have는 존재동사임

ⓑ He **didn't seem** to have slowed down at all.
그는 같지 않았다.(didn't seem) 가지고 있었던 상태(to have) 속도를 줄였었던 상태를(slowed down) 전혀
(그는 같지 않았다. 속도를 줄였었던 상태 전혀)
(속도를 줄였었던 것 같지 않았다.)
▶ 고의성은 느껴지지 않고 과실이 느껴짐

(c) '동작동사(움직임이 있음) to부정사'를 보어로 사용할 때

ⓐ seem의 보어로 '동작동사 to부정사'를 사용한 표현의 부정엔 can not 또는 could not을 사용함. 보어인 to부정사 용법 자체에 '~하기로 되어 있는'이라는 가능의 의미가 들어 있기 때문임

ⓑ Betty **can't seem** to play the piano.
베티는 할 수 없는 것(can't) 같다(seem) 연주하기로 되어 있는 것(to play) 피아노를
(베티는 피아노를 연주할 수는 없는 것 같다.)
▶ 'can not seem to부정사'는 '그렇게 하기로 되어 있는 것(to부정사) 같다(seem)고 할 수 없다(can not)'의 뜻이고, 여기에서 '그렇게 할 수는 없는 것 같다'라는 의미가 나옴

(2) **appear**: 모습을 보이다

① **Has** her new book **appeared** yet?
가지고 있나요?(has) 그녀의 새 책이 모습을 보였던 상태를(her new book appeared) / 기대했던 시간보다 먼저(yet) [그녀의 새 저서가 모습을 보였나요?(출간되었나요?) 벌써]

② She **appears** (to be) a kind woman.
그녀는 모습을 보인다.(appears) 친절한 여성이기로 되어 있는 상태로(to be a kind woman)
(그녀는 친절한 여성처럼 보인다.)

(a) 언제나 보어로 'to be'가 들어가면 말하는 이의 주관적인 표현임

(b) 그때 'to be'의 보어가 '주관적인 의견(kind)'이 들어간 'a kind woman'인데 'to be'를 생략해도 같은 주관적인 표현이라 생략이 가능함

(3) **prove**: 무엇을 증명하다

① It would **prove** the naysayers wrong.
그것이 했으면 좋겠다.(it would) 증명하는 것(prove) 반대론자들이 틀렸음을(the naysayers wrong)
(그것이 증명했으면 좋겠다. 반대론자들이 틀렸음을)

② The evidence **proved** him (to be) guilty. (5형식)
그 증거는 증명했다.(proved) 그가 유죄인 상태를(him guilty)

③ He **was proven** to be humble. (수동태)
그를 이었다(was) 증명했던 상태(proven) / 겸손한 상태이기로 되어 있는 것을(to be humble)
(그를 증명했다. 겸손하다고) (한국식 의역: 그는 겸손한 사람으로 증명됐다.)

(4) **think**: 무엇을 생각하다
  ① think와 think of 차이
    ⓐ think 뒤에는 that, what으로 시작하는 절이 올 수 있는 반면, 'think of' 다음에는 단순히 생각하는 대상이 옴
    ⓑ We **think of** pizza as a modern Italian dish.
      우리는 생각한다. (사실) 피자의(of pizza) / 그것은 다음과 같이(as) 현대 이태리 음식 (우리는 생각한다. 피자의 사실을 그것은 현대 이태리 음식과 같이 → 피자를 현대 이태리 음식으로 생각한다)
      ⓐ 'A of B'라는 구조에서 A는 B와 분리될 수 없는 것임. 따라서, 예문에는 think의 생략된 목적어가 있어야 하고 그 생략된 목적어는 pizza와는 '분리될 수 없는(of)' 어떤 것이어야 함. 결국 think의 생략된 목적어는 'the fact(사실), the idea(생각), the view(관점)' 따위가 될 것임
      ⓑ we가 '생각(think)'한 것은 pizza가 아니고 'pizza가 하나의 현대 이태리 음식과 같다'라는 '사실'을 생각한 것임
  ② I **thought** him (to be) generous.
    나는 생각했다.(thought) 그가(him) 관대하다고(generous)
    ▶ 누구에게나 같은 형용사를 제외하곤 모습이나 성격을 표현하는 모든 형용사는 주관적임. 따라서 'to be'를 자유롭게 생략할 수 있음

(5) **believe**: 무엇을 믿다
  ① I **believe** him (to be) honest.
    나는 믿는다.(believe) 그가(him) 정직하다고(honest)
    ▶ believe는 주관적 생각이므로 자유롭게 'to be'를 생략할 수 있음
  ② Muslims **believe** idol worship to be evil.
    이슬람 신도들은 믿는다.(believe) 우상숭배를(idol worship) 악이라고(to be evil)
    ▶ 강한 종교적 신념 등을 의미할 땐 '무슨 일이 있어도 그렇게 생각하기로 되어 있다'는 의미이므로 'to be'를 생략하지 않음

(6) **suppose**: ~이라고 생각하다 (가정하다, 추정하다)
  ① sup(sub 아래에)+pose(put 두다) → 멀리 있어서 잘 모르던 것을 우리의 아래에 두면 정확히는 모른다 할지라도 무엇이라고 생각은 할 수 있으므로 → ~이라고 생각하다
  ② We **supposed** her (to be) ill.
    우리는 생각했다.(추정했다.)(supposed) 그녀가(her) 아픈 상태라고(to be ill)
    ▶ suppose는 주관적 생각이므로 자유롭게 'to be'를 생략할 수 있음
  ③ be supposed to부정사: 무엇 하(이)기로 되어 있다 (~해야 한다)
    ⓐ 'be supposed to부정사'는 원칙에 근거한 의무나 예정에 대해서 말할 때 쓰이고, should는 '~

하는 게 좋겠다'라는 제안이나 충고를 할 때 쓰임

(b) be supposed to부정사: be(~이다)+supposed(생각했던 상태)+to부정사(무엇 하기로 되어 있는) → 무엇 하기로 되어 있다고 생각했던 상태이다 → 무엇 하(이)기로 되어 있다(~해야 한다)

(c) You **were supposed to** be here an hour ago.

너를 이었다.(were) 생각했던 상태(supposed) 있기로 되어 있는 상태(to be) 여기에(here) 한 시간 전에
(당신은 있어야 했어. 여기에 한 시간 전에)

(7) **find**: 무엇을 찾아내다

① His prediction **found** its mark.

그의 예상은(his prediction) 찾아냈다.(found) 목표물을(its mark)
(그의 예상은 명중했다.)

② I **found** him **(to be) a genius at math**.

나는 찾아냈다.(알았다)(found) 그가(him) 천재인 것을(to be a genius) 콕 찍듯 가리켜(at) 수학(math) (수학에)

▶ 그를 '수학의 천재'라고 보는 것은 주관적 판단이므로 'to be' 생략 가능

Part 11 동명사(動名詞)

1. 동명사란?
(1) 동명사는 동사의 성질과 명사의 성질을 동시에 갖는 말로 동사의 모양을 바꿔 명사로 써먹는다.
(2) 동명사는 동사의 성질을 갖고 있기 때문에 뒤에 목적어, 보어를 취할 뿐만 아니라 부사(구)의 수식을 받으며 명사의 성질을 갖기 때문에 주어, 목적어, 보어로 쓰임

　① **Speaking** English well is very difficult. (주어)
　　말하는 것(speaking) 영어를 잘(well) / 이다.(is) 매우 어려운 상태(difficult)
　　(영어를 잘 말하는 것은 매우 어렵다.)
　　= **To speak** English well is very difficult.
　　▶ Speaking은 English를 목적어로 취하고 well의 수식을 받는다는 점에서 동사적 성격을 가지며, 주어로 쓰였다는 점에서는 명사적 성격을 가짐

　② It began **raining** in the afternoon. (목적어)
　　시작했다.(began) 비 오는 것을(raining) / 무엇 안에서(in) 오후 (오후에)
　　(비가 오기 시작했다. 오후에)
　　= It began **to rain** in the afternoon.

　③ The only thing that he likes is **watching** TV. (보어)
　　유일한 것(the only thing) 그건(that) 그가 좋아하는 것(he likes) / 이다.(is) 보는 것(watching) TV를
　　(그가 좋아하는 유일한 것은 TV를 보는 것이다.)
　　= The only thing that he likes is **to watch** TV.

(3) 전치사의 목적어
　He is good **at cooking**. (cook ×)
　그는 이다.(is) 좋은 상태(good) / 콕 찍듯 가리켜(at) 요리하는 것(cooking)
　(그는 잘한다. 요리를)

2. 동명사의 의미상의 주어
(1) 소유격으로 나타내지만, 목적격을 쓸 수도 있음
　① 동명사의 의미상 주어가 문장의 주어와 일치하지 않는 경우 동명사 앞에 그 의미상 주어를 밝히는 것이 원칙임
　② I am sure of **his(또는 him) passing** the examination.
　　나는 이다.(am) 확신하는 상태(sure) 무엇의 일부로서냐면(of) 그가(his) 지나가는(통과하는) 것(passing) 그 시험을 (나는 확신한다. 그가 합격할 것이라고 그 시험에)

- ► sure 다음에 무엇을 확신하는지 목적어가 와야 하는데 sure가 형용사여서 바로 뒤에 목적어를 취할 수 없으므로 완충역할을 할 수 있는 전치사의 도움을 받아야 함
- ► '합격하는 것을 확신하는 감정'이어서 '확신하는 상태(sure)'와 '합격하는 것'은 분리 불가능하므로 전치사 of를 사용하는 것임

③ I remember **Tom('s) saying** so.
    나는 기억하고 있다.(remember) 탐이(Tom) 말한 것을(saying) 그렇게(so)

(2) **동명사의 의미상의 주어가 일반인일 경우에는 생략함**

Reading English is difficult, but **speaking** it is even more difficult.
읽는 것은(reading) 영어를 / 이다.(is) 어려운 상태(difficult), / 그러나 말하는 것(speaking) 그것을 / 이다.(is) 훨씬 (even) 더(more) 어려운 상태 (영어를 읽는 것은 어렵지만, 말하는 것은 훨씬 더 어렵다.)

3. 동명사와 to부정사를 목적어로 취하는 동사

(1) **동명사와 to부정사의 비교**

① 동명사는 진행의 의미 때문에 과거성을 갖게 됨
  (a) 'ing'가 붙으면 진행의 의미가 되는데, '진행 중(~하고 있는)'이라는 것은 단 0.1초 전이라도 말하기 전에(과거에) 이미 행위가 시작되었다는 의미이므로 논리적으로 동명사는 과거성을 갖게 됨
  (b) 동명사는 이미 과거에 행위가 시작된 것이므로 행위 이후를 나타내며 ⇒ 따라서, 직접 행위를 할 필요가 없으므로 직접 행위로 이어지지 않는 동사와 어울림

② to부정사는 to 때문에 미래성을 갖게 됨
  (a) 전치사 to: 무엇을 목표로 하여 도착할 때까지 (영원히 미래임)
  (b) to부정사는 미래성 때문에 행위 이전을 나타내며 ⇒ 따라서, 직접 행위를 할 필요가 있으므로 직접 행위를 요구하는 동사와 어울림

> • 동명사는 과거성을 가지므로 과거성을 가진 동사와 같이 씀
> • to부정사는 미래성을 가지므로 미래성을 가진 동사와 같이 씀

(2) **동명사만을 목적어로 취하는 동사 (과거성을 가진 동사)**

반 복	• 과거부터 하던 일을 반복하는 성격의 동사들 • 즐기다(enjoy) 연습하다(practice) 기억하다(recall) 참다(stand, bear)
중 단	• 과거부터 하던 일을 중단하는 성격의 동사들 • 멈추다(stop, quit) 끝내다(finish) 버리다(abandon) 포기하다(give up)
도 피 (도망)	• 과거부터 이어지던 상황에서 도피하는 성격의 동사들 • 꺼리다(mind) 피하다(avoid) 도망치다(escape) 저항하다(resist) 무엇을 어떤 상태에서 꺼내 주다(help)

인정 부인	• 과거에 정해진 사실을 인정하거나 부인하는 성격의 동사들 • 인정하다(admit, acknowledge) 용서하다(forgive) 사면하다(pardon) 후회하다(regret, repent) 부인하다(deny)
연기	• 과거에 정해진 일정을 연기하는 성격의 동사들 • 연기하다(postpone, delay, put off)
기타	• 직접 행위로 이어지지 않는 동사들 • 제안하다(suggest) 추천하다(recommend) 기대하다(anticipate) 상상하다(imagine) 신중히 생각하다(consider)

① I enjoy **skiing**.

나는 즐긴다.(enjoy) 스키 타는 것을(skiing)

과거에 스키를 타 본 경험이 있을 때 '즐긴다'라고 말할 수 있음. 따라서 반복의 의미를 가지는 동사들은 과거성을 갖게 되므로, 동명사를 목적어로 취함

② I stopped **smoking**.

나는 그만두었다.(stopped) 담배 피우는 것을(smoking)

과거에 담배를 피웠기 때문에 담배를 끊었다고 말할 수 있는 것임. 따라서 중단의 의미를 가지는 동사들은 과거성을 갖게 되므로 동명사를 목적어로 취함

③ 직접 행위로 이어지지 않는 동사들

(a) suggest(제안하다): 사장님이 한턱 쏘기로 해서 직원들이 여러 가지 메뉴를 제안하지만 결국 메뉴는 사장님 마음대로 정해질 것임. 따라서, '제안하다'는 머릿속 생각으로 그쳐 직접 행위로 이어지지 않을 것이며 따라서 직접 행위가 필요 없는 성격의 동명사를 목적어로 취함

▶ I **suggested** *going* in my car.

나는 제안했다.(suggested) 가는 것을(going) / 무엇 안에서(in) 내 차 (내 차로)

(b) recommend(추천하다): 사장님이 신규직원을 뽑는다고 해서 직원들이 사람을 추천하지만 결국 채용은 사장님 마음대로 정해질 것임. 따라서, '추천하다'는 머릿속 생각으로 그쳐 직접 행위로 이어지지 않을 것이며 따라서, 직접 행위가 필요 없는 성격의 동명사를 목적어로 취함

▶ He **recommended** *reading* the book.

그는 추천했다.(recommended) 읽는 것을(reading) 그 책을

(c) imagine(상상하다): "로또 1등에 당첨됐으면 좋겠다."처럼 '상상하다'라는 말은 머릿속으로 상상만 해보는 것으로 직접 행위로 이어지지 않는 동사임. 따라서, 직접 행위가 필요 없는 성격의 동명사를 목적어로 취함

▶ I **imagined** *earning* much money.

나는 상상했다.(imagined) 버는 것을(earning) 많은 돈을

(d) 'anticipate(기대하다), consider(신중히 생각하다)'도 머릿속으로 기대만 하고 생각만 해보는

것으로 직접 행위로 이어지지 않는 동사임. 따라서, 직접 행위가 필요 없는 성격의 동명사를 목적어로 취함

▶ We **anticipate *moving*** to bigger house.

우리는 기대한다.(anticipate) 이사하는 것을(moving) / 무엇을 목표로(to) 더 큰 집(더 큰 집으로)

(3) to부정사만을 목적어로 취하는 동사 (미래성을 가진 동사)

원하다 (미래에 무엇 하기를 원하다)	원하다(want, wish) 희망하다(hope) 바라다(desire) 기대하다(expect) 필요로 하다(need)
계획하다 (미래에 무엇 하기로 계획하다)	계획하다(plan) ~을 목표로 하다(aim) ~하기로 결정하다(decide)
제안/요구/동의/제공/ 약속/거절 등	제안하다(propose) 제의하다(offer) 요구하다(ask) 동의하다(agree) 제공하다(serve) 약속하다(promise) 거절하다(refuse) 실패하다(fail) 어떻게든 해내다(manage) ~할 여유가 되다(afford) ~인 척하다(pretend)

① I **want *to buy*** a new car.

나는 원한다.(want) 사기를(to buy) 새 차를

② You don't **need *to worry*** about me.

너는 필요로 하지 않아.(don't need) 걱정하는 것(to worry) / 무엇에 관하여(about) 나

(너는 걱정할 필요 없어. 나에 관하여)

(4) 동명사와 to부정사 둘 다 목적어로 취할 수 있는 동사

- 좋아하다(like) 매우 좋아하다(love) 더 좋아하다(prefer) 몹시 싫어하다(hate)
- 의도하다(intend) 시도하다(attempt) 시작하다(begin, start) 계속하다(continue)

① like, love, prefer, hate

  (a) I **like *playing*** soccer. (과거성-습관)

    나는 좋아한다. 하고 있는 것을(playing) 축구를

    (나는 평소에 축구 하는 것을 좋아한다.)

    ▶ 동명사는 과거성을 갖게 되므로 과거부터 계속되어 온 상태를 표현

    ▶ 말하는 시점 이전에 축구를 시작해서 지금도 하고 있다는 뉘앙스를 가짐(취미의 느낌)

  (b) I **like *to play*** soccer. (미래성-미래의 일시적인 동작)

    나는 좋아한다.(like) 하기로 되어 있는 것을(to play) 축구를

    (나는 축구를 하고 싶다.)

② intend, attempt

  (a) I **intend *staying*** long. (과거성-습관)

    나는 의도한다.(intend) 계속 있는 것을(staying) 오래 (난 오래 있을 생각이야.)

    ▶ 과거에 이미 시작이라도 한 일을 미래에도 계속 하기로 의도할 수도 있으므로 부가적으로 과거성도 가짐

(b) What do you **intend to do** next? (미래성–미래의 일시적 동작)

무엇을 하니?(what do) 너 의도하는 것(you intend) 할 것을(to do) 다음에(next)

(무엇을 할 작정이니? 다음에)

▶ 미래의 무엇을 하기를 '의도하다, 시도하다'라는 의미에서 알 수 있듯이 intend, attempt는 기본적으로 미래성을 가짐

③ begin, start

(a) She **began crying**. (과거성–습관)

그녀는 시작했다.(began) 울고 있는 것을(crying)

(그녀는 평소처럼 울기 시작했다.)

▶ 습관적인 일을 표현할 때는 과거성이 있는 동명사를 취하기도 함

(b) She **began to cry**. (미래성–미래의 일시적 동작)

그녀는 시작했다.(began) 울기로 되어 있는 것을(to cry)

(그녀는 울기 시작했다.)

▶ 시작을 나타내는 위 동사들은 예정이 확실한 미래의 일을 나타내므로 기본적으로 미래성을 가짐

④ continue

(a) He **continued reading** the book. (과거성–습관)

그는 계속했다.(continued) 읽고 있는 것을(reading) 그 책을

(그는 평소에 그 책을 계속 읽었다.)

▶ '무엇을 계속하다'라는 것은 '과거에 이미 시작이라도 한 일을 계속하다'라는 의미이므로 continue는 기본적으로 과거성을 가짐

(b) He **continued to read** the book. (미래성–미래의 일시적 동작)

그는 계속했다.(continued) 읽기로 되어 있는 상태를(to read) 그 책을

(그는 그 책을 계속 읽고 싶어 했다.)

▶ 미래의 일을 계속하고 싶어 하는 상태를 표현할 때는 미래성을 가짐

4. 동명사의 관용적 표현

(1) **be busy –ing**

① be(이다)+busy(바쁜 상태)+–ing(~하느라) → **바쁘다, ~하느라**

② We **are busy preparing** for the examination.

우리는 이다.(are) 바쁜 상태(busy) 준비하느라(preparing) / 무엇만을 생각하면서(for) 시험

(우리는 바쁘다, 준비하느라 시험을)

(2) **It is no use –ing=It is of no use to ~**

① it is no use(어떤 소용도 아니다)+–ing(~하는 것은)

→ 소용없다. ~하는 것은

② **It is no use talking** to him.

그것은 이다(is) 어떤 소용도 아닌 상태(no use) / 이야기하는 것(talking) 그에게

(그것은 소용없다. 이야기하는 것 그에게)

=**It is of no use to talk** to him.

=**It is useless to talk** to him.

(3) **keep(prevent, stop)+목적어+from -ing**

① keep(잡고 있다)+(목적어를)+from -ing(~하는 것에서부터 시작하여) → (목적어를) 잡고 있다. ~하는 것에서부터 시작하여 → ~가 …하는 것을 못 하게 하다

② The snow **kept me from coming** here.

눈이 잡고 있었다.(kept) 나를 / 무엇에서부터 시작하여(from) 오는 것(coming) 여기에

(눈이 못 하게 했다. 내가 오는 것을 여기에)

(4) **feel like -ing**

① feel(느낀다)+like(좋아함을)+-ing(~하는 것을) → ~을 하고 싶다

② I don't **feel like eating** anything right now.

나는 느끼지 않는다.(don't feel) 좋아하는 것을(like) 먹는 것을(eating) 어떤 것도(anything) / 지금 당장은

(나는 먹고 싶지 않다. 어떤 것도 지금 당장은)

(5) **How (or What) about -ing?**

① how(어떻게?)+about(무엇에 대하여)+-ing(~하는 것)

→ 어때? ~하는 것에 대하여

② **How about going** to the movies?

어때?(how) 무엇에 대하여(about) 가는 것(going) 영화관으로

(영화관 가는 거 어때?)

(6) **go -ing**

① go(무엇에서 멀어지다)+-ing(~하는 곳으로) → ~하러 가다

② They **went hunting** the day before yesterday.

그들은 멀어져서 갔다(went) 사냥하고 있는 상태로(hunting) 그저께

(그들은 갔다. 사냥하러)

(7) **There is no -ing**: 있지 않다. 어떤 ~하는 것은 (~하는 것은 불가능하다)

① there is no(어떤 ~도 있지 않다)+-ing(~하는 것) → 어떤 하는 것도 있지 않다 → ~하는 것은 **불가능하다**

② **There is no saying** what may happen tomorrow.

있지 않다. 어떤 말하는 것도(there is no saying) / 무엇이 일어날 수도 있는지를(what may happen) 내일

(말하는 것은 불가능하다. 무슨 일이 일어날지를 내일)

=It is impossible to say what may happen tomorrow.

(8) **on −ing (as soon as)**

① on(무엇에 덧붙어서)+−ing(~하는 것에) → **~하자마자**

② **On hearing** the sad news, she began to cry.

듣자마자(on hearing) 슬픈 소식을, / 그녀는 시작했다.(began) 울기를(to cry)

(듣자마자, 슬픈 소식을 / 그녀는 시작했다. 울기를)

=**As soon as** she heard the sad news, she began to cry.

그녀는 듣자마자 그 슬픈 소식을, / 그녀는 시작했다.(began) 울기를(to cry)

▶ as soon as : as(그렇게)+soon(빨리)+as(그건 다음과 같이) → ~하자마자

Part 12 분사(分詞)

1. 분사(分詞)란?

(1) 분사는 동사와 형용사의 성질을 나누어 갖는(分) 말(詞)로서, 현재분사와 과거분사의 두 종류가 있음. ① 현재분사는 '동사원형+ing'의 형태를 취하고, ② 과거분사는 동사의 과거분사형을 말함

(2) 현재분사

　① be동사와 결합하여 진행형을 만듦

　　They **are playing** soccer now. (현재진행형)

　　그들은 이다.(are) 하고 있는 상태(playing) 축구를 지금

　　(그들은 하고 있다. 축구를 지금)

　② 현재분사와 동명사는 그 형태는 '동사원형+ing'로 같으나 용법이 다름

　　(a) 동명사는 동사와 명사의 성질을, 현재분사는 동사와 형용사의 성질을 가짐

　　(b) 동명사는 용도나 목적을 표시하며, 현재분사는 상태나 동작을 나타냄

　　　ⓐ a **sleeping** bag 잠자기 (위한) 가방 (침낭) (용도−동명사)

　　　　=a bag which is used for sleeping

　　　▶ '자고 있는(현재분사) 가방'은 말이 안 됨. 동명사 sleeping은 '잠자기'의 뜻으로 명사 역할임

　　　ⓑ a **sleeping** baby 자고 있는 아이 (동작−현재분사)

　　　　=a baby who is sleeping

(3) 과거분사: be동사와 결합하여 수동태를, have동사와 결합하여 완료형을 만듦

　① 과거분사의 원뜻: 무엇 했(이었)던(과거) 상태(형용사) → 과거형용사

　② This book **was written** by Mr. Park. (수동태)

　　이 책을 이었다.(was) 썼던 상태(written) / 가까이에서 영향을 미치는 힘은(by) 박 선생님

　　(이 책을 썼다. 박 선생님이)

　③ **Have** you ever **seen** a tiger? (현재완료)

　　가지고 있니?(have) 너는 여태까지(ever) 보았던 상태(seen) 호랑이를

　　(너는 여태까지 본 적이 있니? 호랑이를)

동사의 3단 변화			
동사원형	eat(먹다)	현재시제 동사	동 사
과거동사	ate(먹었다)	과거시제 동사	
과거분사	eaten(먹었던 상태)	과거 형용사	형용사

2. 분사의 용법

(1) **한정적 용법: 명사의 앞, 뒤에서 그 명사를 수식함**

　① 현재분사: 능동, 진행의 뜻이 있음

　　Where did you see a **running** dog?

　　어디에서(where) 했니?(did) 너 보는 것(see) 달리고 있는 개를(a running dog)

　② 과거분사: 완료의 뜻이 있음

　　Look at the **fallen** leaves.

　　보아라.(look at) 떨어졌던(fallen) 잎새들을 (보아라. 낙엽들을)

(2) **서술적 용법: 주격보어와 목적격보어로 쓰임**

　① 주격보어

　　(a) He stood **watching** TV.

　　　그는 서 있었다.(stood) 보고 있으면서(watching) TV를

　　(b) He seemed very **pleased** with my gift.

　　　그는 인 것 같았다.(seemed) 매우 기쁜 상태(pleased) / 무엇과 함께(with) 내 선물

　　　(그는 매우 기쁜 것 같았다. 내 선물을 받고)

　② 목적격보어

　　(a) I heard him **playing** the piano.

　　　나는 들었다.(heard) 그가(him) 치고 있는 상태를(playing) 피아노를

　　(b) Leave the door **closed**.

　　　떠나라.(leave) 문을 닫았던 상태를(the door closed) 남기고

　　　(두어라. 문이 닫힌 채로)

　　　▶ leave: 무엇을 남기고 떠나다

　③ 지각동사의 목적보어가 원형부정사일 때와 현재분사일 때 그 뜻이 다름

　　(a) I **saw** her **sing** a song.

　　　나는 보았다.(saw) 그녀가(her) **노래하는 것을**(sing) 한 곡의 노래를

　　(b) I **saw** her **singing** a song.

　　　나는 보았다.(saw) 그녀가(her) **노래하고 있는 것을**(singing) 한 곡의 노래를

　④ 사역동사의 목적보어로는 현재분사를 쓸 수 없음

　　(a) 'make, have, let'처럼 절대적 의미를 가진 동사가 포함된 5형식 문장에서 주어는 절대자와 같고, 주어의 지배를 받는 목적어는 목적보어의 행위 자체만을 해야 함. 따라서 행위 자체를 표현하는 원형부정사를 써야 함

　　(b) I **made** him **clean** the room. (O)

　　　I **made** him **cleaning** the room. (×)

3. 분사구문(分詞構文)

(1) 「분사구문」이란? 분사를 이용한 문장

① 분사(현재분사, 과거분사)를 이용하여 부사절을 부사구로 만든 것

    (a) 동시에 벌어지는 내용이 뭔지를 간단하게 설명할 때 사용

    (b) 분사구문의 의미상의 주어가 주절의 주어와 같을 때에는 분사구문의 주어를 따로 쓰지 않음

        (c) As **I** have no money, **I** can't buy it. [***I=I***]

           =**Having** no money, I can't buy it.

         때문에(as) 내가 가지고 있지 않다. 어떤 돈도 / 나는 살 수 없다.(can't buy) 그것을

② 분사구문의 의미상의 주어가 주절의 주어와 다를 때에는 의미상의 주어를 분사 앞에 놓는다. 이 경우를 독립 분사구문이라고 함

    As ***it*** was fine yesterday, **we** went on a picnic. [***it ≠ we***]

    =**It being** fine yesterday, **we** went on a picnic.

    때문에(as) 날씨가 좋았다.(it was fine) 어제 / 우리는 소풍을 갔다.(went on a picnic)

    (날씨가 좋았기 때문에 어제, 우리는 소풍을 갔다.)

(2) 분사구문의 용법

① 시간(while, when, after, as)

    Walking on the street, I met an old friend of mine.

    =**While I was walking** on the street, I met an old friend of mine.

    그동안(while) 내가 걷고 있는 동안(I was walking) 거리에서(on the stteet), / 나는 만났다.(met) 오랜 친구를(an old friend) / 무엇의 일부로서의(of) 나의 친구 (나의 친구 중)

    ▶ while: (어떤 일이 발생하는) 그동안 (기간의 의미–진행형에 많이 쓰임)

    ▶ when: (어떤 특정한) 그때 (한순간의 의미)

② 원인, 이유 (because, as): ~때문에

    Being sick, he was absent from school.

    =***As he was*** sick, he was absent from school.

    때문에(as) 그는 아픈 상태이었다.(he was sick) / 그는 이었다.(was) 결석한 상태(absent) 무엇에서부터 시작하여(from) 학교 (그는 아팠기 때문에, 그는 결석했다. 학교에)

③ 조건(if): 만약 ~한다면(이라면)

    Turning to the right there, you will find the building.

    =***If you turn*** to the right there, you will find the building.

    만약(if) 네가 돈다면(you turn) 무엇을 목표로(to) 오른쪽 (오른쪽으로) 거기에서(there), / 너는 찾아낼 것이다.(you will find) 그 빌딩을

④ 양보(though=although): 무엇이 사실임에도 불구하고

Living next to his house, I seldom see him.

=**Though I live** next to his house, I seldom see him.

사실임에도 불구하고(though) 내가 사는 것(live) 바로 옆에(next to) 그의 집 / 나는 거의 보지 못한다.(seldom see) 그를

- ▶ next to: ~ 바로 옆에
- ▶ seldom: 거의 ~않는

⑤ 계속(and): 그리고

The train leaves at six, **arriving** in Moscow at noon.

=The train leaves at six, **and it arrives** in Moscow at noon.

그 기차는 떠난다.(leaves) / 콕 찍듯 가리켜(at) 6시 (6시에), / 그리고(and) 도착한다.(arrives) 무엇 안에(in) 모스크바 (모스크바에) / 콕 찍듯 가리켜(at) 정오 (정오에)

⑥ 동시동작(부대상황): ~하면서

Saying "good-bye", he went out of the house.

말하면서 "안녕"이라고, / 그는 갔다.(went) 무엇의 밖으로(out of) 그 집 (그 집 밖으로)

=He went out of the house **as he said** "good-bye".

그는 갔다.(went) 무엇 밖으로(out of) 그 집 (그 집 밖으로) / 무엇 하면서(as) 그는(he) 말하면서(said) "안녕"이라고("good-bye")

- ▶ as 때문에 '그가 집 밖으로 간 것'과 '그가 안녕이라고 말한 것'은 같은 일이므로 as는 우리말로 '~하면서'로 의역됨

(3) **접속사를 생략하지 않은 분사구문**

① 분사구문의 뜻을 강조하기 위해 접속사를 생략하지 않은 경우가 있음

② **Though living** next door, I seldom see the man.

사실임에도 불구하고(though) 내가 사는 것(living) 옆집에, / 나는 거의 보지 못한다(seldom see) 그 남자를

감정(感情)동사의 형용사화

1. 감정동사의 종류 및 형용사화

- 감정동사로는 excite(흥분시키다), tire(피곤하게 하다), bore(지루하게 하다), interest(흥미를 갖게 하다), surprise(놀라게 하다), satisfy(만족시키다), please(기쁘게 하다), amuse(재미있게 하다), depress(우울하게 만들다), embarrass(당황스럽게 만들다), disappoint(실망시키다)
- 이 동사들 뒤에 –ing나 –ed를 붙여 형용사를 만들어 주면 됨

2. 과거분사형 형용사 / 현재분사형 형용사

- 과거분사형 형용사(–ed): 무엇 했던(이었던) 상태 (형용사)
  - 과거분사는 언제나 과거를 뜻하므로 말하는 시점 이전(과거)에 이미 감정이 만들어져 현재에는 상태로 남아 있음
- 현재분사형 형용사(–ing): 무엇 하고(이고) 있는 상태 (형용사)
  - 현재분사는 언제나 진행을 뜻하므로 말하는 시점의 현재 감정이 진행되고 있음
  - excited 흥분했던 상태 (흥분한)
    exciting 흥분시키고 있는 (상태) → 흥미진진한 (재미있는)
  - tired 피곤했던 상태 (피곤한)
    tiring 피곤하게 하고 있는 (상태) → 피곤하게 하는
  - bored 지루했던 상태 (지루한)
    boring 지루하게 하고 있는 (상태) → 지루하게 하는
  - interested 흥미를 가졌던 상태 (흥미를 가진)
    interesting 흥미를 갖게 하고 있는 (상태) → 흥미를 갖게 하는 (흥미로운)

3. 사람주어 + 과거분사형 형용사(–ed) / 사물주어 + 현재분사형 형용사(–ing)

- 사물주어의 경우 살아 있지도 않은 사물이 지루하게 되거나, 흥미를 느끼는 등 과거에 감정이 형성되었다는 것은 말이 안 되므로, 과거분사형 형용사를 사용하지 못하고 현재분사형 형용사를 사용함
- I am **excited** with the game.
  나는 이다.(am) 흥분한 상태(excited) / 무엇과 함께(with) 그 게임
  (나는 흥분했다. 그 게임에)
  The game is **exciting**.
  그 게임은 이다.(is) 흥분시키고 있는 상태(재미있는 상태)(exciting)
  (그 게임은 재미있다.)

Part 13 수동태(受動態)

1. 수동태(passive)란?

(1) 말하는 사람이 자기의 의사와 상관없이 이미 벌어져 있는 상태를 표현하기 위해 수동태를 사용
  ① 말하는 사람의 의사와 상관없다는 뜻에서 'passive(소극적인)'라고 말함
  ② 동작을 받는다는 한국식 수동태는 영어식 사고에선 없음
(2) 행위자는 궁금하지 않고 동사의 행위 후 행위의 대상이 어떤 상태인지 궁금할 때 수동태를 사용
  ① 먼저 궁금한 행위의 대상을 주어로 올려놓음
  ② 수동태의 주어는 행위자가 아니라 '행위의 대상'이므로 행위자를 의미하는 '은, 는' 대신 행위의 대상을 표현하는 '을, 를, ~에게' 등으로 느껴야 함
    ▶ 행위의 대상이 주어 자리에 왔다고 해서 본질이 바뀌는 것은 아니므로 행위의 대상은 여전히 목적어처럼 느껴야 하는 것임

2. 수동태의 형태: be(am, is, are)+과거분사(p.p.)

(1) 수동태는 '이미 벌어져 있는 상태(무엇 했던 상태-p.p.)이다(be)'인데, 여기에서 '이미 벌어져 있는'은 과거시제에 해당하고, '상태'를 표현하는 말은 형용사이므로 수동태에는 과거도 표현하고 형용사의 성질도 갖는 과거분사를 사용해야 함
  ※ 과거분사: 무엇 했(이었)던(과거) 상태(형용사) → 과거형용사
(2) be동사를 쓴 이유는 단지 '~이다'처럼 문장을 끝맺기 위해서임. 따라서, passive의 느낌은 과거분사에만 있는 것임
(3) Peter opened **the door**. [능동태(행위자 궁금)]
  The door was opened by Peter. [수동태(행위대상 궁금)]
  원어민 느낌) 그 문을(the door) 이었다.(was) 열었던 상태(opened) 가까이에서 영향을 미치는 힘은(by) 피터 (그 문을 열었다. 피터가)
  한국식 수동태) 그 문은 피터에 의해 열려졌다.
(4) **수동태 부정문**
  ① be동사는 존재동사이므로 부정의 not은 be동사 뒤에 위치함
  ② Pets **are** not **allowed** in this shop.
    애완동물을 이다.(are) 아니게(not) (아니다.) 허락했던 상태(allowed) / 무엇 안에서(in) 이 가게
    (애완동물을 허락하지 않는다. 이 가게에서는)
    한국식 수동태) 이 가게에 애완동물이 들어오는 것은 허락되지 않는다.
(5) **수동태의 과거: was/were+과거분사**

I **was born** in Rome.

원어민 느낌) 나를 이었다.(was) 낳았던 상태(born) / 무엇 안에서(in) 로마 (로마에서)

(나를 낳았다. 로마에서)

한국식 수동태) 나는 로마에서 태어났다.

3. 수동태에 쓰는 전치사

(1) **by**+행위를 취한 사람이나 사물

① 전치사 by: 가까이에(near) → 가까이에 있어 영향을 미치는 힘은

② Hamlet **was written** *by* Shakespeare.

원어민 느낌) 햄릿을 이었다.(was) 썼던 상태(written) / 가까이에 있어 영향을 미치는 힘은(by) 셰익스피어

(햄릿을 썼다. 셰익스피어가)

한국식 수동태) 햄릿은 셰익스피어에 의해 쓰였다.

(2) **with**+행위자가 사용한 도구

① with: 무엇과 함께 (힘을 합쳐-협력)

② 어떤 일이 누군가에 의해 전적으로 이루어지면 전치사 by를, 어떤 일이 무엇과의 협력에 의해 이루어지면 전치사 with를 사용

(a) He was killed **by** a heavy stone.

그를 이었다.(was) 죽였던 상태(killed) / 가까이에 있어 영향을 미치는 힘은(by) 한 개의 무거운 돌

(그를 죽였다. 한 개의 무거운 돌이)

▶ 고의가 아니고 떨어진 돌에 의해 사고로 죽었다란 의미가 강함

(b) He was killed **with** a heavy stone.

그를 이었다.(was) 죽였던 상태(killed) 무엇과 함께(with) 한 개의 무거운 돌 (무거운 돌로)

(그를 죽였다. 한 개의 무거운 돌로)

▶ 고의를 가지고 돌이란 도구를 사용해서 죽였다는 의미가 강함 (돌과 협력)

(3) 기타 전치사 사용 → 상태의 수동태

① 상태의 수동태: 수동태가 행동보다는 상태를 표현하는 경우

② He **was involved in** a quarrel.

그를 이었다.(was) 함께 두었던 상태(involved) 무엇 안에(in) 싸움

(그를 관련시켰다. 싸움에)

한국식 수동태) 그는 싸움에 연루되었다.

▶ involve: in(무엇 안에)+volv(roll 굴리다) → (무엇 안에 굴리면 무엇과 무엇을 함께 두는 것이므로) → 함께 두다 → (함께 두면 자연스럽게 관련될 것이고, 서로가 서로를 포함하는 관계가 될 것이므로) → 관련시키다, 포함하다

③ The desk **is made of** wood. (물리적 변화-형태만 바뀜)

그 책상을 이다.(is) 만들었던 상태(made) / 분리 불가능한 무엇의 일부로서의(of) 나무 (그 책상을 만든다. 나무로)
한국식 수동태) 책상은 나무로 만들어진다.
- ▶ 위 문장에서 desk는 전치사 of 때문에 원료인 wood와는 분리 불가능하므로 변화를 해도 모양만 바뀔 뿐 본질이 바뀔 수는 없는 것이므로 물리적 변화임
- ▶ 과거분사인 made는 형용사이기 때문에 바로 다음에 명사인 wood가 올 수 없으므로 완충역할을 하는 전치사가 와야 함. desk와 wood는 분리 불가능한 관계이므로 전치사 of 사용

④ Paper **is made from** wood. (화학적 변화-형태와 성분이 바뀜)

그 종이를 이다.(is) 만들었던 상태(made) / 무엇에서부터 시작하여(from) 나무

(그 종이를 만든다. 나무로)

한국식 수동태) 종이는 나무로 만들어진다.

- ▶ '무엇에서부터 시작하여 그 시작점을 떠나 다른 곳으로 움직인다'는 from의 이미지 때문에 위 문장에서의 변화는 본질적(화학적) 변화임. wood에서부터 시작하여 다른 곳으로 움직여서(본질적 변화) paper가 됨

4. 진행수동과 완료수동
(1) 진행수동: 행위의 대상을 무엇하고 있는 상태이다

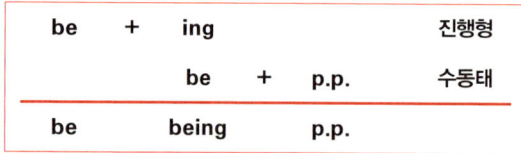

① 진행수동의 형태

② 말하는 사람의 의사와 관계없이 이미 벌어져 있는 일이 말하는 지금 진행되고 있을 때 진행수동 사용

③ He **is writing** the letter. (능동)

　그는 이다.(is) 쓰고 있는 상태(writing) 그 편지를

　The letter **is being written** (by him). (현재진행수동)

　그 편지를 이다(is). 쓰고 있었던 상태(being written) (그가) (그 편지를 쓰고 있다.)

(2) 완료수동: 어떤 시점에서 어떤 시점까지 계속되는 행위 대상의 상태를 표현

> ○ **The office is cleaned (by him).** (수동태)
>   그 사무실을 이다.(is) 청소했던 상태(cleaned) (그가) (사무실을 늘 청소한다. 그가)
>   ▶ (그가) 매일 사무실을 청소한다.
> ○ **The office has been cleaned (by him).** (현재완료수동)
>   그 사무실을 가지고 있다.(has) 청소했던 상태이다.를(been cleaned) (그가)
>   (그 사무실을 청소했다. 그가)
>   ▶ 청소가 과거에 끝나고 결과가 현재까지 영향을 미쳐 사무실이 현재 깔끔하게 정리돼 있음

① 완료수동의 형태

have(has)	+	p.p.	완료형
	be	+ p.p.	수동태
have(has)	been	p.p.	

② He **has written** the letter. (능동)

　　그는 가지고 있다.(has) 썼던 상태를(written) 그 편지를

　　The letter **has been written** (by him). (현재완료수동)

　　그 편지를 현재 가지고 있다(has). 썼던 상태이다.를(been written)

　　(그 편지를 과거부터 지금까지 계속 써왔다.)

5. 조동사가 있는 수동태

(1) **will be p.p**

　　They will build **a new hospital** here. (능동태)

　　그들은 할 것이다.(will) 짓는 것(build) 새 병원을 여기에

　　⇒ **A new hospital** will be built here. (수동태)

　　새 병원을 일 것이다.(will) 지었던 상태이다.(be built) 여기에

　　(새 병원을 지을 것이다. 여기에)

(2) **can be p.p**

　　You can see **shooting stars** tonight. (능동태)

　　너는 할 수 있다.(can) 보는 것(see) 유성(shooting stars) 오늘 밤

　　⇒ **Shooting stars** can be seen tonight. (수동태)

　　유성을 일 수 있다.(can) 보았던 상태이다.(be seen) 오늘 밤

　　(유성을 볼 수 있다. 오늘 밤)

6. 수동형 분사구문

(1) 수동 표현에서 'being(having been)'이 생략되어 과거분사로 시작되는 분사구문임. 바로 앞이나 뒤에서 또 나오기 때문에 말이나 글을 세련되게 하거나 말을 최대한 줄이기 위해 생략하는 것임

(2) As the thief was surrounded by the police, he gave himself up.

　　=(Being) **Surrounded** by the police, he gave himself up.

　　때문에(as) 그 도둑을 포위했던 상태이었다.(was surrounded) 경찰이 / 그는 주었다.(gave) 그 자신을 최고치까지(up) (그 도둑을 포위했기 때문에, 그 도둑은 투항했다.)

　　① 부사절의 시제(과거)와 주절의 시제(과거)가 같으므로 분사는 단순형을 사용 (Being은 생략 가능)

　　② '①주어+동사 as ②주어+동사'의 원어민 느낌은 '①과 ②는 같다'임. 따라서, '그 도둑을 포위했던 상태이었다=그는 투항했다'임. 두 문장이 같아지려면 '그 도둑을 포위했기 때문에 그는 투항했다'와 같이 두 문장을 연결해야 함. 따라서, 여기서 as는 'because(~때문에)'와 같은 뜻임

(3) As she was raised in Australia, she speaks English fluently.
   =(Having been) **Raised** in Australia, she speaks English fluently.
   때문에(as) 그녀를 키웠던 상태이었다.(was raised) 호주에서 / 그녀는 말한다.(speaks) 영어를 유창하게(fluently)
   (그녀를 키웠기 때문에 호주에서, 그녀는 말한다. 영어를 유창하게)
   ① 부사절의 시제(과거)가 주절의 시제(현재)보다 한 시제 빠르므로 분사는 완료형을 사용 (완료시제는 서로 다른 두 시점을 관련지어 말하기 위해 쓰이므로, 두 문장의 시점이 다른 경우 완료형을 사용하는 것임)
   ② '①주어+동사 as ②주어+동사'의 원어민 느낌은 '①과 ②는 같다'임. 따라서, '그녀를 호주에서 키웠다=그녀는 영어를 유창하게 말한다'이며, 두 문장이 같아지려면 '그녀를 호주에서 키웠기 때문에 그녀는 영어를 유창하게 말한다'와 같이 두 문장을 연결해야 함. 따라서, 여기서 as는 'because(~때문에)'와 같은 뜻임

Part 14 동사의 시제(時制)

동사의 종류 복습하기

성질에 따른 분류	**존재동사**	움직임이 없는 동사	be동사: ~이다 있다	❶ 진행형과 수동태에 쓰이지 않는 be동사	
				❷ 진행형과 수동태에 쓰이는 be동사	**조동사** (❷❸❹❺)
			❸ 완료형의 have: 가지고 있다		
			❹ 미래조동사 • will: ~할(일) 것이다 • shall: ~하(이)기로 되어 있다 • can: ~할(일) 수 있다 • may: ~할(일) 수도 있다 • must: 반드시 ~하(이)기로 되어 있다		
	동작	움직임이 있는 동사	❺ 본래는 본동사이지만 상황에 따라 조동사로 쓰이는 동사들 • do: ~을 하다 • ought to: ~해야 한다 • need: ~해야 한다 • dare: 감히 ~할 용기가 있다		
			❻ 일반동사: 동작동사 전체에서 ❺를 뺀 동사 (동작동사-❺)		**본동사** (❻)
형태에 따른 분류	**부정사**	• 말의 법칙이 따로 정(定)하여져 있지 아니한(不) 말(詞)로서 인칭, 수의 영향을 받지 않고 항상 원형으로만 쓰이는 동사		• 부정사=원형부정사=동사원형≠to부정사 • '행위 자체'를 표현	
	준동사	• 준동사는 동사의 특성을 그대로 가지고 있어 동사에 준(準)하지만, 문장 안에서 다른 품사(명사, 형용사, 부사)로 써먹는 말들임 • to부정사, 동명사, 분사(현재분사, 과거분사)로 분류		• **to부정사**=to+부정사 • **동명사**=부정사에 –ing를 붙임 • **현재분사**=부정사에 –ing를 붙여 진행형 표현 • **과거분사**=부정사에 –ed를 붙이거나 형태를 바꾸어서 **완료형**과 **수동태** 표현	
	시제	• 부정사의 형태를 바꾸어서 나타내는 시간의 법칙		• **현재시제**=부정사에 –(e)s 등을 붙여 표현 • **과거시제**=부정사에 –ed 등을 붙이거나 형태를 바꾸어 표현	
	유사 시제	• 조동사의 도움을 받아서 표현하는 어떤 시간 안에서의 하나의 모습으로 시제는 아니지만 시제와 유사한 형태 • 부정사의 형태가 바뀌는 것이 아니라 be동사, have, 미래조동사의 도움을 받아 표현		• **진행형**=be동사+부정사–ing • **완료형**=have+과거분사 • **미래형**=미래조동사(현재형)+원형부정사 • **가정법**=미래조동사(현재형or과거형)+ 원형부정사	

1. 동사의 활용

(1) 동사는 원형, 과거, 과거분사의 세 형태로 변함

동사의 3단 변화			
동사원형	eat(먹다)	현재시제 동사	동 사
과거동사	ate(먹었다)	과거시제 동사	
과거분사	eaten(먹었던 상태)	과거 형용사	형용사

(2) 규칙동사: 원형에 -(e)d를 붙여 과거, 과거분사를 만듦

① 원형의 어미에 -ed를 붙임
- play-play**ed**-play**ed**

② -e로 끝나는 동사는 -d를 붙임
- live-live**d**-live**d**

③ '자음+y'로 끝나는 동사는 y를 i로 고치고 -ed를 붙임
- study-stud**ied**-stud**ied**

④ '단모음+자음'으로 끝나는 동사는 자음을 겹쳐 쓰고 -ed를 붙임
- stop-stop**ped**-stop**ped**

⑤ '-(e)d'의 발음

　(a) 원형이 무성음인 [p] [k] [f] [s] [ʃ] [tʃ] 등으로 끝나는 말은 [t]로 발음
- walk[wɔːk]-walk**ed**[wɔːk**t**]

　(b) [d] [t]로 끝나는 말은 [id]로 발음
- wait[weit]-wait**ed**[weit**id**]

　(c) 그 이외의 유성음으로 끝나는 말은 [d]로 발음
- live[liv]-liv**ed**[liv**d**]

(3) 불규칙동사

① A-B-C형: see(보다)-saw-seen

② A-B-B형: read(읽다)-read[red]-read[red]

③ A-B-A형: come(가까워지다)-came-come

④ A-A-A형: put(놓다)-put-put (hit, set, cut, shut, hurt)

⑤ 혼동하기 쉬운 동사의 변화

　(a) lie(거짓말하다)-lied-lied

　　lie(~에 놓여 있다, 눕다)-lay-lain (자동사)

　　lay(눕히다, 놓다)-laid-laid (타동사)

　(b) become(~이 되다)-became-become

(4) 현재분사(동명사) 만드는 법

① 동사의 원형에 -ing를 붙임
- study-study**ing**

② -e로 끝나는 동사는 e를 빼고 -ing를 붙임
- live-liv**ing**   cf) see-see**ing**

③ -ie로 끝나는 동사는 ie를 y로 고쳐서 -ing를 붙임
- die-d**ying**

④ '단모음+자음'으로 끝나는 1음절은 자음을 겹쳐 쓴 다음 -ing를 붙임
- swim-swim**ming**

⑤ '단모음+자음'으로 끝나는 2음절 이상의 말로서 마지막 음절에 accent가 있으면 자음을 겹쳐 쓰고 -ing를 붙임
- begin[bigín]-begin**ning**   • refer[rifə́ːr]-refer**ring**

cf) 첫 음절에 accent가 있으면 자음을 겹쳐 쓰지 않음
- visit[vízit]-visit**ing**

2. 시제(tense)란? (현재시제, 과거시제)

(1) **시제(tense)란?**: 동사의 형태가 바뀌어서 나타나는 시간의 개념

(2) 시제의 종류

① 독립적으로 시제의 역할을 할 수 있는 존재는 현재시제와 과거시제 두 가지만 있음
▶ 동사의 3단 변화: 동사는 ❶ 동사원형 ❷ 과거형 ❸ 과거분사형 등 세 가지 모습으로 변화하는데 동사원형으로 현제시제를 표현하고, 과거형과 과거분사형으로 과거시제를 표현함

② 진행형, 완료형, 미래형은 시제가 아니라 'be동사, have동사, 미래조동사' 등 조동사의 도움을 받아서 '어떤 시간 안에서 나타나고 있는 하나의 모습'을 표현하는 의존적인 존재임
▶ 'eat(먹다)'의 현재시제는 'eat(먹는다)', 과거시제는 'ate(먹었다)'임. 영문법에서 미래시제는 따로 없음. 그래서, 미래를 표현할 때엔 미래의 의미를 갖고 있는 조동사인 'will, shall, can, may, must' 등의 도움을 받는 것임
▶ 'will, shall, can, may, must' 등의 조동사는 미래의 의미를 갖고 있지만 시제는 현재형임. 결국 미래의 의미는 현재시제로 표현하는 결과가 됨. 이 조동사들의 과거형이 'would, should, could, might' 등이며 완곡하고 공손한 표현을 할 때 쓰임 (가정법은 대부분 실현 불가능한 일을 완곡하게 가정하므로 가정법에 조동사 과거형이 쓰임)

Part 15 현재시제(現在時制)

1. 현재시제란?
(1) '늘 그렇게 하다'의 의미임
(2) 현재시제는 모습만 현재이지 의미는 현재가 아니라는 점에 주의
(3) 영어만 그런 것이 아니고 우리말 현재형도 '늘 그렇게 할 때'만 현재시제 사용
(4) 정말 현재를 의미하고 싶으면 우리말로도 영어로도 '나는 학교에 가고 있다'처럼 현재진행형을 사용해야 함

2. 일반동사 현재시제
(1) 항상 또는 반복적으로 일어나는 일에 대해 말할 때 현재시제를 사용

　I always **get** up early.
　나는 항상 가진다(get) (일어남을) 최고치까지(up) 일찍 (나는 항상 일어난다. 일찍)
　▶ get up : get(가지다)+(일어남을)+up(무엇 위로 최고치까지) → (잠자리에서) 일어나다

(2) 일반적인 사실이나 변하지 않는 사실을 이야기할 때 현재시제를 사용

　① Leaves **fall** in the autumn.
　　나뭇잎들이(leaves) 떨어진다.(fall) / 무엇 안에서(in) 가을 (가을에)
　② The sun **rises** in the east.
　　태양은 위쪽으로 움직인다.(떠오른다.)(rises) / 무엇 안에서(in) 동쪽 (동쪽에서)

(3) 왕래(오고 감), 발착(출발과 도착)을 나타내는 동사(come, go, begin, start 등)는 미래를 나타내는 부사(구)와 같이 쓰여 예정이 확실한 미래의 일을 표현

　School **begins** *tomorrow*.
　학교는 시작한다.(begins) 내일(tomorrow)

(4) 시간과 조건의 부사절에서 미래의 일을 말할 때는 현재시제를 사용

　① 문맥상 100% 일어날 일이라는 것을 알 수 있는 상황에서 굳이 불확실성이 강하고 신뢰도가 떨어지는 will과 같은 미래 표현을 사용할 필요가 없기 때문임. 우리말에서도 시간, 조건을 나타내는 부사절에서는 현재시제가 미래를 대신하여 쓰임
　　▶ will은 의지가 강해도 상상 속 세계인 생각일 뿐이어서 불확실성이 강하고 신뢰도가 떨어짐
　② Let's go to meet him before it **rains**. (시간의 부사절)
　　가자.(let's go) 만나기 위해(to meet) 그를 / 무엇 전에(before) 비가 오기(it rains)
　　▶ 우리말로도 '비가 **올 것이기** 전에(×)'처럼 미래형으로 표현하지 않고 '비가 **오기**(○) 전에'라고 현재시제로 표현함

③ If it **rains**, we won't go on a picnic. (조건의 부사절)

만약(if) 비가 온다면(it rains) / 우리는 하지 않을 것이다.(we won't) 소풍 가는 것(go on a picnic)

(만약 비가 온다면, 우리는 소풍 가지 않을 것이다.)

> ▶ 우리말로도 '비가 **올 것이라면**(×)'처럼 미래형으로 표현하지 않고 '비가 **온다면**(○)'이라고 현재시제로 표현함
>
> ▶ go on a picnic: go(무엇에서 멀어지다)+on(무엇에 덧붙여서)+a picnic(소풍) → 멀어져서 덧붙다. 소풍에 → 소풍 가다

④ 명사절과 형용사절에서는 미래형을 사용

Do you know if(or whether) he **will come** here?

너는 알고 있니? / 인지 아닌지(if) 그가 가까워질 것(will come) 여기에

(너는 알고 있니? 그가 올지를? 여기에)

> ▶ 여기에 **올지를** (우리말로도 미래형으로 표현)

(5) **현재시제는 다음과 같이 씀**

I/we/you/they (1인칭, 2인칭, 복수)	like	live	sell	get
he/she/it (3인칭)	like**s**	live**s**	sell**s**	get**s**

① 주어가 3인칭(he, she, it)일 때 동사 끝에 –s나 –es를 붙이는 것에 주의

(a) 주어가 '–s(es)'를 가질 경우(복수일 경우) 충돌을 피하기 위해 이어서 오는 동사에는 '–s(es)'를 붙이지 않는다는 약속이 생겼음. 따라서, 복수주어 다음엔 '–s(es)'를 붙이지 않음. 그러나, 주어가 단수일 경우 동사에 '–s(es)'를 붙여서 이것이 동사임을 표시해 주는 것임. 다만 지금 이 자리에 있는 나(I)와 너(You)의 경우에는 명확히 알 수 있으므로 예외적으로 '–s(es)'를 붙이지 말자고 약속한 것임

(b) Grace **drinks** milk every morning.

그레이스는 마신다.(drinks) 우유를 매일 아침(every morning)

(c) –s가 아니라 –es를 붙이는 동사들이 있음

> ▶ teach–teach**es** / go–go**es** / do–do**es**

② have는 주어가 3인칭(he, she, it)일 때 has로 씀

I **have** a dog, and Paul **has** a cat.

나는 가지고 있다.(have) 한 마리의 개를, 그리고 폴은 가지고 있다.(has) 한 마리의 고양이를

③ have와 has

(a) '(어떤 물건 등을) 가지고 있다'라는 의미로 말할 때는 현재진행형으로 쓰지 않고 현재시제로 씀

Lawrence **has** a big house. It's beautiful.
로렌스는 가지고 있다.(has) 큰 집을. / 그것은 이다.(it is) 아름다운 상태(beautiful)

(b) '~을 먹다'의 뜻일 때는 현재진행형과 현재시제 둘 다 쓸 수 있음

ⓐ I**'m having** dinner with my parents.
나는 이다.(am) 먹고 있는 상태(having) 저녁을 / 무엇과 함께(with) 부모님

ⓑ We usually **have** toast for breakfast.
우리는 보통 먹는다.(have) 토스트를 / 무엇만을 생각하면서(for) 아침 식사 (아침 식사로)

Part 16 과거시제(過去時制)

1. 과거시제란? 단순 과거사실 (동사만 과거형을 사용하면 됨)

I **ate** apples.
나는 먹었다.(ate) 사과를

2. 'be동사(am, is, are)' 과거시제

(1) 현재 am, is → 과거 was / 현재 are → 과거 were

① I **am** at school now. (현재)
   나는 있다.(am) / 콕 찍듯 가리켜(at) 학교 (학교에) 지금
   I **was** at school yesterday. (과거)
   나는 있었다.(was) / 콕 찍듯 가리켜(at) 학교 (학교에) 어제

② We **are** on time. (현재)
   우리는 있다.(are) 제시간에(on time) (와) (우리는 온다. 제시간에)
   We **were** on time this morning. (과거)
   우리는 있었다.(were) 제시간에 (와) 오늘 아침에 (우리는 왔다. 제시간에)

(2) 'am, is, are'의 과거시제는 다음과 같이 사용

(긍정)		(부정)	
I / he/she/it	was	I / he/she/it	was not (=wasn't)
we/you/they	were	we/you/they	were not(=weren't)

① 일상적인 대화나 글에서는 'wasn't/weren't'를 더 자주 사용

② It **was** very cold yesterday, so we **were** at home all day.
   이었다.(was) 매우 추운 상태(cold) 어제 / 그것과 같아서(그래서)(so) 우리는 있었다.(were) 콕 찍듯 가리켜(at) 집 (집에) 하루 종일(all day)

3. 일반동사 과거시제

(1) '~했다'라는 의미로 과거에 일어난 일에 대해 말할 때 과거시제를 사용

a: I **called** you five times.
   나는 전화했다.(called) 너에게 다섯 번(five times)

b: Oh, really? Well, I **left** my cell phone at home.
   정말? 나는 남기고 떠났어.(left) 나의 휴대전화를 / 콕 찍듯 가리켜(at) 집 (집에)

(2) 과거시제는 주로 동사원형 끝에 **-ed**를 붙임

| clean–clean**ed** | finish–finish**ed** | watch–watch**ed** |

We **cleaned** the house this morning.

우리는 청소했다. (cleaned) 그 집을 오늘 아침(this morning)

(3) **-ed**를 붙일 때 주의해야 할 동사들이 있음

| live–live**d** | stop–stop**ped** | study–stud**ied** |

I **lived** in Canada from 2000 to 2003.

나는 살았다.(lived) 무엇 안에서(in) 캐나다 (캐나다에서) / 무엇에서부터 시작하여(from)
2000년 무엇을 목표로(to) 2003년 (2000년부터 2003년까지)

(4) 다음과 같이 형태가 불규칙적으로 변하는 동사가 있음

| have–had / get–got / leave–left / go–went / come–came |

Bruce **went** to the store this morning for some milk.

브루스는 멀어졌다.(갔다)(went) / 무엇을 목표로(to) 그 가게 오늘 아침 / 무엇만을 생각하면서(for) 어느 정도의 (some) 우유 (브루스는 그 가게로 갔다. 오늘 아침 약간의 우유를 사기 위해)

4. used to: 과거의 규칙적 습관

(1) **used to** 동사원형: ~했(이었)다 (~하곤 했다) ⇒ 그러나, 지금은 아님

① used(사용했다)+to부정사(무엇 하기로 되어 있는 상태) → 무엇 하기로 되어 있는 상태를 사용했다 → 과거에 이미 사용했으므로 지금은 그런 상태가 아님

② 과거의 습관이나 상황, 상태에 대해 말하면서 지금은 아니란 것을 굳이 말하고 싶을 때 사용 (과거의 규칙적 습관)

③ I **used to get** up late.

나는 예전에 일어났다.(일어나곤 했다.)(used to get up) 늦게 → 그러나 지금은 아님

④ I **used to be** popular before.

나는 인기 있었다.(used to be popular) 예전에(before) → 그러나 지금은 아님

⑤ would는 과거의 불규칙적 습관을 나타냄

He **would tell** me stories about his life.

그는 과거에 말했을 것이다.(말하곤 했다.)(would tell) 나에게(me) 이야기들을(stories) / 무엇에 관하여(about) 그의 인생

(2) **used to 동사원형 / be used to (동)명사 / get used to (동)명사**

① used to 동사원형: ~했(이었)다 (~하곤 했다)

She **used to yell** at me.

그녀는 소리치곤 했다.(used to yell) 콕 찍듯 가리켜(at) 나 (나에게) → 지금은 아님

② be used to 동명사(or 명사): ~에 익숙하다 (be는 상태)

(a) 'be(이다)+used(사용했던 상태−과거분사)+to(무엇을 목표로)' → 무엇을 목표로 사용했던 상태이다 → 무엇에 익숙하다

(b) He **was used to driving**.

그는 이었다.(was) 사용했던 상태(used) / 무엇을 목표로(to) 운전하는 것(driving)

(그는 익숙했다. 운전하는 것에)

③ get used to 동명사(or 명사): ~에 익숙해지게 되다 (get은 동작)

(a) 'get(가지다)+used(사용했던 상태−과거분사)+to(무엇을 목표로)' → 무엇을 목표로 사용했던 상태를 가지다 → 무엇에 익숙해지게 되다

▶ get은 '없던 상태'를 가지는 느낌이므로 익숙하지 않다가 익숙해지게 되는 것임

(b) He **got used to driving**.

그는 가졌다.(got) 사용했던 상태(used)를 / 무엇을 목표로(to) 운전하는 것(driving)

(그는 익숙해지게 되었다. 운전하는 것에)

(4) 'used to'의 부정문은 'didn't use to'로 사용

I **didn't use to sleep** late.

나는 예전에 자지 않았다.(didn't use to sleep) 늦게(late) (예전에 늦잠을 자지 않았다.)

(5) 의문문은 'did+주어+use to~'?

Did you use to ride a bike when you were young?

당신 탔나요?(did you use to ride) 자전거를 / 그때(when) 당신이 이었을 때(you were) 어린 상태(young)

(당신 탔나요? 자전거를 / 어릴 때)

Part 17 진행형(進行形)

1. 진행형이란?

(1) 진행형은 말하는 시점에 진행 중인 일시적(순간적) 행위를 표현하며, 상황을 생생하게 전달하기 위해 사용 (~하고 있다 or ~하는(인) 중이다)

(2) 분류

구분	주어	형태	의미
현재진행형	1인칭단수(I)	am+-ing(현재분사)	~하고 있다
	3인칭 단수 (he, she, it)	is+-ing(현재분사)	
	you와 복수 주어 (we, they)	are+-ing(현재분사)	
과거진행형	단수(1, 3인칭)	was+-ing(현재분사)	~하고 있었다
	you와 복수 주어 (we, they)	were+-ing(현재분사)	
미래진행형	주어 전체	will be+-ing(현재분사)	~하고 있을 것이다

① 현재진행형: am, is, are+-ing(현재분사)

You **are studying** Chinese.

너는 이다(be). 공부하고 있는 상태(studying) 중국어를

(너는 공부하고 있다. 중국어를)

② 과거진행형: was, were+-ing(현재분사)

They **were studying** psychology.

그들은 이었다.(were) 공부하고 있는 상태(studying) 심리학을

(그들은 공부하고 있었다. 심리학을)

③ 미래진행형: will be+-ing(현재분사)

She **will be speaking** at the meeting.

그녀는 일 것이다.(will) 말하고 있는 상태이다.(be speaking) / 콕 찍듯 가리켜(at) 그 회의 (그 회의에서)

(그녀는 말(발표)하고 있을 것이다. 그 회의에서)

(3) 진행형으로 쓸 수 없는 동사 (상태동사)

① 진행형은 일시적으로 진행 중인 행위를 표현함. 그런데, 상태동사는 일시적이 아닌 계속적인 상태를 나타냄. 그러므로, 상태동사를 진행형에 쓰면 논리적인 모순이 발생하게 됨

② He is **liking** her. (×) → He **likes** her. (○)

▶ like: 좋아하고 있다

2. 현재진행형: 지금 ~하고 있다 (~하는 중이다)
(1) 현재진행형은 'am, is, are+-ing'의 형태로 쓰임

① I'm waiting for her.

나는 이다(be). 기다리고 있는 상태(waiting) / 무엇만을 생각하면서(for) 그녀

(나는 기다리고 있어. 그녀를)

▶ wait for: wait(기다리다)+for(무엇만을 생각하면서) → 무엇만을 생각하면서 기다리다 → ~을 기다리다

② It's cloudy, but it isn't raining.

날씨가 이다.(is) 흐린 상태(cloudy) / 그러나 아니다.(it isn't) 비가 오고 있는 상태(raining)

(날씨가 흐리다. 그러나, 비가 오고 있지는 않다.)

(2) 미래의 대용으로 쓰임

① 확정된 일정이나 계획을 표현하는 경우에는 미래를 나타내는 부사(구)와 함께 현재진행형으로도 미래를 표현할 수 있음

② We are giving a party this evening.

우리는 이다.(be) 주고 있는 상태(giving) 파티를 / 오늘 저녁에(this evening)

(우리는 파티를 열 것이다. 오늘 저녁에)

③ I am getting married next week.

나는 이다.(am) 가지고 있는 상태(getting) 결혼했던 상태를(married) / 다음 주에(next week)

(나는 결혼할 것이다. 다음 주에)

(3) 왕래(오고 감), 발착(출발과 도착)동사의 현재진행형은 미래를 뜻하는 부사(구)와 함께 쓰여 가까운 미래를 나타냄

Is she coming back soon? [soon(곧)-미래 의미의 부사]

인가요?(is) 그녀가(she) 돌아오고 있는 상태(coming back) 곧

(그녀가 돌아오나요? 곧)

=Will she come back soon?

(4) 현재진행 의문문

① 현재진행 의문문은 'am, is, are+주어+-ing'의 형태로 쓰임

(긍정문)

I	am	
he she it	is	using
we you they	are	

(의문문)

am	I	
is	he she it	using?
are	we you they	

Are you **using** this chair?
인가요?(are) 당신(you) 쓰고 있는 상태(using) 이 의자를
(사용하고 있나요? 이 의자를)

② 다음과 같이 의문문에 짧게 답할 수 있음

Yes,	I	am
	he/she/it	is
	we/you/they	are

No,	I	'm not
	he/she/it	's not 또는 isn't
	we/you/they	're not 또는 aren't

    a: **Is** Louis **taking** a shower?
        인가요?(is) 루이스는 가지고 있는 상태(taking) 샤워를
        (루이스는 샤워하고 있나요?)

    b: Yes, he is.
        예, 그래요. (그는 샤워하고 있어요.)

③ How are you doing? / How is it going?: 어떻게 지내나요?
  (a) 상대방에게 안부를 물을 때 씀
  (b) a: "Hi, Grace. **How are you doing?**"
        안녕, 그레이스. 어떻게(how) 이니(are)? 너 하고 있는 상태(doing)
        (안녕, 그레이스. 너 어떻게 하고 있는 상태이니? → 너 어떻게 지내니?)
      b: I'm great.
        나는 이다.(am) 아주 좋은 상태(great) (아주 좋아.)

3. 과거진행형: ~하고 있었다 (~하는 중이었다)

(1) 과거진행형은 과거의 특정한 시점에서 진행 중이었던 일을 말할 때 사용

    ① We **are watching** a movie now. (현재진행)
        우리는 이다.(are) 보고 있는 상태(watching) 한 편의 영화를 지금
        (우리는 보고 있다.)

    We **were watching** a movie at 8 P.M. yesterday. (과거진행)
        우리는 이었다.(were) 보고 있는 상태(watching) 한 편의 영화를 / 오후 8시에 어제
        (우리는 보고 있었다.)

    ▶ AM(오전): ante meridiem의 약어
      PM(오후): post meridiem의 약어

    ▶ meridiem은 라틴어로 正午(낮 12시)

▶ ante: ~이전 / post: ~이후

② 과거진행형은 when과 함께 자주 쓰인다. 이때, when은 '그때 벌어진 일은'이라는 의미로 과거의 특정한 시점을 나타냄

I **was taking** a shower when you called.

나는 가지고 있었다(was taking) 샤워를 / 그때(when) 네가 전화했을 때(you called)

(샤워를 하고 있었어, 네가 전화했을 때)

(2) 과거진행형은 'was/were+-ing'의 형태로 쓰임

(긍정)

I he she it	was	sleeping
we you they	were	

(부정)

I he she it	was not (=wasn't)	sleeping
we you they	were not (=weren't)	

a: Sorry for calling late.

미안해.(sorry) 무엇만을 생각하면서(for) 전화하는 것(calling) 늦게

(미안해, 늦게 전화해서.)

b: It's OK. I **wasn't sleeping**.

괜찮아.(It's OK.) 나는 이었다.(I was) 아니게(not) (아니었다.) 자고 있는 상태(sleeping) (자고 있지 않았어.)

4. 미래진행형: ~하는 중일 것이다

(1) 미래진행은 미래의 한 시점에 '하고 있는(진행 중인) 일'을 말할 때 사용

When you come home, I **will be studying**.

그때(when) 네가 오면 집에(you come home), / 나는 일 것이다.(will) 공부하고 있는 상태이다.(be studying)

(네가 올 때 집에, 나는 공부하고 있을 것이다.)

(2) 미래의 일이 이전의 계획의 결과일 때 (미래의 스케줄을 말할 때)

I **will be traveling** to China next week.

나는 일 것이다.(will) 여행하고 있는 상태이다.(be traveling) / 무엇을 목표로(to) 중국 (중국으로) 다음 주에

(나는 여행하고 있을 것이다. 중국으로 다음 주에-이전 계획의 결과임)

Part 18 완료형(完了形)

1. have와 완료형
(1) **have 원뜻**: 무엇을 가지고 있다 (움직임이 없는 상태)

be처럼 움직임이 없으며 이미 가지는 행위가 먼저 행해진 후(움직임 종료) 무엇을 가지고 있는 상태 ('가지다'란 동작이 아니라 '가지고 있다'란 상태임)

(2) **과거분사(p.p.)란?**: 무엇 했(이었)던(과거) 상태(형용사) (이미 ~한 상태) → 과거형용사

(3) **완료형은 왜 쓰는가?**
   ① 한순간에 뚝딱 끝나지 않고 어떤 시점에서 어떤 시점까지 계속적으로 이어지는 상태를 표현하기 위해 완료형을 사용
   ► 완료형을 쓰면 서로 다른 두 시점이 관련지어짐
   ② She **has gone** to Paris.
   그녀는 지금 가지고 있다.(has) 갔던 상태(gone)를 / 무엇을 목표로(to) 파리 (파리로) (그녀는 가 있다. 파리에)
   ► 완료형이라는 도구가 없었다면 위 취지의 말은 번거롭게도 다음과 같이 두 문장으로 표현해야 했을 것임
      ① 그녀는 파리에 갔다. (She went to Paris.)
      ② 그녀는 지금 파리에 있다. (She is in Paris.)

(4) **완료형의 원뜻**
   ① 현재완료(have+p.p.): 현재 가지고 있다(have)+무엇 **했**던(이었던) 상태(p.p.)를 (완료**했**던 상태를)
   ② 과거완료(had+p.p.): 과거에 가지고 있었다(had)+무엇 **했었**던(이었었던) 상태(p.p.)를 (완료**했었**던 상태를)
   ③ 미래완료(will have+p.p.): 미래에 가지고 있을 것이다(will have)+무엇 **했**던(이었던) 상태(p.p.)를 (완료**했**던 상태를)

2. 현재완료: have(has)+과거분사(p.p.)
(1) **원뜻**: 현재 가지고 있다(have) / 무엇 했던(이었던) 상태(p.p.)를
(2) **현재완료는 왜 쓰는가?**
   ① 과거에서 현재까지 계속적으로 이어지는 상태를 표현하기 위해
   ② 완료형을 쓰면 과거와 현재가 관련지어짐

(3) 문장 형태

(긍정, 부정)

I we you they	have('ve) have not(haven't)	lived
he she it	has('s) has not(hasn't)	

(의문)

have	I we you they	lived?
has	he she it	

(4) 현재완료 4가지 용법: 공통점은 '(어느 시점에서 어느 시점까지) 계속'임

① 경험: 과거에 해본 경험의 상태를 현재까지 계속 가지고 있음
- I **have been** to Paris.
  나는 현재 가지고 있다.(have) 있었던 상태(been)를 / 파리로 (가서)(to Paris)
  (나는 가본 적(경험)이 있다. 파리에)
- **Have you ever visited** Japan?
  지금 가지고 있나요?(have) 당신 지금까지(ever) 방문했던 상태를(visited) 일본을
  (당신 지금까지 방문했던 경험을 가지고 있나요? 일본을)

② 계속: 과거에 시작된 동작이나 상태가 현재까지 계속됨
- She **has lived** in Paris for three years.
  그녀는 현재 가지고 있다.(has) 살았던 상태를(lived)를 / 파리에서 3년 동안
  (그녀는 계속 살아왔다. 파리에서 3년 동안)

③ 결과: 과거에 무슨 결과가 있었고, 그 결과가 현재까지 계속 영향을 미침
- She **has gone** to Paris.
  그녀는 현재 가지고 있다.(has) 갔던 상태(gone)를 / 파리로(to Paris)
  (그녀는 가 있다. 파리에)
- 과거에 있었던 일을 현재까지 갖다 붙이고 싶을 때 사용

④ 완료: 방금 전에(과거) 완료한 상태를 현재까지 계속 가지고 있음
- I **have** just **finished** my work.
  나는 현재 가지고 있다(have) 딱 그대로(just) 끝냈던 상태(finished)를 나의 일을 (나는 방금 끝냈다. 나의 일을)
- 고생이나 노력을 해서 완료한 상황임을 나타내고 싶어 이미 끝난 과거의 일이지만 현재와 연결 지어 말하는 것임

(5) 현재완료와 과거를 의미하는 부사(구)

① 명확한 과거를 나타내는 'last year, yesterday, three years ago, then' 등 시간부사(구)는 현재완료와 사용할 수 없음

② I **have lost** my wallet **yesterday**. (×)
  ▶ have는 현재인데 yesterday는 '어제'란 뜻이라 말 자체가 안 됨

③ **When have** you **lost** your wallet. (×)
  ▶ '언제(when) 그랬냐?' 하고 과거의 일을 묻는데 현재인 have가 들어가 있어 말 자체가 안 됨

(6) '말하는 순간을 포함하는 시간대'를 의미하는 부사(구)가 포함된 문장

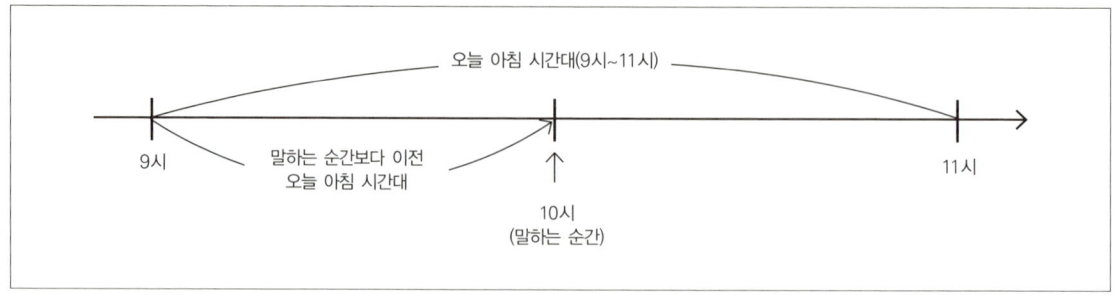

① '오늘 아침 시간대' 내에서 '말하는 순간(현재)보다 이전 오늘 아침 시간대'는 모두 과거가 됨
  ▶ 나는 현재 가지고 있지 않다.(말하는 순간) 보았던 상태를(말하는 순간보다 이전 오늘 아침 시간대) 그녀를 / 오늘 아침에(오늘 아침 시간대)

② 그래서 '오늘 아침 시간대' 내에서 '말하는 순간(현재)'과 '그보다 이전 오늘 아침 시간대(과거)'가 자연스럽게 관련되므로, 서로 다른 두 시점인 과거와 현재가 관련지어지는 현재완료로 표현해야 함

③ I have not seen Mary **this morning**. (오늘 아침 시간대)

  나는 가지고 있지 않다.(have not) 보았던 상태를(seen) 메리를 / 오늘 아침에(this morning)
  (나는 보지 않았다. 메리를 오늘 아침에)
  ▶ 'I did not saw Mary **this morning**.'처럼 단순 과거시제로 표현하면 안 됨.

④ I have not seen Mary **this week**. (이번 주 시간대)

  나는 가지고 있지 않다.(have not) 보았던 상태를(seen) 메리를 / 이번 주에(this week)
  (나는 보지 않았다. 메리를 이번 주에)

(7) for와 since

① have/has+과거분사+for+기간: 무엇 동안 계속(for) …해왔다

  I **have studied** French **for** three months.

  나는 가지고 있다.(have) 공부했던 상태를(studied) 프랑스어를 / 무엇만을 생각하면서(for) 3개월
  (나는 계속 공부해 왔다. 프랑스어를 3개월 동안)

② have/has+과거분사+since+시작된 시점: 무엇부터 계속(since) …해왔다

  I **have studied** French **since** May.

  나는 가지고 있다.(have) 공부했던 상태를(studied) 프랑스어를 / 무엇부터 계속 5월
  (나는 계속 공부해 왔다. 프랑스어를 5월부터 계속)

3. 과거완료: had+과거분사(p.p.)

(1) 원뜻: 과거에 가지고 있었다(had) / 무엇 했었던(이었었던) 상태(p.p.)를

(2) 과거완료는 왜 쓰는가? 과거의 후회스러운 일 회상하는 경우에 사용

(3) When I **got** to the station, the train **had left** already.

그때(when) 내가 가졌을(got) 때 (도착을) 그 역에, / 그 기차는 가지고 있었다.(had) **떠났었던** 상태(left)를 이미
(내가 도착했을 때 그 역에, 기차는 떠났었다. 이미)

① 'got'이란 과거 기준점이 있어 'had left'라는 표현을 할 수가 있는 것임

② 완료시제는 어떤 시점에서 어떤 시점까지 계속적으로 이어지는 상태를 표현하기 위해 쓰는 것이므로, 과거완료 'had left'에서 had와 left는 시점이 다를 수밖에 없음. 여기에서 had는 과거이므로, left는 과거인 had보다 단 0.1초라도 앞선 시제이어야 하는데 그것이 대(大)과거임

▶ 대(大)과거: 무엇 **했었(이었었)**던 상태

③ 따라서, 위 문장에서 left는 단순과거가 아니라 대과거임. 그래서, 우리말로도 과거 표현인 '떠났다'가 아닌 대과거 표현인 '떠났었다'를 사용함

(4) He **had been** ill for a month when he **consulted** the doctor.

그는 가지고 있었다.(had) 아픈 상태이었었다.를(been ill) 한 달 동안 / 그때(when) 그가 상담했을 때. 의사와(he consulted the doctor)
(그는 아팠었다. 한 달 동안 그때 그가 상담했을 때. 의사와 → (그는 한 달 동안 앓은 뒤에나 의사와 상담했다.)

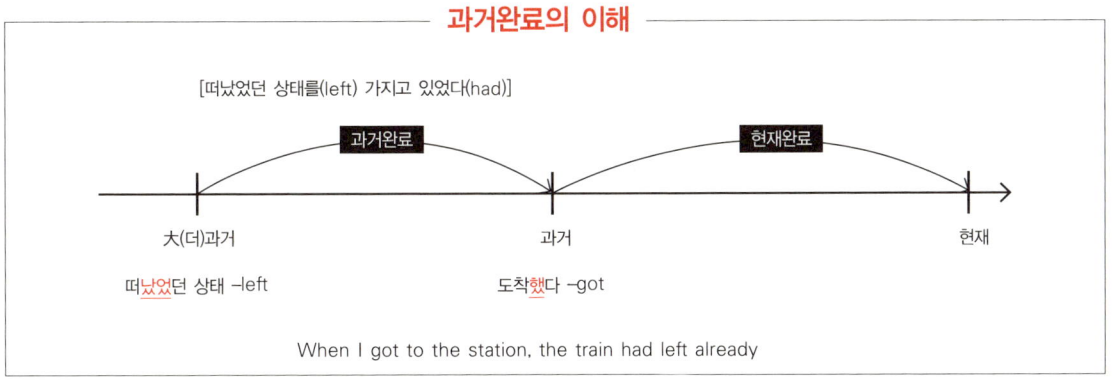

과거완료의 이해

When I got to the station, the train had left already

4. 미래완료: will(shall)+have+과거분사(p.p.)

(1) **원뜻**: 무엇 했던(이었던) 상태(p.p.)를 / 미래에 가지고 있을 것이다(will have)

(2) **어떤 때 쓰나?**

① 말하는 시점 전부터 하고 있던 무언가가 미래의 시점에 끝날 것임을 예상하여 표현할 때 사용 (계획) ex) 다음 주까지는 나의 일을 끝낼 거야.

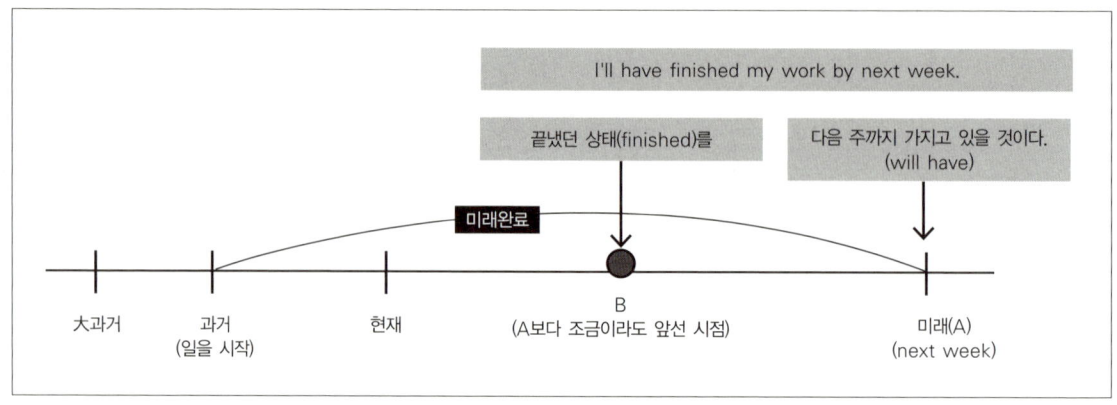

I'll have finished my work by next week.
나는 가지고 있을 것이다.(will have) 끝냈던 상태(finished)를 나의 일을 다음 주까지
(나는 끝내게 될 것이다. 나의 일을 다음 주면)

(a) 과거에 시작한 일을 미래의 기준시점(A)인 다음 주(next week)보다 조금이라도 앞선 미래의 한 시점(B)에 끝낼 것임을 표현함

(b) 일을 끝낸 미래의 한 시점(B)은 기준시점(A)인 다음 주(next week) 입장에서 보았을 때 과거가 되므로 과거분사(finished)를 사용함

(c) 서로 다른 두 시점(과거와 미래)이 관련되므로 완료형 사용

(d) 미래의 시점에 완료될 일을 표현하므로 미래 조동사 will 사용

② 현재 상황에서 미래를 예상해 보는 경우로 과거부터 지속되는 상황을 표현

ex) 내년까지면 여기에서 10년 동안 일한 셈이 된다 → "그때쯤이면 이미 어떻게 되어 있을 것이다."의 느낌

I **will have worked** here for ten years by next year.
나는 가지고 있을 것이다.(will have) 일했던 상태(worked)를 여기에서(here) 10년 동안(for ten years) 내년까지면 (by next year) (10년 동안 일한 셈이 될 것이다. 여기에서 내년까지면)

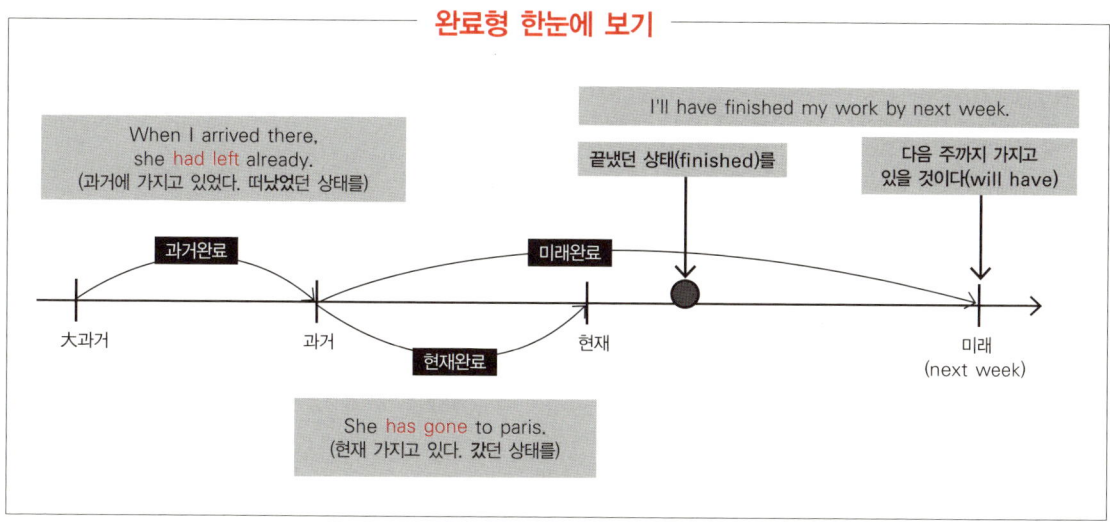

5. 완료진행과 완료수동

(1) **완료진행**: 어떤 시점부터 어떤 시점까지 계속 진행되어 온 행위 표현

① 현재완료와 현재완료진행은 큰 차이는 없지만 현재완료진행이 좀 더 다이내믹하고 주어의 열정이 느껴지는 표현임

② 완료진행의 형태

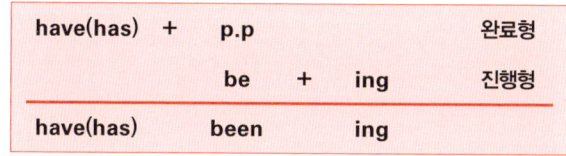

③ He **has been writing** a letter all day long. (현재완료진행)

그는 현재 가지고 있다.(has) 쓰고 있는 상태이었다.를(been writing) 편지를 / 하루 종일
(그는 지금까지 계속 써왔다. 편지를 하루 종일)

④ He **had been writing** a letter when I came home. (과거완료진행)

그는 과거에 가지고 있었다(had). 쓰고 있는 상태이었었다.를(been writing) 편지를 / 그때(when) 내가 왔을 때 집에 (그는 편지를 쓰고 있었다. 내가 왔을 때 집에)

⑤ He **will have been writing** a letter by next week. (미래완료진행)

그는 가지고 있을 것이다.(will have). 쓰고 있는 상태이었다.를(been writing) 편지를 다음 주까지(by next week) (그는 쓰고 있을 것이다. 편지를 다음 주까지)

(2) **완료수동**: 어떤 시점에서 어떤 시점까지 계속되는 행위 대상의 상태를 표현

① 능동태의 '행위 대상(목적어)'이 궁금하여 주어로 올려놓고(수동태), 그 행위 대상의 어떤 시점에서 어떤 시점까지 계속되는 상태를 표현(완료형)하기 위해 완료수동을 사용함

② 완료수동의 형태

have(has)	+	p.p		완료형
	be	+	p.p.	수동태
have(has)	been		p.p.	

③ The letter **has been written**. (현재완료수동)

　그 편지를 현재 가지고 있다(has). **썼던** 상태이다.를(been written)

　(그 편지를 (과거부터 현재까지) 계속 써왔다.)

　(a) He **has written** a letter. (능동태)

　　→ The letter **has been written** (by him). (수동태)

　(b) 말하는 사람의 의사와 관계없이 이미 벌어져 있는 일을 표현할 때 수동태를 쓰며, 능동태에서 행위의 대상이 수동태의 주어가 됨. 따라서, 수동태의 주어는 목적어처럼 '을, 를, 에게' 등으로 느껴야 함

④ The letter **had been written**. (과거완료수동)

　그 편지를 과거에 가지고 있었다(had). **썼었던** 상태이었다.를(been written)

　(그 편지를 (대과거부터 과거까지) 계속 써왔었다.)

⑤ The letter **will have been written** by next week. (미래완료 수동)

　그 편지를 가지고 있을 것이다(will have). **썼던** 상태이다.를(been written)

　(그 편지를 계속 쓸 것이다. 다음 주까지)

6. 기타 have의 용법

(1) have와 일반어의 결합

① I **have** a cold.

　나는 가지고 있다.(have) 감기를(a cold) (나는 감기 걸렸다.)

② **Have** a seat.

　가지고 있으세요.(have) 하나의 자리를(a seat) (편히 앉으세요.)

③ Laura's **having** lunch.

　로라는 이다.(is) 가지고 있는 상태(having) 점심을 (로라는 먹고 있다. 점심을)

　▶ have는 '가지고 있다'라는 상태이기 때문에 원래 진행형으로 표현하지 않지만 '먹는 행위'처럼 계속 일어나는 행위일 땐 진행형을 사용할 수 있음

④ Robert **had** his arm **around her neck**.

　로버트는 가지고 있었다.(had) [그의 팔이 그녀의 목 주위에 있는 상태]를

　(로버트는 팔을 감고 있었다. 그녀의 목에)

　▶ 목적어와 목적보어 사이에 be가 생략. [his arm (was) around her neck]

(2) have＋목적어＋준동사

① S＋have＋[목적어＋과거분사(done)]

(a) I **have** my mobile phones **lost**. (=My mobile phones is lost.)
나는 현재 가지고 있다.(have) [나의 휴대폰을(my mobile phones) 잃었던 상태(lost)]를
▶ 현재까지 휴대폰을 못 찾고 있는 것임

(b) I **had** my hair **cut**. (=My hair was cut.)
나는 가지고 있었다.(had) [내 머리카락을(my hair) 잘랐던 상태(cut)]를
(나는 커트했다.)

② S＋have＋[목적어＋진행형(doing)]

(a) have는 어떤 상황을 주어가 '가지고 있다'란 뜻 때문에 목적보어로 진행형이 와도 '진행 중인 상태'를 주어가 주인으로 가지고 있기 때문에 주어가 무언가를 하게 만든다는 의미인 '사역(使役)'의 뜻이 나옴

(b) Dr. William **had** the patient **sitting** right in front of him.
윌리엄 박사는 가지고 있었다.(had) 환자가 앉아 있는 상태를(the patient sitting) / 바로(right) 앞에(in front of) 그 (그 앞에) (윌리엄 박사는 그 환자를 앉게 했다. 바로 그 앞에)

③ S＋have＋[목적어＋원형부정사(do)]

(a) 'have(가지고 있다), make(만들다), let(허락하다)'과 같은 동사들은 5형식에서 주어가 다른 [누가 무엇인 상태(목＋목·보)]를 '가지고 있다, 만들다, 허락하다'와 같이 다른 존재의 상태를 지배한다는 절대적 의미를 갖게 됨

(b) 따라서, 절대적 의미를 가진 동사가 포함된 5형식 문장에서 주어는 절대자와 같으며, 주어의 동작은 절대적 의미를 가지므로 주어의 지배를 받는 목적어는 꾸밈없이 순수한 '행위자체'만을 해야 함

(c) '행위자체'는 '행위의 원래 형태'이고 항상 원래 형태로만 쓰이는 동사가 '원형부정사'이므로 '행위자체'를 표현해야 할 때는 '원형부정사'를 써야 함

(d) 절대적 의미를 가진 동사들 (have, make, let)

ⓐ I **had** him **clean** the room. (고용의 느낌)
나는 가지고 있었다.(had) 그가 청소하는 상태를(him clean) 그 방을

ⓑ I **made** him **clean** the room. (강압의 느낌)
나는 만들었다.(made) 그가 청소하는 상태를(him clean) 그 방을

ⓒ I **let** him **clean** the room. (허락의 느낌)
나는 허락했다.(let) 그가 청소하는 상태를(him clean) 그 방을

※ I **got** him **to clean** the room. (설득의 느낌)

나는 가졌다.(got) 그가 청소하기로 되어 있는 상태를(him clean) 그 방을

▶ '앞에 없는 것을 가지다'라는 get의 원뜻 때문에 앞에 없는 남의 미래를 가지려는 상황임. 그래서 미래의 뜻을 갖는 to부정사가 보어로 오며 목적어가 그 행위를 할지 안 할지는 모르는 상황임. 그래서 해달라고 부탁하는 설득의 의미가 나옴

(3) have(has) to 동사원형: ~해야 한다

I/we/you/they	have to	leave
he/she/it	has to	

① 타인의 미래의 행위는 가지고 있을 수가 없으나 자신(주어)의 '미래의 행위(to do)'는 하겠다는 전제하에 계획으로는 가지고 있을 수 있음

(a) have(가지고 있다)+to부정사(무엇 하기로 되어 있는 상태) → 무엇 하기로 되어 있는 상태를 가지고 있다 → ~해야 한다

(b) You **have to see** the doctor.

너는 해야 한다.(have to) 보는 것(see) 의사를 (너는 진찰을 받아야 해.)

② 과거에 대해 말할 때는 'had to'를 사용

We **had to take** a taxi because we missed the bus.

우리는 해야 했다.(had to) 가지는 것(take) 택시를 / 무엇 때문에(because) 우리가 빗맞혔기(놓쳤기)(missed) 때문에 버스를 (우리는 택시를 타야 했다. 버스를 놓쳤기 때문에)

③ 부정문은 'don't have to': ~하지 않아도 된다 (~할 필요가 없다)

You **don't have to worry**.

너는 하지 않아도 된다.(don't have to) 걱정하는 것(worry)

(걱정하지 않아도 된다.)

④ 의문문은 다음과 같이 사용

"What time **do I have to arrive** at the airport?"

무슨 시간에(what time) 나 해야 하나요?(I have to) 도착하는 것(arrive) 콕 찍듯 가리켜(at) 공항 (공항에)

(몇 시에 도착해야 하나요? 공항에)

⑤ 'have to do'와 'have got to do(have gotta)'

(a) have(가지고 있다)+got(가졌던 상태)+to do(~하기로 되어 있는 상태) → ~하기로 되어 있는 상태를 가졌던 상태를 가지고 있다 → ~해야 한다

▶ got: get의 과거분사형으로 뜻은 '(앞에 없는 것을) 가졌던 상태'

(b) 'have to do'는 앞으로 해야 할 '미래의 의무(의지가 들어간 생각)'를 표현하는 뉘앙스이고, 'have got to do'는 'got' 때문에 해야 할 행동의 준비 행동이 끝난 뉘앙스임

ⓐ I **have to go** home by 10. (미래의 의무 표현)
나는 해야 한다.(have to) 가는 것(go) 집까지(by 10)
▶ 친구들하고 놀면서 "나 10시까지 집에 가야 해"라고 미래에 해야 하는 동작을 표현할 때 'have to'를 사용

ⓑ I **have got to go** home. (준비 행동이 끝난 뉘앙스)
나는 해야 한다.(have got to) 가는 것(go) 집에
▶ 친구들하고 놀다가 집에서 빨리 들어오라고 전화가 와서 "나 집에 가야 해"라고 표현하는 경우, 집에서 전화가 왔을 때 '집에 가기로 되어 있는 상태(to go)를 가졌던 상태(got)'가 되므로 'have got to do'는 해야 할 행동의 준비 행동이 끝난 뉘앙스임

7. yet과 already
(1) 두 부사는 주로 현재완료와 어울리는데 각각의 원뜻이 두 개의 시점과 관련되기 때문임. already는 긍정문에, yet는 부정문, 의문문에 주로 쓰임
(2) yet (부사, 접속사)
① 원뜻: 기대했던 시간보다 먼저 (even sooner than expected)
② Thomas has not arrived **yet**. (아직)
토마스는 가지고 있다.(has) 아니게(not) (가지고 있지 않다.) 도착했던 상태를 (arrived)를 / 기대했던 시간보다 먼저(yet) (토마스는 도착하지 않았다. 아직)
▶ 기대했던 시간보다 먼저 어떤 일이 일어나지 않은(부정) 것이니까 부정문에서 주로 '아직'으로 의역함
③ Has Thomas arrived **yet**? (벌써)
가지고 있나요?(has) 토마스는 도착했던 상태를(arrived) / 기대했던 시간보다 먼저(yet)
(토마스는 도착해 있나요? 벌써)
▶ 기대했던 시간보다 먼저 어떤 일이 일어났느냐고 묻는 것이니까 의문문에선 주로 '벌써'로 의역함
④ Inflation is rising to a **yet** higher level. (훨씬-비교급 강조)
인플레이션이 이다.(is) 위로 움직이고 있는 상태(rising) / 무엇을 목표로(to) 훨씬(yet) 더 높은(higher) 단계(level) (인플레이션이 증가하고 있다. 훨씬 더 높은 단계까지)
⑤ This is his best poem **yet**. (지금까지)
이것은 이다.(is) 그의 최고의 시 / 기대했던 시간보다 먼저(yet)
(이것은 그의 최고의 시이다. 지금까지)
▶ 최고의 시가 나올 것이라고 기대했던 시간이 있는데 먼저 나온 것이므로 '지금까지는 최고'라는 의미임

⑥ His plan was simple **yet** wonderful. (그럼에도 불구하고)

그의 계획은 이었다.(was) 단순한 상태(simple) / 기대했던 시간보다 먼저(yet) 멋진 상태

(그의 계획은 단순했지만 그럼에도 불구하고 멋졌다.)

▶ 기대했던 시간이 되어야 멋진 계획이 나오는데 그럼에도 불구하고 이미 멋진 계획이 미리 나왔으니 '그럼에도 불구하고'란 의역이 나옴

⑦ yet와 still

(a) The baby is crying **yet**. (아직도-우는 것이 문제가 있다는 뉘앙스)

그 아기는 이다.(is) 울고 있는 상태(crying) / 기대했던 시간보다 먼저(yet)

(아기가 울고 있다. 아직도)

(b) The baby is **still** crying. (아직도-아직도 울고 있다는 단순한 사실 표현)

그 아기는 이다.(is) 아직도(still) 울고 있는 상태(crying)

(아기가 아직도 울고 있다.)

(3) already (부사)

① 원뜻: 특별히 정한 시간보다 먼저 (before a particular time)

▶ all(모두)+ready(준비한 상태) → '모두 준비한 상태'라고 말하려면 특별히 정한 시간이 전제돼야 함

② a: 'Would you like some lunch?'

원하나요?(Would you like) 어느 정도의(약간의)(some) 점심을 (점심 드실래요?)

b: 'No thanks, I've **already** eaten.' (벌써)

아니요 고마워요, 나는 현재 가지고 있어요.(have) 특별히 정한 시간보다 먼저(already) 먹었던 상태를(eaten)

(나는 벌써 먹었어요.)

③ Is it July **already**? (벌써)

이니?(is) 7월(July) 특별히 정한 시간보다 먼저(벌써) (already)

▶ already를 사용하면 생각보다 빨리 이루어진 행동에 대한 놀람이 표현됨

④ Kevin **already** knows the true. (이미)

케빈은 특별히 정한 시간보다 먼저(이미)(already) 알고 있다.(knows) 그 사실을

▶ 'know(무엇을 알고 있다)'에는 이미 완료 의미가 들어 있어 already와 어울림

⑤ Let's start **already**. (빨리)

출발하자.(Let's start) 특별히 정한 시간보다 먼저(빨리)(already) (빨리 출발하자.)

▶ 정해 놓은 특별한 시간보다 먼저 행동하자는 것이므로 '빨리'라고 의역됨

(4) 의문문에 yet와 already를 사용할 때 의미 차이

① Has she come home **yet**?

지금 가지고 있어?(has) 그녀가 왔던 상태(she come) 집에 / 기대했던 시간보다 먼저(yet)

(그녀가 와 있어? 집에 벌써)

► yet를 사용하면 그냥 '좀 빨리 왔네'의 뜻임. 아직 시간이 남아 있어서임

② Has she come home **already**?

지금 가지고 있어?(has) 그녀가 왔던 상태(she come) 집에(home) / 특별히 정한 시간보다 먼저(already)
(그녀가 와 있어? 집에 벌써)

► already를 사용하면 특별히 정한 시간보다 빨라서 '놀랍다'는 의미임

Part 19 미래형(未來形)

1. 미래형과 조동사(助動詞)

늘 조동사 구실만 하는 동사	본래는 본동사이나 상황에 따라 조동사 구실도 하는 동사
❶ 진행형과 수동태에 쓰이는 be동사 ❷ 완료형의 have ❸ 미래조동사	❶ do: ~을 하다 ❷ ought to: ~해야 한다 ❸ need: ~해야 한다 ❹ dare: 감히 ~할 용기가 있다

- 조동사란?: 홀로 쓰이지 못하고 본동사를 도와 의미를 더해 주는 동사
- 본동사란?: 동작동사 전체에서 상황에 따라 조동사로 쓰이는 동사들을 뺀 동사(=일반동사)

(1) 미래시간을 표현하기 위해 미래조동사 'will, shall, can, may, must'를 사용함
(2) 미래조동사는 미래에 '존재'할 상태나 동작을 나타낸다는 의미에서 존재동사로 분류할 수 있음. 세상의 모든 '존재함'은 사람의 힘으로 결정할 수 없고 절대자의 뜻에 의해 결정되므로 존재동사는 절대자 취급을 함
(3) 이와 같이 미래조동사는 절대자이므로 항상 본동사 앞에 위치하며, 미래조동사 뒤에 오는 본동사는 순수한 원형부정사이어야 하며 부정어 not은 미래조동사 바로 뒤에 위치함

2. 미래조동사

(1) 미래조동사는 본동사 앞에서 그 뜻을 보조해 주는 동사임

현재형	원 뜻(현재미래)	과거형	원 뜻(과거미래)
will	~할(일) 것이다	would	~했(이었)을 것이다 → ~했(이었)으면 좋겠다
shall	~하(이)기로 되어 있다 [~해(이어)야 한다]	should	~하(이)기로 되어 있었다 → ~했(이었)어야 했다 → ~했(이었)으면 좋겠다
can	~할(일) 수 있다	could	~할(일) 수 있었을 것이다
may	~할(일) 수도 있다	might	~할(일) 수도 있었을 것이다
must	무조건 ~하기(이기)로 되어 있다 (반드시 ~해야 한다)	×	

※ **빨간색**은 과거 의미, **검정색**은 미래 의미

> would, should, might, could와 같이 일부러 과거형으로 말하게 되면 완곡하고 공손한 바람(소망)의 표현이 됨. 우리말도 "창문 좀 열어 주실래요?(현재형)"라는 표현보다 "창문 좀 열어 주셨으면 좋겠는데요(과거형)"라는 표현이 좀 더 공손하게 느껴짐

① 과거미래: 미래조동사 과거형은 미래의 의미와 과거의 의미를 동시에 갖는 말
② would의 원뜻인 '했을 것이다'에서 '했' 부분은 과거의 의미를 담고 있고, '을 것이다' 부분은 미래의 의미를 담고 있음

(2) will
① 'will+동사원형' 형태를 취함: ~할(일) 것이다 (의지)
② 미래에 생길 일 중 미리 정해진 일 빼고 모두 will로 말하면 됨
  (a) You **will** succeed.
     당신은 할 것이다.(will) 성공하는 것(succeed) (당신은 성공할 것이다.)
  (b) Accidents **will** happen.
     사고는 할 것이다.(will) 일어나는 것(happen) (사고란 일어나는 법이다.)
③ 미래에 일어날 일에 대한 추측
   "**Will** it **snow** tomorrow?"
   할 것인가?(will) 눈 오는 것(it snow) 내일 (눈이 올까? 내일)
④ 말하고 있는 지금 어떤 일을 하기로 결정하는 경우
   Those shoes are nice. I'**ll take** them.
   저 신발들은 이다.(are) 좋은 상태(nice) / 나는 할 것이다.(will) 가지는 것(take) 그들을
⑤ 상대방에게 어떤 일을 해주겠다고 제안을 할 때
   I'**ll open** this jar for you.
   나는 할 것이다.(will) 여는 것(open) 이 병을 / 무엇만을 생각하면서(for) 너 (너를 위해)

(3) **be going to 동사원형: ~할 것이다 (~할 작정이다)**
① 이미 하기로 결정한 미래의 일에 대해 말할 때 'be going to 동사원형' 사용
   Carl **is going to move** to Boston.
   칼은 이다.(is) 멀어지고 있는 상태(going) 이사하기로 되어 있는 상태(to move)로 / 무엇을 목표로(to) 보스턴
   (칼은 이사할 것이다. 보스턴으로)
② 'be going to'와 will 비교
   (a) 'be going to'의 의미
     ⓐ be(이다)+going(무엇에서 멀어지고 있는 상태)+to부정사(무엇 하기로 되어 있는 상태) → 무엇에서 멀어져서 무엇 하기로 되어 있는 상태로 가고 있는 상태이다 → 무엇인가 일을 시작해서(go) 진행 중(-ing)이라는 의미
     ⓑ will은 의지가 강해도 상상 속 세계인 생각일 뿐이고, 'be going to'는 구성하는 각 단어의

특성상 이미 움직임이 시작된 세계임. 따라서, 일어날 확률은 will보다 'be going to'가 훨씬 높음

(b) 미래 일에 대해 추측할 때 will과 'be going to' 둘 다 쓸 수 있음

It**'ll *be*** cold later. (=It**'s *going to be*** cold later.)

일 것이다.(it will) 추운 상태이다.(be cold) 나중에 (추워질 거야. 나중에)

(c) 지금 상황을 근거로 곧 일어날 일에 대해 추측할 땐 'be going to' 사용

It's cloudy. It**'s *going to rain*** soon.

날씨가 흐리다.(It's cloudy.) / 할 것이다.(it is going to) 비 오는 것(rain) 곧(soon) (비가 올 거야. 곧)

▶ 날이 흐린 것으로 보아 곧 비가 내릴 것 같음

(4) 'be+-ing'가 미래를 의미하는 경우

① 구체적으로 계획한 미래의 일(약속 등)에 대해 말할 때 'be+-ing' 사용

Are you **running** the marathon this weekend?

인가요?(are) 당신 달리고 있는 상태(running) 마라톤을 / 이번 주말에(this weekend)

(당신은 할 예정인가요? 마라톤을 이번 주말에)

② 'be+-ing'가 나타내는 시제 차이에 주의

(a) Look! Henry **is coming**. (현재진행형)

봐라! 헨리가 이다.(is) 오고 있는 상태(coming) (헨리가 오고 있다.)

(b) Henry **is coming** for dinner tonight. (미래의 의미)

헨리가 이다.(is) 오고 있는 상태(coming) / 무엇만을 생각하면서(for) 저녁 식사

(저녁 식사를 위해) 오늘 밤에 (헨리가 올 것이다. 저녁 식사를 하러 오늘 밤에)

▶ 미래 의미의 tonight 때문에 문장 전체가 미래가 됨

③ '교통수단, 공연, 수업' 등의 시간표에 대해 말할 때는 미래의 일이라 할지라도 현재시제를 사용

(a) The train **arrives** at 9:00.

그 기차는 도착한다.(arrives) / 콕 찍듯 가리켜(at) 9시 (9시에)

▶ 교통수단인 기차의 시간표에 대해 말하고 있으므로 현재시제인 arrives를 썼음

(우리말로도 현재시제임 – 9시에 **도착한다**)

(b) My class **starts** early in the morning.

나의 수업은 시작한다.(starts) 일찍 / 무엇 안에서(in) 아침 (아침에)

▶ 시작할 것이다(×) / 시작한다(○)

(5) would

① 'would+동사원형' 형태를 취함

② will의 과거형

(a) 시제를 맞추기 위해 would를 쓰는 경우에는 will과 의미상 차이가 없음

(b) She said that she **would** be thirty next year.
　　그녀는 말했다.(said) / 그건(that) 그녀가 일 것이라고(would) 삼십 세이다.(be thirty) 내년에(next year)
　　(그녀는 말했다. 그녀는 삼십 세일 것이라고 내년에)

③ 가정법 과거완료
　(a) 시제를 맞추기 위해서가 아니라 would가 실제로 과거의 의미를 갖는 경우임 [would: ~**했(이었)을 것이다**]
　(b) My son **would have had** the flu.
　　❶ 나의 아들은 가지고 있었을 것이다.(would have) 가지고 있었던 상태를(had) 독감을
　　❷ (어제 유행독감에 걸린 철수와 같이 놀게 했으면) 아들이 유행독감에 걸렸을 것이다.

④ 의지(소망)
　(a) will의 원뜻은 '~할 것이다(의지)' → 따라서, would는 '~했을 것이다' → (공손하게 표현하면) → ~했(이었)으면 좋겠다
　(b) I **would** study economics.
　　나는 했으면 좋겠다.(would) 공부하는 것(study) 경제학을
　　(나는 공부했으면 좋겠다. 경제학을)

⑤ 상대방에게 요청할 때
　(a) 'Would you~?'가 'Will you~?'보다 완곡하고 공손한 표현임
　(b) 일부러 과거형으로 완곡하고 공손하게 표현하는 것이므로 'will(~할 것이다)'과 의미상로는 차이가 없음
　(c) **Would you** call me later?
　　할 것인가요?(would) 당신 전화하는 것(call) 내게 나중에 (전화 주실래요?)

⑥ would like 명사: ~을 원하다 (want보다 공손한 표현)
　(a) 자신이 좋아하는 것을 공손하게 표현할 때 사용
　　ⓐ will의 원뜻은 '~할 것이다(의지)' → 따라서, would는 '~했을 것이다' → (공손하게 표현하면) → ~했으면 좋겠다
　　ⓑ would like 명사: 했으면 좋겠다(would) 좋아하는 것(like) 무엇을(명사) → 좋아했으면 좋겠다 무엇을 → ~을 원하다
　(b) **I'd like** some water.
　　나는 원한다.(would like) 어느 정도의(약간의)(some) 물을

⑦ would like to부정사: ~했으면 좋겠다
　(a) 'would like to부정사'의 뜻
　　ⓐ will의 원뜻은 '~할 것이다(의지)' → 따라서, would는 '~했을 것이다' → (공손하게 표현하면) → ~했으면 좋겠다

ⓑ would like to부정사: 했으면 좋겠다(would) 좋아하는 것(like) 무엇 하기로 되어 있는 것을(to부정사) → 무엇 하기를 좋아했으면 좋겠다 → ~했으면 좋겠다

ⓒ 의미의 세기는 'want to do(원한다) 〉 wish to do(바란다) 〉 would like to do(했으면 좋겠다)' 정도임

(b) **Would** you **like to have** some coffee?

당신은 했으면 좋겠어요?(would you like to) 가지고 있는 것(have) 어느 정도의(some) 커피를 (드실래요? 약간의 커피를)

(c) I **would like to drink** some water.

나는 했으면 좋겠어요.(would) 좋아하는 것(like) 마시기로 되어 있는 상태를(to drink) 어느 정도의(some) 물을 (나는 마셨으면 좋겠어요. 약간의 물을)

⑧ 과거의 불규칙적 습관

My daughter **would** play with doll as a child.

내 아들은 했을 것이다.(would) 노는 것(play) 무엇과 함께(with) 인형 (인형을 가지고) 아이였을 때(as a child) (내 아들은 인형을 가지고 놀았다. 어릴 때)

(6) **shall**

① 'shall+동사원형' 형태를 취함: ~하(이)기로 되어 있다 (~해야 한다)

② 운명, 의무 등으로 구분하는데 모두 '~하기로 되어 있다'란 원뜻 하나일 뿐임

(a) You **shall** see.

당신은 하기로 되어 있다.(shall) 보고 알게 되는 것(see)?
(당신은 알게 될 것이다.)

(b) What **shall** I do?

무엇을(what) 하기로 되어 있나요?(shall) / 나 하는 것(I do)
(무엇 해야 하죠? 나)

▶ 내가 할 일이 뭐가 있겠느냐는 자포자기적 표현

What **should** I do?

무엇을(what) 했으면 좋겠나요?(should) / 나 하는 것 (무엇 해야 하죠? 나)

▶ 과거형 should를 써서 완곡하고 공손한 표현을 만든 것이므로, 무언가를 해보겠다는 최소한의 의지를 엿볼 수 있음

(c) All men **shall** die.

모든 사람은 하기로 되어 있다.(shall) 죽는 것(die) (모든 사람은 죽기 마련이다.)

(d) I **shan't** be long.

나는 이기로 되어 있지 않다.(shan't) 오랜 상태이다.(be long) (곧 돌아올게.)

(7) **should**

① 'should+동사원형' 형태를 취함

② shall의 과거형으로 사용
   (a) 시제를 맞추기 위해 should를 쓰는 경우에는 shall과 의미상 차이가 없음
   (b) She said that she **should** be thirty next year.
      그녀는 말했다. / 그건(that) 그녀가 이기로 되어 있다고(she should) 삼십 세다.(be thirty) 내년에(next year) (그녀는 말했다. 그녀는 삼십 세가 된다고 내년에)

③ 가정법 과거완료
   (a) 시제를 맞추기 위해서가 아니라 should가 실제로 과거의 의미를 갖는 경우임 (should: ~하기로 되어 있<u>었</u>다 → ~했어야 했다)
   (b) I **should *have studied*** hard.
      ❶ 나는 가지고 있었어야 했다.(should have) 공부했던 상태(studied)를 열심히
      ❷ (아, 이번 시험 또 망쳤네) 공부 열심히 했어야 했는데.

④ 제안(or 충고, 의무)
   (a) must는 '반드시 해야 한다'는 강제성이 들어가지만 should는 해도 되고 안 해도 되지만 '~했(이었)으면 좋겠다'는 식의 제안임
   (b) shall의 원뜻은 '~하기로 되어 있다' → 따라서, should는 '~하기로 되어 있<u>었</u>다' → (공손하게 표현하면) → ~했(이었)으면 좋겠다
   (c) This soup is hot. You **should be** careful.
      이 수프는 이다.(is) 뜨거운 상태(hot) / 당신은 이었으면 좋겠다.(should) 조심하는 상태이다.(be careful)
      (너는 조심했으면 좋겠다.)

⑤ 추측
   (a) will이 100% 확실한 추측이라면 should는 70% 정도 확실한 추측임
   (b) She **should** be here soon.
      그녀는 이기로 되어 있다.(should) 여기에 있다.(be here) 곧
      (그녀는 여기에 올 거야. 곧)

⑥ 의문문에서 의무 표현
   (a) "Should I(we)~?"가 "Shall I(we)~?"보다 완곡하고 공손한 표현임
   (b) 일부러 과거형으로 완곡하고 공손하게 표현하는 것이므로 'shall'과 의미상 차이는 없음
   (c) **Should I *take*** the bus or the subway?
      해야 하나요?(should) 내가 가지는 것(take) 버스를 혹은 지하철을
      (버스를 타는 것이 좋을까요, 지하철을 타는 것이 좋을까요?)

⑦ should는 think와 함께 자주 씀

   I ***think*** I **should** talk to her.
   나는 생각한다.(think) / (그건that) 내가 했으면 좋겠다(should)고 이야기하는 것(talk) 무엇을 목표로(to) 그녀(그녀와) (그녀와 얘기해 보는 것이 좋겠다.)

⑧ '제안, 주장, 요구' 등의 뜻을 갖는 동사의 목적어가 되는 that절의 should
- (a) **'(~해야 한다고) 제안, 추천, 주장, 요구하다'**라는 이미지에서 알 수 있듯이 '제안, 추천 등의 동사'에는 **'당위(의무)의 의미'**가 내포되어 있으므로 that절에 당위를 나타내는 조동사 'should(~하기로 되어 있었다)'를 쓰는 것이며, 앞에 나온 '제안, 추천 등의 동사'에 이미 '당위의 의미'가 내포되어 있으므로 that절의 should를 생략할 수 있는 것임
- (b) He proposed **that** we (should) **revise** the bylaws.
  그는 제안했다.(proposed) / 그건(that) 우리가 개정했으면 좋겠다고(we should revise) 회칙(규칙)을(the bylaws)

⑨ 이성적 판단의 that절 속에서의 should
- (a) "It is+(important, necessary, natural, right, wrong)+that절" 구문에서 that절에 should를 사용함
- (b) '중요하고, 절대 필요하고, 바람직하므로 (해야 한다.)'라는 이미지에서 알 수 있듯이 이성적 판단의 형용사에는 **'당위(의무)의 의미'**가 내포되어 있으므로 that절에 당위를 나타내는 조동사 'should(~하기로 되어 있었다)'를 쓰는 것이며, 앞에 나온 이성적 판단의 형용사에 이미 '당위의 의미'가 내포되어 있으므로 that절의 should를 생략할 수 있는 것임
- (c) It is natural that she **should** get angry.
  그것은 이다.(is) 자연스러운 상태(natural) / 그건(that) 그녀가 가지기로 되어 있었다는 것(should get) 화난 상태를(angry) (그녀가 화를 내는 것은 당연하다.)

⑩ 감정적 판단의 that절 속에서의 should
- (a) "It is+(a pity, curious, strange, surprising, wonderful)+that절" 구문에서 that절에 should를 사용함
- (b) 감정적 판단의 형용사가 쓰이는 문장은 that절 안에 있는 동사의 행위를 **'당위처럼'** 하는 것에 대한 말하는 사람의 감정적 판단이므로 that절에 당위를 나타내는 조동사 'should(~하기로 되어 있었다)'를 쓰는 것임. 영국식 영어에서는 should를 생략하지 않으나 미국식 영어에서는 보통 생략함
- (c) It is strange that she **should** cry all day long.
  그것은 이다.(is) 이상한 상태(strange) / 그건(that) 그녀가(she) 울기로 되어 있었다는 것(should cry) 하루 종일(all day long) (이상하다. 그녀가 울다니 하루 종일)

⑪ should / must / have to의 차이
- (a) should는 must나 have to처럼 '반드시 해야 한다'는 강제성의 느낌보다는 '제안'에 가까움
  - ⓐ We **should go** to America for vacation.
    우리는 했으면 좋겠다.(should) 가는 것(go) / 무엇을 목표로(to) 미국 / 무엇만을 생각하며(for) 휴가 (우리는 갔으면 좋겠다. 미국으로 휴가를 위해)

▶ 미국에 가는 것이 좋겠지만 반드시 가야 하는 것은 아님

ⓑ We **must(have to) go** to China for a meeting.

우리는 해야 한다.(must) 가는 것(go) / 무엇을 목표로(to) 중국 / 무엇만을 생각하면서(for) 회의

(우리는 가야 한다. 중국에 회의에 참석하기 위해)

▶ 회의가 있어 반드시 중국에 가야 함

(b) must로는 표현할 수 없는 과거시제를 표현하기 위해 have to를 사용함. 일상대화에서는 'have to'를 주로 쓰고, 문서나 안내문 등에는 must 사용

ⓐ 어감의 세기는 must(반드시 해야 한다) > have to(해야 한다) > need(해야 한다) > should(했으면 좋겠다)

ⓑ You **have to** be quiet in the library.

너는 이어야 한다.(have to) 조용한 상태이다.(be quiet) / 무엇 안에서(in) 도서관 (도서관에서)

(너는 조용히 해야 한다. 도서관에서)

ⓒ 'don't have to'와 'must not'은 다음과 같은 의미 차이가 있음

▶ She **doesn't have to run**. (~하지 않아도 된다, ~할 필요가 없다)

그녀는 하지 않아도 된다.(doesn't have to) 달리는 것(run)

(그녀는 달리지 않아도 된다.)

▶ You **must not drive**. (하면 안 된다)

너는 해야 한다.(must) 아니게(not) 운전하는 것(drive) (너는 운전하면 안 된다.)

(8) **can**

① 'can+동사원형' 형태를 취함: ~할(일) 수 있다

② 능력이나 가능성 표현

(a) I **can** swim. (능력)

나는 할 수 있다.(can) 수영하는 것(swim)

(b) It **can** be dangerous. (가능성)

그것은 일 수 있다.(can) 위험한 상태이다.(be dangerous)

(그것은 위험할 수도 있다.)

▶ could보다 가능성이 높음

③ 강한 의심 표현

Can it be true?

일 수 있을까?(can) 그것이(it) 사실이다.(be true) (그것이 사실일까?)

④ 강한 부정 표현

It **can't** be true.

그것이(it) 일 수 없다.(can't) 사실이다.(be true) (그것이 사실일 리가 없다.)

⑤ 의문문에서 허락 또는 호의를 구함

(a) **Can** I use your phone? (허락)
할 수 있나요?(can) 나 사용하는 것(use) 당신의 전화기를

(b) **Can** you open this jar? (호의)
할 수 있나요?(can) 당신 여는 것(open) 이 병(this jar)
(열어주시겠어요? 이 병을)

⑼ **could**
① 'could+동사원형' 형태를 취함
② can의 과거형으로 사용
  (a) 시제를 맞추기 위해 could를 쓰는 경우에는 can과 의미상 차이가 없음
  (b) He said that he **could swim**.
    그는 말했다. / 그건(that) 그가 할 수 있다고(could) 수영하는 것을(swim)
    (그는 말했다. 수영할 수 있다고)
③ 가정법 과거완료
  (a) 시제를 맞추기 위해서가 아니라 could가 실제로 과거의 의미를 갖는 경우임 (could: ~할 수 있<u>었</u>을 것이다)
  (b) My son **could have had** the flu.
    ❶ 나의 아들은 가지고 있을 수 있었을 것이다.(could have) 가지고 있었던 상태를(had) 독감을
    ❷ (어제 독감에 걸린 철수와 같이 놀게 했으면) 아들이 독감에 걸릴 수 있었을 것이다.
④ 과거의 능력 표현
  (a) 시제를 맞추기 위해서가 아니라 과거의 능력을 표현할 때 사용
  (b) I **couldn't sleep** last night because it was too hot.
    나는 잠을 잘 수 없었다.(couldn't sleep) 어젯밤에 / 무엇 때문에(because) 너무 더웠기 때문에
⑤ 가능성 표현
  (a) 일부러 과거형으로 완곡하게 표현하는 것이므로 can보다는 가능성이 낮으나, 'can(~할 수 있다)'과 의미상 차이는 없음
  (b) It **could** be dangerous.
    그것은 일 수 있다.(could) 위험한 상태이다.(be dangerous) (위험할 수도 있다.)
⑥ 의문문에서 허락 또는 호의를 구함
  (a) "Could I(you) ~ ?"는 "Can I(you) ~ ?"보다 완곡하고 공손한 표현임
  (b) 일부러 과거형으로 완곡하고 공손하게 표현하는 것이므로 can과 의미상 차이가 없음
  (c) **Could I** ask you a question? (허락)
    할 수 있나요?(could) 내가 요구하는 것(I ask) 당신에게 하나의 질문을
    (질문 하나 해도 될까요?)

⑽ **may**

① 'may+동사원형'의 형태를 취함: ~할(일) 수도 있다

② 추측 표현

　(a) You **may** be right.

　　당신이 일 수도 있다.(may) 옳은 상태이다.(be right) (당신이 옳을 수도 있어요.)

　(b) You **may** not be right.

　　너는 일 수도 있다.(may) 아니게(not) (아닐 수도 있다.) 옳은 상태이다.(be right) (너는 옳지 않을 수도 있다.)

③ 허락 표현

　(a) 허락할 때는 말하는 이가 듣는 이에게 허락하기에 듣는 이는 you일 수밖에 없음. you한테 말하는 may는 대부분 허락임

　(b) You **may** come in now.

　　당신은 할 수도 있다.(may) 가까워지는 것(come) 무엇 안에(in) 지금(now)

　　(당신은 들어가도 좋다. 지금)

　(c) Visitors **may not take** photographs.

　　방문객들은 할 수도 있다.(may) 아니게(not) (못할 수도 있다.) 가지는 것(take) 사진을

　　(방문객은 할 수 없습니다. 사진 촬영을)

④ 의문문에서 허락을 구함

　(a) May I ~ ?: ~할 수도 있을까요? (~해도 될까요?)

　(b) **May** I ask you a question?

　　할 수도 있을까요?(may) 내가 요구하는 것(ask) 당신에게(you) 하나의 질문을(a question)

　　(질문 하나 해도 될까요?)

⑤ 기원(소망) 표현

　May you succeed.

　할 수도 있어라!(may) 네가 성공하는 것(you succeed) (성공을 빈다.)

⑾ **might**

① 'might+동사원형'의 형태를 취함

② may의 과거형으로 사용

　(a) 시제를 맞추기 위해 might를 쓰는 경우에는 may와 의미상 차이가 없음

　(b) She asked if she **might** use the car.

　　그녀는 물었다.(asked) / 만약(if) 그녀가 할 수도 있는지(she might) 사용하는 것(use) 그 차를

　　(그녀는 물었다. 그녀가 사용할 수 있는지를 그 차를)

③ 가정법 과거완료

　(a) 시제를 맞추기 위해서가 아니라 might가 실제로 과거의 의미를 갖는 경우임 (might: ~할 수도 있**었**을 것이다)

(b) I **might have bought** a big house.
  ❶ 나는 가지고 있을 수도 있었을 것이다.(might have) 샀던 상태를(bought) 큰 집을
  ❷ (복권에 당첨되지는 않았지만 복권에 당첨됐으면) 큰 집을 하나 살 수도 있었을 텐데.

④ 추측(가능성) 표현
  (a) 일부러 과거형으로 완곡하게 표현하는 것이므로 may보다는 가능성이 낮으나, 'may(~할 수도 있다)'와 의미상 차이는 없음
  (b) It **might** rain today.
    할 수도 있다.(might) 비 오는 것(rain) 오늘 (비가 올 수도 있다.)

⑤ 의문문에서 허락 또는 호의를 구함
  (a) "Might I ~ ?"는 "May I ~ ?"보다 완곡하고 공손한 표현임
  (b) 일부러 과거형으로 완곡하고 공손하게 표현하는 것이므로 'may(~할 수도 있다)'와 의미상 차이가 없음
  (c) **Might** I use your phone?
    할 수도 있을까요?(might) 내가 사용하는 것(use) 당신의 전화를
    (사용해도 될까요? 당신의 전화를.)

⑫ **must**: 무조건 ~하기로(이기로) 되어 있다 [~해야(이어야) 한다]

① 'must+동사원형'의 형태를 취함
② 어떤 일을 반드시 해야 한다고 할 때 must를 사용
  (a) You **must** read this book.
    너는 해야 한다.(must) 읽는 것(read) 이 책을 (너는 읽어야 한다. 이 책을)
  (b) 단, 과거에 대해 말할 때는 must가 아니라 had to를 사용
    You **had to** come here early.
    너는 해야 했다.(had to) 가까워지는 것(오는 것)(come) 여기에 일찍
    (너는 와야 했다. 여기에 일찍.)
③ 어떤 일을 '해서는 안 된다'고 할 때는 must not을 사용
  Visitors **must not** *take* pictures in the museum.
  방문객들은 해야 한다.(must) 아니게(not) (해서는 안 된다.) 가지는 것(take) 사진을 박물관에서
  (방문객들은 사진을 찍어서는 안 된다. 박물관에서)
④ '~함(임)에 틀림없다'란 의미로 어떤 일에 대해 확신할 때도 must 사용
  (a) He **must** be a doctor.
    ❶ 그는 무조건 이기로 되어 있다.(must) 의사이다.이기로(be a doctor)
    ❷ 그는 무조건 의사이기로 되어 있다. (그는 의사임에 틀림없다.)
  (b) She **must** *like* music very much.
    ❶ 그녀는 무조건 하기로 되어 있다.(must) 좋아하기로(like) 음악을 매우 많이

❷ 그녀는 무조건 좋아하기로 되어 있다. (그녀는 좋아함에 틀림없다. 음악을 매우 많이)

⑤ '분명히 ~하지 않을 것이다'라고 할 때는 'must not'을 사용

He **must not** have class today.

그는 무조건 하기로 되어 있지 않다.(must not) 가지고 있는 것(have) 수업을

(그는 분명히 수업을 가지고 있지 않을 것이다. 오늘)

Part 20 가정법(假定法)

1. 법(法)이란?
동사가 동작이나 상태를 표현함에 있어서 '사실로 나타내느냐, 명령으로 나타내느냐, 가정으로 나타내느냐' 하는 그 표현 방법

2. 법(法)의 종류

(1) **직설법**: 어떤 사실을 사실 그대로 표현하는 법

    I **go** to school by bus every day.

    나는 간다.(go) 무엇을 목표로(to) 학교 (학교로) / 가까이에서 영향을 미치는 힘은(by) 버스 (버스로) 매일(every day) (나는 간다. 학교에 버스로 매일)

(2) **명령법**: 상대방에 대한 명령, 요구, 금지 등을 나타냄

  ① **Go** to school on foot.

    가거라.(go) / 무엇을 목표로(to) 학교 (학교로) / 무엇에 덧붙여서(on) 발 (걸어서)

  ② 명령문, and ~ / 명령문, or ~

    (a) 명령문, and ~: ~하여라, 그러면

      Get up early, and you **can** arrive there on time.

      가져라(get) (일어남을) 최고치까지(up) 일찍, / 그러면(and) 너는 할 수 있다.(can) 도착하는 것(arrive) 거기에 제시간에(on time) (일어나라 일찍, 그러면 너는 도착할 수 있다. 거기에 제시간에)

      ▶ get up: get(가지다) (일어남을)+up(최고치까지) → (잠자리에서) 일어나다

    (b) 명령문, or ~: ~하여라, 그렇지 않으면

      Get up early, or you **can't** arrive there on time.

      가져라(get) (일어남을) 최고치까지(up) 일찍, / 또는(그렇지 않으면) 너는 할 수 없다.(can't) 도착하는 것(arrive) 거기에 제시간에(on time)

(3) **가정법**: 실현 가능하거나 가능하지 않은 일을 가정하거나 상상할 경우에 쓰임

    If I **were** a bird, I **could** fly to her. (가정법)

    만약 내가 **이었다면(were)** 새, / 나는 할 수 있었을 것이다.(could) 날아가는 것(fly) / 무엇을 목표로(to) 그녀 (그녀에게) (내가 새였다면, 그녀에게 날아갈 수 있었을 텐데.)

    =**As** I am not a bird, I can't fly to her. (직설법)

    때문에(as) 나는 아니다.(am not) 새가(a bird) / 나는 날아갈 수 없다.(can't fly) 그녀에게 (나는 새가 아니기 때문에, 그녀에게 날아갈 수 없다.)

3. 조건접속사 'if'

(1) **if** 원뜻: 만약 무엇을 한다면(동작), 만약 무엇이라면(존재)

　① ifs=조건들 / a big if=큰 조건 (일어날 확률이 매우 적은 조건)

　② if를 접속사로 사용할 때 우리말로 '내가 대통령이라면'이든 '만약 내가 대통령이라면'이든 둘 다 자연스럽듯이 반드시 '만약'을 붙일 필요는 없음

(2) **If** you mix red and blue, you ***get*** purple.

만약(if) 네가 섞으면(mix) 빨강과 파랑을, 너는 가진다.(get) 보라색을(purple)

(빨강과 파랑을 섞으면 보라가 된다.)

▶ 불변의 진리이므로 '늘' 이란 의미가 있는 현재형(get)을 주절에 사용함

(3) **If** he is poor, he is a nice guy.

만약(if) 그가 이라면(is) 가난한 상태(poor), / 그는 이다.(is) 멋진 남자(a nice guy)

(비록 그는 가난하지만, 멋진 남자다.)

▶ 가난함을 전제로(조건으로) 멋진 남자인 것임

4. 조동사의 과거형

현재형	원 뜻	과거형	원 뜻(과거미래)
will	~할(일) 것이다	would	**~했(이었)을 것이다 →** **~했(이었)으면 좋겠다**
shall	~하(이)기로 되어 있다 [~해(이어)야 한다]	should	**~하(이)기로 되어 있었다 →** **~했(이었)어야 했다 →** **~했(이었)으면 좋겠다**
can	~할(일) 수 있다	could	**~할(일) 수 있었을 것이다**
may	~할(일) 수도 있다	might	**~할(일) 수도 있었을 것이다**
must	무조건 ~하기(이기)로 되어 있다 (반드시 ~해야 한다)	×	

※ **빨간색**은 과거 의미, **검정색**은 미래 의미

❶ would, should, might, could와 같이 과거형으로 말하게 되면 완곡하고 공손한 바람(소망)의 표현이 됨. 우리말도 "창문 좀 열어 주실래요?(현재형)"라는 표현보다 "창문 좀 열어 주**셨**으면 좋겠는데요(과거형)"라는 표현이 좀 더 공손하게 느껴짐

❷ 실현 불가능하거나 희박한 일을 가정하는 가정법 표현은 대부분 완곡하고 공손한 바람의 표현이므로 미래조동사 과거형을 사용하는 것임

5. 가정법의 종류

① 가정법 현재: 열심히 공부**하면**, 성공할 것이다.
　If I **study** hard, I **will** succeed.
　▶ 실현 가능성이 있는 상황 가정
② 가정법 과거: 열심히 공부**했으면**, 성공했을 것이다.
　If I **studied** hard, I **would** succeed.
　▶ 일부러 과거형을 사용하여 실현 가능성이 없거나 희박한 상황을 가정
③ 가정법 과거완료: 열심히 공부**했었으면**, 성공했을 것이다.
　If I **had studied** hard, I **would have succeeded**.
　▶ 과거에 하지 못한 일에 대한 후회나 유감 표현할 때 사용
④ 혼합 가정법: 열심히 공부**했었으면**, 지금 성공했을 것이다.
　If I **had studied** hard, I **would** succeed **now**.
　▶ 과거의 후회스러운 일만 아니면 지금 바라는 일이 이루어져 있을 것이라고 말할 때 사용
⑤ 가정법 미래: (그럴 리 없지만) 열심히 공부**하기로 되어 있었다면**, 성공했을 것이다.
　If I **should** study hard, I **would** succeed.
　▶ 실현 희박한 일, 실현 불가능한 일, 생각하기 끔찍한 상황 가정할 때 사용

(1) **가정법과 실현 가능성**
　① 가정법 현재는 실현 가능성이 있음
　② 가정법 과거, 가정법 과거완료, 혼합가정법, 가정법 미래는 주절에 과거형이나 과거완료형을 사용하므로 실현 가능성이 없거나 희박함
　　(a) 현재형을 사용할 때와 달리 과거형 사용 시 간절함은 커지는 반면 실현 가능성은 낮아지는 확실한 차이가 있음
　　(b) 우리말로도 '키가 더 **크면**'과 '키가 더 **컸으면**'에서 알 수 있듯이 과거형 어미 '컸'을 사용할 때 간절함은 커지고 실현 가능성은 낮아짐

(2) **가정법 현재**: 무엇 **하면**(현재) / 무엇 **할 것이다**(조동사 현재형) [실현 가능성○]
　① 문장 형태

조건절(종속절)	귀결절(주절)
If … **현재형**	… **will** + 동사원형

　② If I **study** hard, I **will** succeed.
　　만약(if) 내가 공부하면(study) 열심히(hard), / 나는 할 것이다.(will) 성공하는 것(succeed)
　　(a) 조건절에서 현재형을 사용해서 그냥 가정법 현재라고 이름 붙였음
　　(b) 시제의 일치를 위해 주절에 '조동사 현재형(will)' 사용

(3) **가정법 과거**: 무엇 **했으면**(과거) / 무엇 **했을 것이다**(조동사 과거형) [실현 가능성×]
　① 문장 형태

조건절(종속절)	귀결절(주절)
If … **were (or 과거형)**	… **would, should, could, might** + 동사원형

② 어떤 때 쓰나?
　(a) 실현 가능성은 희박하고 간절함은 큰 바람을 표현하기 위해 말하는 사람이 일부러 과거형 동사를 사용함
　(b) 우리말로도 어떤 상태를 원할 때 '키 **컸**으면', '투명인간이**었**으면'처럼 과거형 동사 사용
③ If I **studied** hard, I **would** succeed.
　만약(if) 내가 공부했으면(I studied) 열심히(hard), / 나는 성공했을 것이다.(I would succeed)
　(a) 조건절에서 과거형을 사용해서 그냥 '가정법과거'라고 이름 붙였음
　(b) 뒷부분인 '무엇 했을 것이다'는 과거미래이므로 조동사 과거형을 사용하면 됨. '했'은 과거, '을 것이다'는 미래의 의미임
　(c) be동사의 경우 'were(복수과거형)'를 사용하는 이유는 여러 명(복수)이 그렇다고 가정해 보자는 차원임
④ If I **had** much money, I **would** buy the car.
　만약(if) 내가 가지고 있었다면(had) 많은 돈을, / 나는 샀을 것이다.(would buy) 그 차를

(4) 가정법 과거완료: 무엇 **했었으면**(과거완료) / 무엇 **했을 것이다**(조동사 과거형)
① 문장 형태

조건절(종속절)	귀결절(주절)
If … **had+p.p**	… **would, should, could, might+have p.p**

② 어떤 때 쓰나? 과거에 하지 못한 일에 대한 후회나 유감 표현할 때 사용
③ If I **had studied** hard, I **would have succeeded**.
　❶ 만약(if) 내가 가지고 있었다면(had) 공부했었던 상태를(studied) 열심히(hard), / 나는 가지고 있었을 것이다.(would have) 성공했던 상태를(succeeded)
　❷ 만약 내가 공부했었으면 열심히, / 나는 성공했을 것이다.
　(a) if절은 '과거에 무엇 했었던 상태'이므로 '대(大)과거에 시작해서 이미 과거에 끝나 버린 과거 일'을 나타내는 과거완료 사용
　　ⓐ 완료시제는 어떤 시점에서 어떤 시점까지 계속적으로 이어지는 상태를 표현하기 위해 쓰는 것이므로, 과거완료 'had studied'에서 had와 studied는 시점이 다를 수밖에 없음. 여기에서 앞의 had는 과거이므로, 뒤의 studied는 과거인 had보다 단 0.1초라도 앞선 시제이어야 하는데 그것이 대(大)과거임
　　ⓑ 결국 과거완료에 있어서 과거분사는 과거가 아니라 대과거임. 그래서, 우리말도 '공부**했**던 상태'가 아니라 '공부**했었**던 상태'로 표현
　(b) '했을 것이다'는 과거미래이므로 한 단어가 과거와 미래의 의미를 함께 갖는 조동사 과거형 사용함. '했'은 과거, '을 것이다'는 미래의 의미임

(c) '시제의 일치' 원칙상 앞이 과거완료형이면 뒤에도 과거완료형이 와야 하는데 왜 현재완료형이 올까요?
▶ 조동사 다음에 원형부정사가 오는 것은 불변의 진리이기 때문에 'would **had**(×) succeeded'가 아니라 'would **have** succeeded'를 쓴 것임

④ If I **had had** much money, I **would have bought** the house.
❶ 만약 내가 가지고 있었다면(had) 가지고 있었었던 상태를(had) 많은 돈을, / 나는 가지고 있었을 것이다.(would have) 구입했던 상태(bought)를 그 집을
❷ 만약 내가 가지고 있었다면 많은 돈을 / 나는 구입했을 것이다. 그 집을

(5) **혼합가정법**: 무엇 **했었으면**(과거완료) / 지금 무엇 **했을 것이다**(조동사 과거형)
① 문장 형태

조건절(종속절)	귀결절(주절)
If … **had+p.p**	… **would, should, could, might**+동사원형+now

② 어떤 때 쓰나? 과거의 후회스러운 일만 아니면 **지금** 바라는 일이 이루어져 있을 거라고 말할 때 사용 (조건절과 귀결절의 시제 불일치)

③ If I **had studied** hard, I **would** succeed **now**.
❶ 만약(if) 내가 가지고 있었다면(had) 공부했었던 상태를(studied) 열심히, 나는 했을 것이다.(would) 성공하는 것(succeed)
❷ 만약 내가 공부**했었**으면 열심히, 나는 성공**했**을 것이다. 지금

④ If he **had taken** my advice then, he **would** be happier now.
❶ 만약 그가 가지고 있었다면(had) 가졌었던 상태를(taken) 나의 충고를 그때 / 그는 이었을 것이다.(would) 더 행복한 상태이다.(be happier) 지금(now)
❷ 만약 그가 가졌다면(받아들였었다면) 나의 충고를 그때, / 그는 더 행복했을 것이다. 지금

(6) **가정법미래**: 무엇 하기로 되어 있었다면(과거) / 무엇 **했을 것이다**(조동사 과거형)
① 문장 형태

조건절(종속절)	귀결절(주절)
If … **should, were to**+동사원형	… **would(will), should(shall)**+동사원형

② If I **should** study hard, I **would** succeed.
만약(if) 내가 공부**하기로 되어 있었다면**(should study) 열심히(hard), 나는 성공**했을 것이다**.(would succeed)

(a) 'were to부정사'와 'should'가 미래를 의미하므로 가정법미래라고 이름 붙였음 (be to부정사, shall: ~하기로 되어 있다)

(b) 조건절 부분은 조건이니까 'if'를 쓰고, '무엇 하기로 되어 있었다'는 '었' 때문에 과거 표현이므

로 'were to 부정사'와 'should'를 사용. be동사 부분은 여러 명이 그렇다고 가정해 보자는 의미에서 복수 과거형인 were를 사용

③ 어떤 때 쓰나?

(a) 실현 희박한 일, 실현 불가능한 일, 생각하기 끔찍한 상황 가정할 때 사용

　ⓐ should: 실현 희박한 일 가정 (그럴 리 없지만 만약 ~라면)
　　were to: 실현 불가능한 일 가정, 생각하기 끔찍한 상황 가정
　ⓑ 'should'는 완곡하고 공손한 표현이어서 'were to'보다는 의미가 약하므로(덜 극단적이므로) 실현 불가능한 일보다는 실현 희박한 일의 가정에 적절함

(b) 실현 희박한 일 가정

　If I **should** fail this exam, I **would** try it again.
　❶ 만약 내가 하기로 되어 있었다면(should) 실패하는 것(fail) 이번 시험을, / 나는 했을 것이다.(would) 시도하는 것(try) 그것을 다시
　❷ 그럴 리 없지만 만약 이번 시험에 실패하게 되어 있다 해도 다시 시도했을 것이다.

(c) 실현 불가능한 일 가정

　If the sun **were to** rise in the west, I **would** change my mind.
　❶ 만약 해가 이었다면(were) 뜨기로 되어 있는 상태(to rise) 서쪽에서, / 나는 했을 것이다.(would) 바꾸는 것(change) 나의 마음을(my mind)
　❷ 만약 해가 서쪽에서 뜨라도 했다면, 나는 바꿨을 것이다. 마음을

(d) 생각하기 끔찍한 상황 가정

　If I **were to** die tomorrow, I **would** not tell it.
　❶ 만약 내가 이었다면(were) 죽기로 되어 있는 상태(to die) 내일, / 나는 했을 것이다.(would) 아니게(not) 말하는 것(tell) 그것을
　❷ 생각하기 끔찍한 상황이지만 만약 내가 죽는다 하더라도 내일, / 나는 말하지 않았을 것이다. 그것을

6. 주절만 사용하는 가정법 과거완료

(1) 조건절은 뻔해서 생략하고 주로 가정법 과거완료 주절을 더 많이 사용

(2) **would have p.p.**: ~했을 것이다

　My son **would have had** the flu.
　❶ 나의 아들은 가지고 있었을 것이다.(would have) 가지고 있었던 상태를(had) 독감을
　❷ (어제 유행독감에 걸린 철수와 같이 놀게 했으면) 아들이 유행독감에 걸렸을 것이다.

(3) **could have p.p.**: ~할 수 있었을 것이다

　My son **could have had** the flu.
　❶ 나의 아들은 가지고 있을 수 있었을 것이다.(could have) 가지고 있었던 상태를(had) 독감을
　❷ (어제 유행독감에 걸린 철수와 같이 놀게 했으면) 아들이 독감에 걸릴 수 있었을 것이다.

(4) **might have p.p.**: ~할 수도 있었을 것이다. (약한 추측)

    I **might have bought** a big house.

    ❶ 나는 가지고 있을 수도 있었을 것이다.(might have) 샀던 상태를(bought) 큰 집을

    ❷ (복권에 당첨되지는 않았지만 복권에 당첨됐으면) 큰 집을 하나 살 수도 있었을 텐데

(5) **should have p.p.**: ~하기로 되어 있었다 (~했어야 했다)

    I **should have studied** hard. (반성하기에 좋은 표현)

    ❶ 나는 가지고 있었어야 했다.(should have) 공부했던 상태를(studied) 열심히

    ❷ (아, 이번 시험 또 망쳤네) 공부 열심히 했어야 했는데.

(6) **must have p.p.**: 무조건 ~하(이)기로 되어 있다 (~했(였)음에 틀림없다)

    He **must have passed** the test.

    ❶ 그는 무조건 가지고 있기로 되어 있다.(must have) 통과했던 상태를(passed) 그 시험을

    ❷ (철수를 어제 만났는데 입이 귀에 걸렸더라?) 시험에 합격했음에 틀림없어.

    ▶ must be: 현재사실의 추측 / must have p.p: 과거사실의 추측

(7) **cannot have p.p.(could not have p.p.)**: ~였을 리가 없다

    Mother **cannot have seen** me.

    ❶ 엄마는 가지고 있을 수 없다.(cannot have) 봤던 상태를(seen) 나를

    ❷ (내가 어제 피시방에 있는 걸 엄마가 봤을까? 아닐 거야) 엄마가 나를 봤을 리가 없어.

    ▶ 'must have p.p.'의 반대표현

7. 특별한 형식의 가정법

(1) **as if(or though) 가정법**: 마치 ~처럼

    ① '그건 다음과 같은 일(as)인데 그다음은 만약(if)이라는 가정임'이라는 이미지에서 '마치 ~처럼'이라는 의역이 나옴

    ② as if+가정법과거

        He talks **as if** he **knew** the truth.

        그는 얘기한다.(talks) / 마치 무엇처럼(as if) 그가 알고 있었던 것처럼(knew) 그 진실을

        (그는 얘기한다. 마치 알고 있었던 것처럼 그 진실을)

        =In fact he doesn't know the truth.

        사실상 그는 알지 못한다. 그 진실을

    ③ as if+가정법 과거완료

        He talked **as if** he **had heard** the news.

        그는 얘기했다.(talked) / 마치 무엇처럼(as if) 그가 가지고 있었던 것처럼(had) 들었었던 상태를(heard) 그 소식을

        (그는 얘기했다. 마치 그가 들었었던 것처럼 그 소식을)

        =In fact he hadn't heard the news.

사실상 그는 듣지 않았었다. 그 소식을

(2) '~이 없었(었)다면'이라는 표현

① **If it were (or was) not for ~: ~이 없었다면 (가정법과거)**

If it were not for your help, I **would** be in trouble.

❶ 만약 그것이 없었다면(were not) 무엇만을 생각하면서(for) 너의 도움, / 나는 이었을 것이다.(would) 어려움 안에 있는 상태이다.(be in trouble)

❷ 너의 도움이 없었다면, / 나는 놓여 있었을 것이다. 어려움에

※ If it were (or was) not for ~=Were it not for ~

② **If it had not been for ~: ~이 없었었다면 (가정법과거완료)**

If it had not been for the umbrella, I **would** have gotten wet.

❶ 만약 가지고 있지 않았다면(had not) 있었었던 상태를(been) 무엇만을 생각하면서(for) 우산 / 나는 가지고 있었을 것이다.(would) 가졌던 상태를(gotten) 젖은 상태를(wet)

❷ 우산이 없었었다면 나는 비에 젖었을 것이다.

※ If it had not been for ~=Had it not been for ~

③ **But for ~: ~이 없었(었)다면**

But for(or Without) your help, I would fail. (가정법과거)

❶ 반대되었다면(but) 무엇만을 생각하면서와(for) 너의 도움, / 나는 했을 것이다.(would) 실패하는 것(fail)

❷ 없었다면 너의 도움이, 나는 실패했을 것이다.

=If it were not for your help, I would fail.

※ but은 앞의 내용과 '반대된다(그러나)'는 의미임

But for(or Without) your help, I would have failed. (가정법과거완료)

❶ 반대되었었다면(but) 무엇만을 생각하며와(for) 너의 도움, 나는 했을 것이다. (would) 가지고 있는 것(have) 실패했던 상태를(failed)

❷ 없었었다면 너의 도움이, 나는 실패했을 것이다.

=If it had not been for your help, I would fail.

(3) would rather / had rather

① would: ~했으면 좋겠다

will의 원뜻은 '~할 것이다(의지)' → 따라서, would는 '~했을 것이다' → (공손하게 표현하면) → ~했으면 좋겠다

② rather(부사): 일반적인 생각과 달리 → 오히려

(a) 말하는 이의 생각, 기대와 다를 때 사용하는 부사

ⓐ 기대한 것과 많이 다르면 '꽤, 상당히', 기대한 것과 조금 다르면 '약간, 조금' 등으로 의역되며 rather의 정확한 느낌은 '탐탁지 않다'는 것임

ⓑ 별로 마음에 들지 않는 둘 중 하나를 선택할 땐 than과 함께 사용함

I like cats **rather than** dogs.
나는 좋아한다.(like) 고양이를(cats) 생각과 달리(오히려)(rather) 다음보다는(than) 개

(b) It's **rather** dark.
생각과 달리(조금)(rather) 어두워.
▶ 개인의 어두움(dark)에 대한 기대치에 따라 약간 어두울 수도 꽤 어두울 수도 있음. rather 의 위치는 강조하고 싶은 말 앞에 옴

(c) a: How about a beer?
어때(how)? 무엇에 관하여(about) 한잔의 맥주 (어때? 맥주 한잔)

b: **Rather.**
내 생각과 달리(오히려)(rather) 그게 좋겠는데!
▶ 마땅한 것을 찾지 못하고 있다가 '오히려 그게 좋겠는데'라고 하는 것임

③ would rather(had rather): ~하는 것이 좋겠다. 오히려
  (a) '~하는 것이 좋겠다'란 의미는 과거형인 would와 had에서 각각 나오고, '오히려'란 의미는 rather에서 나옴. 'had rather'든 'would rather'든 축약형인 'I'd' 형태로 사용됨
  (b) rather는 다음에 오는 행위 자체를 강조하므로 'would rather' 다음에는 행위 자체를 표현하는 동사인 원형부정사가 옴
  (c) I **had rather** die **than** surrender.
  나는 가지고 있었다.(had) 오히려(rather) 죽는 것을(die) / 그건 다음보다(than) 항복하는 것(surrender)
  (나는 오히려 죽는 것이 좋겠다. 항복하는 것보다)

(4) **had better(would better) / had best(would best)**

① had better(would better): ~하는 것이 더 좋겠다
  (a) had(가지고 있었다)+better(더 좋은 것은)+원형부정사(무엇 하는 것) → 가지고 있었다. 더 좋은 것은 무엇 하는 것인 상태를 → ~하는 것이 더 좋겠다
  (b) '그렇게 하는 것이 좋을 거야. 그렇게 하지 않을 경우 나쁜 결과가 따를 거야'라는 강한 권위적 명령(경고)을 담고 있음 (상대방에게 무례한 표현으로 들릴 수 있음)
  (c) You **had better** *study* English. (경고)
  너는 하는 것이 더 좋을 거야.(had better) 공부하는 것(study) 영어를
  ▶ better는 다음에 오는 행위 자체를 강조하므로 better 다음에는 행위 자체를 표현하는 동사인 원형부정사가 옴
  ※ You **should** *study* English. (조언)
  너는 했으면 좋겠다.(should) 공부하는 것(study) 영어를
  ※ You **would rather** *study* than hang out with him. (선택)
  너는 하는 것이 오히려(차라리) 좋겠다.(would rather) 공부하는 것(study) / 그건 다음보다(than) 노는 것

(hang out) 그와(with him)

② had best(would best): ~하는 것이 가장 좋겠다

  (a) had(가지고 있었다)+best(가장 좋은 것은)+원형부정사(무엇 하는 것) → (가장 좋은 것은 무엇 하는 것인 상태를 가지고 있었다) → ~하는 것이 가장 좋겠다

  (b) We **had best return** home.

    우리는 가장 좋다.(had best) 돌아가는 것이(return) 집에(home)

    ▶ best는 다음에 오는 행위 자체를 강조하므로 best 다음에는 행위 자체를 표현하는 동사인 원형부정사가 옴

(5) wish / even if 와 even though / as if와 as though

① wish: 무엇을 바라다

  (a) 앞으로 어떤 일이 이루어지길 바랄 때 사용함

    I **wish to speak** to someone in charge.

    나는 바란다.(wish) 말하기를(to speak) 무엇을 목표로(to) 어떤 사람(someone) 무엇 안에 있는(in) 책임(charge) (이야기하고 싶어요. 책임자와)

  (b) I wish 가정법

    ⓐ I wish+가정법 과거: 현재 이룰 수 없는 소원 나타냄

      I wish it **were**(or **was**) true.

      나는 바란다. / (그건that) 그것이 이었기를(were) 사실인 상태(true)

      (나는 바란다. 그것이 사실이었기를)

      =I am sorry it is not true.

      나는 이다.(am) 유감인 상태(sorry) (그건that) 그것이(it) 아니어서(is not) 사실이(true)

    ⓑ I wish+가정법 과거완료: 과거에 이루지 못한 소원 나타냄

      I wish I **had bought** the book.

      나는 바란다.(wish) (그건that) 내가 가지고 있었기를(had) 샀었던 상태를(bought) 그 책을

      (나는 바란다. 내가 샀었기를 그 책을)

      =I am sorry I did not buy the book.

      나는 이다.(am) 유감인 상태(sorry) / (그건that) 내가 하지 않았다는 것(did not) 사는 것을(buy) 그 책을

      (나는 유감이다. 사지 않아서 그 책을)

② even if 와 even though

  (a) even(부사, 형용사): 오래 계속되어 온 → 당연하게, 대등하게

    ⓐ even은 어근 'ev(long)' 때문에 '오래 계속되어 온'의 뜻임. 어떤 사실이 계속되다 보면 '당연하게' 되고 관계가 계속되다 보면 '대등하게' 됨

    ⓑ He doesn't **even** check her e-mail.

      그는 하지 않는다.(doesn't) 당연하게(even) 확인하는 것을(check) 그녀의 이메일을

(그는 확인조차도 않는다. 그녀의 이메일을)
> ▶ 당연하듯 메일을 확인해야 하는데 안 하니까 '조차도'라고 의역

(b) though (접속사, 부사): 무엇이 사실임에도 불구하고

⊙ He always managed to dress smartly **though** he was poor.
그는 항상 어떻게든 해냈다.(managed) 입는 것을(to dress) 깔끔하게 / 사실임에도 불구하고(though) 그가 가난한 상태였음이(he was poor)
(그는 언제나 깔끔하게 입으려고 애쓴다. 그가 가난함에도 불구하고)

(c) even if

ⓐ even if: 당연하게(even) 만약(if) → 비록 ~한다 해도 (가정)
> ▶ 'even if'는 if를 강조하는 표현으로 확실하지 않은 추측(if의 속성)임. 'even if' 다음에는 가정이 나옴

ⓑ **Even if** you leave now, you'll still miss the plane.
비록 네가 떠나더라도(even if you leave) 지금, / 너는 결국(still) 빗맞힐 거야.(놓칠 거야.)(miss) 비행기를

(d) even though

ⓐ even though: 당연하게(even) 사실임에도 불구하고(though) → 비록 ~한다 해도 (사실)
> ▶ 'even though'는 though를 강조하는 표현이며, 'even though' 다음에는 엄연한 '사실(fact)'이 나옴

ⓑ **Even though** you love him, you must not meet him.
당연하게(even) 사실임에도 불구하고(though) 네가 사랑하는 것(love) 그를, / 너는 해서는 안 된다.(must not) 만나는 것(meet) 그를 (비록 네가 사랑한다 하더라도 그를, / 너는 만나선 안 된다. 그를)

C
8품사 이해하기
(동사 이외)

Part 21 관사(冠詞)

1. 관사(冠詞)란?
영어, 불어 따위의 서양 말의 명사 앞에 놓여 수(數), 성(性), 격(格) 등을 나타내는 말. '정관사 the'와 '부정관사 a(an)' 두 가지가 있음

2. 정관사(定冠詞) the → 특별히 정함(특정성)
(1) 정관사란?
다른 것과 구분되는 특정한 무엇 하나를 콕 찍어 표현하고 싶을 때 사용하는 말임 (정관사의 특정성)

(2) 정관사를 사용하는 경우
① 상황으로 보아 무엇을 가리키는지 알 수 있을 때 the 사용
  (a) Pass me **the salt**.
     주세요.(pass) 나에게(me) 그 소금을(the salt)
     ▶ 자기 자신이 생각하는 사물 중 듣는 사람도 당연히 알 거라고 여기는 소금 하나만 콕 찍어 '바로 그(the) 소금' 좀 달라고 말한 것임
  (b) Would you open **the window**?
     할 것인가요?(would) 당신 여는 것(open) 그 창문을
     (그 창문 좀 열어 주실래요?)
     ▶ 상대방에게 어떤 일을 해달라고 요청할 때 'Would you~ ?' 사용

② 사람 몸 중 한 곳을 콕 찍어 말할 때 the 사용
  (a) He **led** me **by the hand**.
     그는 이끌었다.(led) 나를 / 가까이에서 영향을 미치는 힘은(by) 손
     (그는 이끌었다. 나를 손을 잡아)
     ▶ 먼저 전체인 사람(me)을 말하고 이어서 전치사(by, on, in)를 사용하며, the로 몸의 한 곳을 콕 찍어 줌
  (b) She **hit** him **in the head**.
     그녀는 때렸다.(hit) 그를 / 무엇의 안에(in) 머리
     (그녀는 때렸다. 그의 머리를)
  (c) He **kicked** me **on the shin**.
     그는 찼다.(kicked) 나를 / 무엇에 덧붙어서 위에(on) 정강이
     (그는 찼다. 내 정강이를)

③ 어떤 대상에 대해 처음 말할 때는 'a, an'을 쓰고, 그 대상을 다시 말할 때는 the를 사용

We stayed in **a hotel. The hotel** had a swimming pool.
우리는 계속 그대로 있었다.(stayed) 무엇 안에(in) 호텔. / 그 호텔은(The hotel) 가지고 있었다.(had) 수영장을(a swimming pool)

④ 다른 것과 구분하여 말할 때 the 사용

  (a) **The fox** is an intelligent animal.
    여우는 이다.(is) 하나의 지능적인 동물(an intelligent animal)
    (여우는 지능적인 동물이다.)

  (b) 지능적인 동물들 중 여우 종류 하나만을 다른 동물들과 구분하기 위해 the를 사용한 것임. 무엇의 대표를 표현할 땐 the를 사용하지 않고 '부정관사 a, an(a fox)' 또는 '복수명사(foxes)' 사용

⑤ 세상 모든 것들과 구분되는 하나를 표현할 때 정관사 the 사용

  (a) 세상에 단 하나밖에 없는 것을 표현할 땐 the 사용
    the sun 해 / the earth 지구 / the future 미래

  (b) 다른 것들과 구분되는 '무엇 전체'를 표현할 때 the 사용
    ⓐ **The sun** rises again.
      태양은 위쪽으로 움직인다.(떠오른다.)(rises) 다시(again)
    ⓑ This house gets a lot of **sun**.
      이 집은 가진다.(gets) 많은 햇빛을(a lot of sun)
      (이 집은 햇빛이 잘 들어요.)
    ▶ 태양에 속한 햇빛, 태양열 등은 여기저기 동시에 너무 많아 다른 것들과 구분이 되지 않아 특정성을 뜻하는 the를 붙일 수 없음

⑥ 여러 직업 중 하나의 직업 묶음을 표현할 때 정관사 the 사용

  (a) Doris lived by **the pen**.
    도리스는 살았다.(lived) / 가까이에 있어 영향을 미치는 힘은(by) 펜 (글쓰기로)
    ▶ the pen: 펜으로 하는 일의 묶음 즉, 글쓰기 (보통명사의 추상명사화)

  (b) I'd like to meet Joan Baez, **the singer**.
    나는 했으면 좋겠다.(I would) 좋아하는 것(like) 만나기로 되어 있는 것을(to meet) 존 바에즈를 가수인 (나는 만났으면 좋겠다. 가수인 존 바에즈를)

⑦ 같은 종류 여럿 중 분명하게 구분되는 하나 또는 분명하게 구분되는 하나의 묶음을 나타낼 때 정관사 the 사용

  (a) 분명하게 구분되는 하나
    ⓐ **the** better player 더 잘하는 선수 / **the** best film 가장 좋은 영화
    ⓑ Practice is **the only way** of mastering English.
      연습이 이다.(is) 유일한 방법(the only way) / 숙달하는 것의(of mastering) 영어를

(b) 분명하게 구분되는 하나의 묶음

　　ⓐ the country 시골 / the mountain 산맥 / the sea 바다

　　ⓑ Many people are leaving **the country**.

　　　많은 사람들이 이다.(are) 떠나고 있는 상태(leaving) 시골을(the country)

⑧ 방송, 매체, 극장, 정부집단에 the를 씀

(a) 방송, 매체: the radio(라디오), the internet(인터넷)

　　ⓐ "Could you turn off **the radio**?"

　　　❶ 할 수 있나요?(could) 당신 돌리는 것(turn) 라디오(다이얼)를 / 떨어지게(off) (라디오가 나오는 상태에서)

　　　❷ 당신 꺼주실 수 있나요? 라디오를

　　　▶ 'turn(돌리다)'은 타동사, 'the radio'는 turn의 목적어, off는 부사

　　　▶ turn off: turn(돌리다)+off(떨어지게) → (켜진 상태에서) 떨어지게 돌리다 → 끄다

　　ⓑ television(TV) 앞에는 the를 쓰지 않음 (TV는 너무 흔해 특정성 없음)

　　　▶ Do you watch **TV**?

　　　　하나요?(do) 당신 보는 것(you watch) TV를 (당신은 TV를 보나요?)

(b) 극장, 영화관: the theater(극장), the movies(영화관)

　　ⓐ Lauren went to **the theater** last night.

　　　로렌은 갔다.(went) / 무엇을 목표로(to) 극장 어젯밤

　　　(로렌은 갔다. 극장에 어젯밤에)

　　ⓑ '영화'가 아닌 '영화관'이라는 의미로 쓸 때만 the를 붙임

(c) 국가기관

　　ⓐ the government(정부), the army(군대), the police(경찰)

　　ⓑ Someone stole my bike, so I called **the police**.

　　　누군가가(someone) 훔쳤다.(stole) 나의 자전거를, / 그것과 같아서(그래서)(so) 나는 불렀다.(called) 경찰을(the police)

⑨ 기타 the를 이용해 하나로 묶어 구분하는 예

(a) the dozen: 'dozen(12개)'을 하나의 단위로 묶는다는 의미임

　　They sell eggs by **the dozen**.

　　그들은 판다.(sell) 계란을 / 12개씩 묶어(by the dozen)

(b) the hour: 'hour(1시간)'을 하나의 단위로 묶는다는 의미임

　　The water was rising by **the hour**.

　　물은 이었다.(was) 위쪽으로 움직이고 있는 상태(rising) / 가까이에서 영향을 미치는 힘은(by) 시간(the hour) (물은 수위가 불고 있다. 매시간)

⑩ the way와 a way

(a) way 원뜻: 무엇으로 통하는 것 (길 또는 방법)
(b) 지나다니는 길일 때
　ⓐ the way: 다른 길과 구분되는 특정한 길

　　This signpost tells **the way** to Texas. (특정한 길)

　　이 표지판은 내용을 이야기한다.(tell) 그 길을(the way) / 무엇을 목표로 하는(to) 텍사스

　　(이 표지판은 표시한다. 텍사스로 가는 길을)

　ⓑ a way: 확실히 알지 못하는 막연한 길

　　The police opened up **a way** for traffic. (막연한 길)

　　경찰은 열었다.(opened) 최고치까지(up) 길을(a way) / 무엇만을 생각하면서(for) 교통(traffic)

　　(경찰은 길을 텄다. 교통을 위해)

(c) 추상적인 길(방법)일 때
　ⓐ the way: 다른 방법과 구분되는 특정한 방법

　　I am sure that this is **the way** forward.

　　나는 이다.(am) 확신하는 상태(sure) / 그건(that) 이것이 이다.(is)라고 그 방법(the way) 앞으로 가는 (forward) (나는 확신한다. 이것이 성공으로 가는 방법이라고)

　ⓑ a way: 확실히 알지 못하는 막연한 방법

　　I will find **a way** to solve this problem.

　　나는 찾을 것이다.(will find) 하나의 방법을(a way) / 풀기 위해(to solve) 이 문제를

⑪ 악기 이름과 악기 연주는 정관사 the를 붙임

(a) 악기는 음악적 재능과 연습이 있어야 연주할 수 있는 것임. 그래서, 악기 이름과 그 악기를 연주하는 행위들은 보통의 것들과 특별히 구분하기 위해 정관사 the를 붙여 표현함

(b) 악기 이름 또는 악기 연주를 의미할 때
　ⓐ She played **the violin**.

　　그녀는 연주했다.(played) 바이올린을(the violin)

　ⓑ She sat down at **the piano**.

　　그녀는 앉았다.(sat down) / 콕 찍듯 가리켜(at) 피아노 (피아노 앞에)

(c) 독립된 악기 이름이 아닌 여러 개 중의 일부일 때

　　Victoria was studying **piano**, **guitar**, singing.

　　빅토리아는 이었다.(was) 공부하고 있는 상태(studying) 피아노, 기타, 노래를

　　▶ 단순한 악기 이름 하나만을 의미하지 않고 studying하는 것들 여러 개 중에 하나를 언급할 땐 특정성이 없어져 the를 사용하지 않음

(3) 정관사 the를 사용하지 않는 경우

① 다른 것과 구분되지 않는 묶음 또는 전체엔 the를 사용하지 않음

ⓐ I would study **the life** of Tolstoy.
   나는 했으면 좋겠다.(would) 공부하는 것(study) 인생을(the life) 톨스토이의(of Tolstoy)
   ▶ 다른 인생들과 구분하여 톨스토이의 인생만을 의미함

ⓑ **Life** is short.
   인생은 이다.(is) 짧은 상태(short) (인생은 짧다.)
   ▶ 다른 것과 특별히 구분하지 않고 인생을 통틀어 말함

② 명사가 반복되는 일상적인 일을 의미할 땐 the를 사용하지 않음

ⓐ '밥 먹고, 학교 가고' 등처럼 반복적이고 일상적인 의미로 쓰이는 명사는 다른 것과 구분되는 특정성이 없으므로 정관사 the를 사용하지 않음

ⓑ 일상적이지 않은 특별한 일을 표현할 때에는 정관사 the를 붙임

ⓒ She went to **school**.
   그녀는 갔다.(went) 무엇을 목표로(to) 학교 (학교로)
   ⓐ school: 공부하는 곳이라는 학교의 원래 기능으로 사용됨. 즉, 공부하러 간 것임
   ⓑ She went to **the school**.
      그녀는 갔다.(went) 무엇을 목표로(to) 그 학교 (그 학교로)
      ▶ 정관사 the 때문에 평소처럼 공부하러 간 것이 아니고 특별히 구분되는 다른 일을 하러 학교에 간 것임 (약속 장소, 운동 장소 등)

ⓓ Let's go by **bus** or **subway**.
   갑시다.(let's go) 버스 또는 지하철로
   ⓐ bus: 사람을 실어 나르는 버스의 원래 기능으로 사용됨
   ⓑ **The bus** was late this morning.
      그 버스는 이었다.(was) 늦은 상태(late) 오늘 아침
      (버스는 늦게 도착했다. 오늘 아침)
      ▶ 버스가 '특별한 일(늦은 버스)'과 관련될 땐 the를 붙임

ⓔ She's having **lunch** now.
   그녀는 이다.(is) 가지고 있는 상태(먹고 있는 상태)(having) 점심을(lunch) 지금(now)
   ⓐ lunch: 일상적인 점심의 의미로 사용됨
   ⓑ I'm glad (that) you enjoyed **the lunch**.
      나는 이다.(am) 기쁜 상태(glad) 그건(that) 당신이 즐겼다니(enjoyed) 점심을
      ▶ 일상적인 점심이 아닌 '당신이 즐긴 특별한 점심'이라서 the를 붙임

③ 운동, 학과목, 식사, 질병 등 인간의 삶에 있어 일상적인 의미를 갖는 명사들은 특정성이 없으므로 앞에 the를 쓰지 않음

	운동	tennis(테니스), football(축구), baseball(야구)
the를 쓰지 않는 경우	학과목	English(영어), history(역사), biology(생물학)
	식사	breakfast(아침), lunch(점심), dinner(저녁)
	질병	cancer(암)
	next, last +시간표현	next week(다음 주), last year(지난해=작년)

(4) **the와 고유명사**

① 고유명사는 각자 가진 고유 이름이기에 특별히 구분하지 않아도 구분되기 때문에 the를 붙이지 않음. 하지만 고유명사도 특별히 구별해야 할 필요가 있을 때에는 정관사 the를 사용함

② 경계가 분명하지 않아 구별하여 말해야만 하는 것들

(a) 바다 이름: 바다는 물이라서 경계를 그어 구분할 수 없어 정관사 the를 사용해 구분함. 유명한 바다는 Ocean, Sea 등을 생략

ⓐ the Pacific (Ocean) 태평양, the Atlantic (Ocean) 대서양

ⓑ the Mediterranean (Sea) 지중해

(b) 호수 이름: 호수는 땅으로 막혀 있어 경계를 그을 수 있으므로 the를 안 붙임

▶ Lake Michigan 미시간호(湖)

(c) 대륙 이름: Asia, Europe, America, Africa 등 특별히 the로 묶지 않아도 땅 위에 확실하게 경계를 그을 수 있는 대륙 이름은 the를 붙이지 않음

▶ 'the European Continent(유럽 대륙)'처럼 뒤에 Continent가 붙으면 the를 붙임. 그때는 다른 Continent(대륙)들과 구분되는 'European 대륙'이란 의미이기 때문임

(d) 강 이름: 강은 시작과 끝이 분명하지 않으므로 구분을 위해 the를 사용함

▶ the Thames 템즈강, the Han River 한강

(e) 군도(群島)(여러 섬들을 하나의 이름으로 묶어 놓은 곳): 섬들 사이에 바닷물이 있어 경계를 그어 구분할 수 없으므로 the를 사용해 구분함

▶ the Philippines 필리핀 제도

(f) 만(灣): 육지 사이로 바다가 쏙 들어가 있는 형태의 바다 이름으로 물 위에 경계를 그어 구분할 수 없어 the를 사용함

▶ the Gulf of Mexico 멕시코만, the Bay of Bengal 벵골만

▶ Gulf 규모가 큰 만, Bay 규모가 작은 만

(g) 사막: 사막은 바람 등에 의해 모래와 땅의 경계가 수시로 변해 경계가 분명하지 않으므로 the를 사용해 구분함

▶ the Gobi Desert 고비사막, the Sahara (Desert) 사하라사막
(h) 산맥: 산맥은 산들이 모인 줄기로 시작과 끝이 분명하지 않으므로 the를 사용해 구분함
▶ the Rocky Mountains 로키산맥
(i) 산(山): 산과 산 사이의 경계는 명확하므로 the를 사용하지 않음
▶ Mt. Halla 한라산, Everest 에베레스트산
③ 같은 이름의 고유명사끼리 구분할 때는 the 사용
(a) the Erics: Eric 씨 성을 가진 사람들 중 다른 사람들과 구분되는 'Eric 씨 가족' 또는 'Eric 씨 부부'를 말함

We are going to invite **the Erics**.

우리는 할 것이다.(are going to) 초대하는 것(invite) 에릭 씨 부부를(the Erics)

(b) 다른 성씨들과 'Eric 씨 성'을 구분하여 말할 때에는 'Eric 씨 성 전체'를 뜻함

He was born to **the Erics**.

그를 이었다.(was) 낳았던 상태(born) / 무엇을 목표로(to) 에릭 가문(the Erics)
(그를 낳았다. 에릭 가문으로)

(5) the + 형용사

① the와 형용사가 수식하는 명사 없이 단독으로 결합하면 형용사가 수식할 수 있는 전부를 의미함
  ▶ 예를 들어 '아름다운(beautiful)'이란 형용사가 단독으로 the와 결합하면 한 덩어리가 되어 '아름다운 것들 전부'를 의미함
② the rich 부자들: '부유한 것들 전부=부자들'
③ the able 능력자들: '능력 있는 것들 전부=능력자들'
④ the wounded 부상자들: '부상당한 것들 전부=부상자들'
⑤ the dead 사망자들: '죽은 것들 전부=사망자들'
⑥ the young 젊은이들: '젊은 것들 전부=젊은이들'
⑦ the accused 피고인(被告人): '고소당했던 사람=피고인'
  ▶ '고소당한 것들 전부'를 의미하지만 언급할 당시 사건당 한 명일 때가 많아 주로 단수로 사용
⑧ the deceased 고인(古人): '죽었던 사람=고인'
  ▶ '죽었던 것들 전부'를 의미하지만 언급할 당시 한 명일 때가 많아 주로 단수로 사용

(6) the와 비교급

① 'the + 비교급'의 의미

모 습	뜻
비교급이 형용사일 때	더 ~해지는 것(명사의 뜻) ex) the better 더 좋아지는 것

모 습	뜻
비교급이 부사일 때	더 ~하게(부사의 뜻) ex) the better 더 좋게

(a) 비교급 앞에는 원칙적으로 the를 붙이지 않음

(b) 그러나, 비교급이 문장 앞에 오면 '자리가 이동되어 다른 형용사나 부사와 구분됨을 표시'하기 위해 비교급에 the를 붙임

② **The sooner the better**.

점점 더 빨라지는 것은(the sooner) 점점 더 좋아지는 것(the better)

(빠르면 빠를수록 좋다.)

③ **The more** (that) he has, **the more** (that) he wants.

점점 더 많은 것을(the more) 그가(he) 가지고 있는 것은(has) / 점점 더 많은 것을(the more) 그가(he) 원하는 것이다.(wants) (그는 더 가지면 가질수록 더 원한다.)

▶ 'the more'와 'he has, he wants' 사이에 관계대명사 that 생략

(7) **the와 최상급**

① 'the + 최상급'의 의미

모 습	뜻
최상급이 형용사일 때	가장 ~한 것(명사의 의미) ex) the best 가장 좋은 것
최상급이 부사일 때	가장 ~하게(부사의 의미) ex) the best 가장 좋게

② **The best** is yet to come.

가장 좋은 것(순간)은(the best) 이다.(is) 아직(yet) 오기로 되어 있는 상태(to come)

(최고의 순간은 아직 멀었다.)

③ Diana is **the tallest** among her sisters.

다이애나는 이다.(is) 가장 키 큰 것(사람)(the tallest) / 무엇 사이에서(among) 그녀의 자매들

(그녀는 키가 제일 크다. 자매들 사이에서)

④ 최상급에 the를 붙여선 안 될 때

(a) This stream is **deepest** here.

이 개천은 이다.(is) 가장 깊은 상태(deepest) 여기에서(here)

(제일 깊다. 여기에서)

▶ 경계를 분명하게 그을 수 없어 특정성이 없으므로 the를 붙일 수 없음

(b) This stream is **the deepest** in Korea.

이 개천은 이다.(is) 가장 깊은 상태(the deepest) / 무엇 안에서(in) 한국 (한국에서)

▶ 한국에 있는 다른 개천끼리는 분명히 구분할 수 있어 특정성을 갖는 정관사 the를 붙일 수 있음

3. 부정관사(不定冠詞) a, an (불특정성)

(1) **부정관사란?** 특별히 구분되지 않는 명사 앞에 놓여 '하나의' '어떤' 따위의 뜻을 나타내는 말
(2) **부정관사의 쓰임**
  ① 무엇인지는 알지만 특별히 구분되지 않는 하나를 표현할 때 사용
  (a) Tiffany's married to **a doctor**.
   티파니는 이다.(is) 결혼했던 상태(married) / 무엇을 목표로(to) 한 사람의 의사
   (티파니는 결혼했다. 의사와)
   ⓐ 'a doctor'는 특별히 구분되지 않는 그냥 '하나의 의사'임
   ⓑ marry는 '누구와 결혼을 하다'의 의미의 동사로 결혼하는 사람이 목적어로 바로 옴
    ▶ I married her. 나는 결혼했다.(married) 그녀와(her)
   ⓒ 일단 'married(결혼했던 상태)'는 과거분사로 문장에서 형용사로 쓰였음. 따라서, 목적어가 바로 올 수 없고 완충 역할의 전치사가 필요함
   ⓓ 결혼에까지 이르기 위해서는 남녀 모두 상대방만을 목표로 그 사람의 마음에 도착할 때까지 노력해야 하므로 전치사 to가 가장 어울림
  (b) This watch loses **a minute an hour**.
   이 시계는 잃는다.(loses) 하나의 분(a minute)을 하나의 시간(an hour)에
   (이 시계는 늦는다. 일 분씩 한 시간당)
   ▶ 특별히 구분하지 않는 'minute 하나'와 'hour 하나'임
  (c) I want to be **a Kim-Gu**.
   나는 원한다.(want) 되기를(to be) 하나의(a) 김구 선생(Kim-Gu)
   (나는 되기를 원한다. 김구 선생과 같은 사람들 중 한 명이)
   ▶ 김구 선생과 같은 사람들 중 한 명임
  ② 종족 전체를 대표할 때 사용
   A cow is a useful animal.
   소는 이다.(is) 유용한 동물(a useful animal) (소는 유용한 동물이다.)
  ③ 'per(~마다)'의 뜻으로 쓰임
   I go to the gym twice **a week**.
   나는 멀어진다.(간다.)(go) / 무엇을 목표로(to) 체육관(the gym) 두 번(twice) 일주일마다(a week)
   (나는 간다. 체육관에 두 번 일주일에)

4. 관사의 발음

종 류	뒤에 오는 단어의 발음소리로 구분	예
정관사 the	자음 앞일 때 [ðə]로 발음 모음 앞일 때 [ði]로 발음	the sun / the window the umbrella / the FTA
부정관사 a(an)	자음 앞일 때 a[ə]로 표기 모음 앞일 때 an[ən]으로 표기	a pen / an apple an S-class

(1) 관사의 발음은 뒤에 오는 단어의 발음소리에 의해 결정됨

(2) 자음발음 [j]와 [w] → [반모음(半母音): 자음 취급]

　① 영어의 자음발음 [j]와 [w]는 우리말 모음인 '[j]=이'와 '[w]=우' 소리가 나지만 발음기호의 생김새가 자음(j, w)이라 자음으로 분류됨

　② the one[ðə wʌn]: 정관사 다음 one의 발음이 자음 [w](우)로 시작됨. 따라서 [ðə]로 발음

　③ a union[ə juːniən]: 관사 다음 첫 발음이 자음 [j](이)로 시작됨. 따라서, [ə]로 발음

(3) 발음 예

　① the one [**ðə** wʌn] / the other [**ði** ʌðər] / the USA [**ðə** juːesei]

　② a happy face [**ə** hæpi] / an honest man [**ən** aːnist]

Part 22 명사(名詞)

1. 명사란?: 사람이나 사물의 이름을 나타내는 낱말
(1) 단어장 속에서는 사자가 lion이지만 세상으로 나오는 순간 영어로 사자는 'lions' 또는 'a lion' 등이어야 함
(2) 사전 속의 보통명사는 알몸이므로 옷을 입혀 정체를 분명히 해주지 않으면 세상에 나올 수 없으므로 모든 보통명사는 '복수형'이나 '한정사'라는 옷을 입어야 함
(3) 한정사(限定詞): 보통명사 앞에 붙어 보통명사의 정체를 밝혀 주는 형용사 역할을 하는 단어들로 '정관사 the, 부정관사 a(an), 소유격, 지시형용사 this 등, 부정대명사 some 등'이 있음

2. 명사의 종류

셀 수 있는 명사	보통명사, 집합명사
셀 수 없는 명사	고유명사, 물질명사, 추상명사

(1) **보통명사**: 같은 종류의 사람, 동물, 사물에 두루 쓰이는 명사로, 대부분 일정한 모양을 갖추고 있기 때문에 셀 수 있는 명사임
  ▶ boys 소년, cats 고양이, books 책 등

(2) **집합명사**: 사람 또는 사물의 집합체를 나타내는 명사로 셀 수 있는 명사임
  ① family 가족, people 사람들, team 팀, class 학급 등
  ② 사람 또는 사물의 집합체를 '하나의 집합체'로 파악한다면 집합명사로 보아 단수 취급, 하나하나의 구성원에 초점을 맞춘다면 군집명사로 보아 복수 취급
   (a) 집합명사 (단수 취급)
     My family *is* a large one. (집합체로서의 가족-단수)
     나의 가족은 이다.(is) 큰 것(가족)(a large one) (나의 가족은 대가족이다.)
   (b) 군집명사 (복수 취급)
     My family *are* all well. (가족 하나하나에 초점-복수)
     나의 가족은 이다.(are) 모두(all) 건강한 상태(well) (나의 가족은 모두 건강하다.)

(3) **고유명사**: 인명, 지명이나 특정한 사물의 이름으로 쓰이는 명사로, 셀 수 없는 명사임. 대문자로 쓰기 시작하며, 복수로 할 수 없고 관사를 붙이지 않음
  ▶ Korea 한국, James 제임스, English 영어 등

(4) **물질명사**: 물질의 이름을 나타내는 명사로, 일정한 모양을 갖추고 있지 않고 크기도 제각각이므로 셀 수 없는 명사임

① water 물, coffee 커피, bread 빵, money 돈 등
② 물질명사의 수량을 나타낼 때에는 'a cup of'와 같이 단위를 표시하는 명사를 사용함
▶ a cup of tea 차 한 잔 / two cups of tea 차 두 잔

(5) **추상명사**: 사람이나 사물의 성질, 동작, 상태 등의 추상적인 개념을 나타내는 명사로 셀 수 없는 명사임

① beauty 아름다움, love 사랑, music 음악 등
② **Art** is long, **life** is short.
예술은(art) 이다.(is) 긴 상태(long), 인생은(life) 이다.(is) 짧은 상태(short)
(예술은 길고, 인생은 짧다.)

3. 명사의 주의할 용법

(1) 보통명사의 추상명사화

① 'the+보통명사'가 추상적인 뜻을 나타낼 때가 있음
② **The pen** is mightier than **the sword**.
펜은(the pen) 이다.(is) 더 강한 상태(mightier) / 그건 다음보다(than) 칼(the sword) (문(文)은 강하다. 무(武)보다)

(2) 고유명사의 보통명사화

① 고유명사가 보통명사로 쓰일 때는 부정관사나 수사가 붙고, 복수형이 되기도 함
② He is **a Mr. Brown**. (~라는 사람)
그는 이다.(is) 하나의 브라운 씨(a Mr. Brown) (그는 브라운 씨라는 사람이다.)
③ I wish to become **a Newton**. (~와 같은 사람)
나는 바란다.(wish) 되기를(to become) 하나의 뉴턴(a Newton) (뉴턴과 같은 사람)
④ **The Kims** went to Seoul yesterday. (~집안 사람)
김씨 집안 사람들은(The Kims) 갔다.(went) / 무엇을 목표로(to) 서울 어제
⑤ There are **three Kims** in our class. (~성(姓)을 가진 사람)
있다.(there are) 세 사람의 김씨 성을 가진 사람이(three Kims) / 무엇 안에(in) 우리 반

(3) 물질명사의 보통명사화

① 물질명사의 뜻이 변하여 그 물질의 종류, 제품을 나타내는 경우, 셀 수 있는 개체가 된 경우, 사건을 나타내는 경우에는 보통명사화하여 부정관사가 붙고 복수형으로도 됨
② This is a very good **wine**. (종류)
이것은 이다.(is) 하나의 매우 좋은 포도주(a very good wine)
③ Mother wears **glasses**. (제품)
어머니는 걸친다.(쓴다.)(wears) 안경을(glasses)
④ The boys threw **stones** at the dog. (셀 수 있는 개체)
그 소년들은 던졌다.(threw) 돌들을(stones) / 콕 찍듯 가리켜(at) 그 개 (그 개에게)

⑤ There was **s fire** last night. (사건)

있었다.(there was) 한 건의 화재가(a fire) 어젯밤에(last night)

(4) **추상명사의 보통명사화**

① 어떤 성질을 갖거나 어떤 종류에 속하는 주체를 나타내는 경우

(a) She has **beauty** and inteligence. [추상명사–미(美)]

그녀는 가지고 있다.(has) 미(美)(beauty)와 지성을 (그녀는 미와 지성을 겸비하고 있다.)

(b) She is **a beauty**. [보통명사(어떤 성질을 가진 주체)–미인]

그녀는 이다.(is) 하나의 미인(a beauty) (그녀는 미인이다.)

② 개별적이고 구체적인 행동을 나타내는 경우

(a) Thank for your **kindness**. [추상명사–친절(셀 수 없음)]

감사합니다. 무엇만을 생각하면서(for) 당신의 친절(kindness)

(감사합니다. 당신의 친절에)

(b) He did her **a kindness**. [보통명사–친절한 행동(구체적인 행동)]

그는 했다.(did) 그녀에게(her) 하나의 친절한 행동을(a kindness)

▶ kindness는 '구체적인 친절한 행동'이므로 셀 수 있는 보통명사가 되어 '부정관사 a'를 붙였음

③ 개별적인 제품을 나타내는 경우

Walter wears **a hearing aid**.

월터는 걸치고 있다.(wears) 하나의 보청기를(a hearing aid)

(월터는 착용하고 있다. 보청기를)

(a) aid는 '도움(지원)'이라는 추상명사이지만 개별적인 제품을 나타내는 경우 보통명사가 되어 셀 수 있는 명사가 됨

(b) wear는 '(옷 따위를) 걸치다(put on)'의 뜻으로 옷(cloth), 신발(shoes), 안경(glasses), 시계(watch), 반지(ring) 등을 걸치는 경우에도 사용됨. 오래 걸치다 보면 낡거나 닳거나 해어지게 되므로 '닳다, 낡다'의 뜻도 가짐

4. 명사의 수(數)

(1) 사람 또는 사물이 하나인 경우는 단수, 둘 이상인 경우는 복수임

(2) **규칙변화**: 어미에 –s 또는 –es를 붙임

① 단수형 어미에 –s를 붙임. s의 발음은 무성음(p, t, k, f) 다음에서는 [s]로 발음되고, 유성음 다음에서는 [z]로 발음됨

- book(책)–books[buks]
- girl(소녀)–girls[gəːrlz]

② 어미가 's, x, z, ch, sh'로 끝나면 –es를 붙임. 발음은 [iz]

- bus(버스)–buses[bʌsiz]
- dish(접시)–dishes[diʃiz]

③ '자음+y'로 끝나는 말은 y를 i로 고치고 –es를 붙임
- city(도시)-cities[sitiz]
- lady(숙녀)-ladies[leidiz]

④ '모음+y'로 끝나는 말은 그대로 –s를 붙임. 발음은 [z]
- boy(소년)-boys[bɔiz]
- chimney(굴뚝)-chimneys[tʃimniz]

⑤ '자음+o'로 끝나는 말은 –es를 붙임
- hero(영웅)-heroes[hiərouz]
- potato(감자) – potatoes[pəteitouz]
- 예외) piano(피아노)-pianos / photo(사진)-photos
  radio(라디오)-radios / studio(스튜디오)-studios

⑥ 어미가 'f, fe'로 끝나면 v로 고치고 –es를 붙임. 발음은 [vz]
- leaf(나뭇잎)-leaves[liːvz]
- wife(아내)-wives[waivz]
- 예외) roof(지붕)-roofs / safe(금고)-safes

(3) **불규칙변화**

① 모음을 변화시키는 경우
- man(남성)-m**e**n[men]
- woman(여성)-wom**e**n[wimin]
- foot(발)-f**ee**t[fiːt]
- tooth(이빨)-t**ee**th[tiːθ]

② 어미에 –(r)en을 붙이는 것
- ox(황소)-oxen[aksən]
- child(아이)-children[tʃildrən]
- brother(형제)-brethren[breðrin](동포)

③ 단수와 복수의 형태가 같은 것: 무리를 짓는 특성 때문에 단수, 복수형이 따로 발달하지 않은 단어들임

fish-fish(물고기) salmon-salmon(연어) trout-trout(송어)	deer-deer(사슴) sheep-sheep(양)	Swiss-Swiss(스위스) Japanese-Japanese(일본인) Chinese-Chinese(중국인)

(4) **두 개의 부분이 모여 하나의 사물을 이루는 경우에는 항상 복수로 씀**

pajamas(잠옷) pants(바지) jeans(바지)	socks(양말) shoes(신발)	glasses(안경) scissors(가위)

※ 위의 명사는 a pair of, two pairs of 등의 표현과 함께 사용

I have **two pairs of** glasses.

나는 가지고 있다.(have) 두 개의(two pairs of) 안경을

5. 셀 수 있는 명사와 셀 수 없는 명사

(1) 셀 수 있는 명사: 보통명사, 집합명사

① 셀 수 있는 명사는 단수 또는 복수로 쓸 수 있음

(a) Do you have **a pencil**?

당신 가지고 있나요?(have) 하나의 연필을(a pencil)

(b) I don't know **those boys**. Who are they?

나는 알지 못한다.(don't know) 그 소년들을(those boys) / 누구이니?(who are) 그들은?

② 셀 수 있는 명사를 단수로 쓸 때는 a 또는 an과 함께 사용

I ate **an egg** for breakfast.

나는 먹었다.(ate) 하나의 계란을 / 무엇만을 생각하면서(for) 아침 (아침으로)

(2) 셀 수 없는 명사: 고유명사, 물질명사, 추상명사

고유명사	China(중국) Seoul(서울) Sunday(일요일) Thomas(토마스)
물질명사	water(물) milk(우유) sugar(설탕) salt(소금)
추상명사	time(시간) money(돈) information(정보)

① 셀 수 없는 명사는 숫자를 붙이거나, 뒤에 -s를 붙일 수 없음

I bought some **milk** and **sugar** at the store.

나는 샀다. 어느 정도의(some) 우유와 설탕을 / 콕 찍듯 가리켜(at) 그 가게 (그 가게에서)

② 셀 수 없는 명사 앞에는 'a(an)'을 쓸 수 없음

There is **snow** on the road. Drive carefully.

있다.(there is) 눈이 / 무엇에 덧붙여서 위에(on) 도로 / 운전해라.(drive) 조심해서

(눈이 쌓여 있다. 도로에 / 운전 조심해.)

(3) 의미상 셀 수 있을 것 같지만 셀 수 없는 명사

전체를 아우르는 개념의 물질명사와 형체가 일정하지 않고 재료로 쓰이는 물질명사는 셀 수 없는 명사임

전체 종류 명사 (셀 수 없는 명사)	하위개념 명사 (셀 수 있는 명사)
money(돈류)	a coin(동전), bills(지폐)
furniture(가구류)	a desk(책상), chairs(의자)
jewelry(보석류)	a ring(반지), necklaces(목걸이)
mail(우편물류)	a letter(편지), postcards(엽서)
bread(빵류)	a baguette(바게트빵), sandwiches(샌드위치)
fruit(과일류)	a pear(배), apples(사과)

(4) 셀 수 없는 명사는 단위를 나타내는 표현을 사용하여 셀 수 있음

① 단위를 나타내는 표현

a glass of water 물 한 잔	a carton of milk 우유 한 통
a cup of coffee 커피 한 컵	a slice of pizza 피자 한 조각
a piece of cake 케이크 한 조각	a can of soda 탄산음료 한 캔
a loaf of bread 빵 한 덩어리	a sheet of paper 종이 한 장
a bottle of beer 맥주 한 병	a spoonful of sugar 설탕 한 스푼
a pound of meat 고기 일 파운드	a bowl of rice 밥 한 공기

② Can I have **a glass of water**?

할 수 있나요?(can) 내가 가지고 있는 것(have) 한 잔의 물을(a glass of water)

(마실 수 있을까요? 한 잔의 물을)

(5) 셀 수 있는 경우도 있고 셀 수 없는 경우도 있는 명사

① There's **a hair** in my soup. (a hair–셀 수 있는 명사)

있다.(there is) 한 올의 머리카락이(a hair) / 무엇의 안에(in) 나의 수프 (나의 수프 안에)

▶ '머리카락 한 올'이라는 의미로 셀 수 있음

② My **hair** is too long. I need a haircut. (hair–셀 수 없는 명사)

나의 머리카락은(hair) 이다.(is) 너무(too) 긴 상태(long) / 나는 필요로 한다.(need) 머리카락 자르는 것을(이발을)(a haircut

6. 명사의 격(格)

(1) 명사 또는 대명사가 문장 중의 다른 말에 대해 가지는 문법적인 관계를 격(格Case)이라 함. 주격, 목적격, 소유격의 세 가지가 있음

(2) 주격의 용법: 주어, 주격보어, 호격(呼格), 동격(同格)으로 쓰임

① The **boy** is very strong. (주어)

그 소년은 이다.(is) 매우 강한 상태(very strong) (그 소년은 매우 강하다.)

② He is a good **pianist**. (주격보어)

그는 이다.(is) 좋은(훌륭한) 피아노 연주자(a good pianist)

③ **Albert**, study hard. (호격)

알버트, 공부해라.(study) 열심히(hard)

④ That man is Mr. Kevin, **our English teacher**. (동격)

저 남자는 이다.(is) 케빈 씨(Mr. Kevin) 우리의 영어 선생님

▶ 동격은 '같다'의 의미이므로 'Mr. Kevin'과 'our English teacher'는 같음

(3) 목적격의 용법: 동사와 전치사의 목적어, 목적보어, 목적어의 동격으로 쓰임

① He washed his **hands**. (동사의 목적어)

　그는 씻었다.(washed) 그의 손을(his hands)

② Write in blue **ink**. (전치사의 목적어)

　써라.(write) / 무엇 안에서(in) 파란 잉크 (파란 잉크로)

③ We call him **Louis**. (목적보어)

　우리는 부른다.(call) 그를(him) 루이스라고(Louis)

④ I met our teacher, **Mr. Fred**. (목적어의 동격)

　나는 만났다.(met) 우리의 선생님인(our teacher) 프레드 씨를

(4) 소유격의 용법

① 사람과 동물을 나타내는 명사는 어미에 –'s를 붙여 소유격을 만들고, –s로 끝나는 복수명사는 Apostrophe(')만 붙임

　▶ a cat's tail 고양이의 꼬리 / a girls' school 여학교

② 무생물인 경우에는 원칙적으로 of를 써서 소유격을 만듦

　the door **of** this classroom.

　그 문 / 분리 불가능한 무엇의 일부로서의(of) 이 교실 (이 교실의 문)

③ 시간, 거리, 무게, 가격을 나타내는 경우에는 –'s를 붙임

　(a) an **hour's** walk 한 시간의 산책 (시간)

　(b) five **miles'** distance 5마일의 거리 (거리)

　(c) a **pound's** weight 1파운드 무게 (무게)

　(d) one **dollar's** worth of sugar 1달러어치 설탕 (가격)

④ 공동소유와 개별소유

　(a) He is **Tom and Mary's** uncle. (공동소유)

　　그는 이다.(is) Tom과 Mary의 아저씨

　(b) These are **Tom's and Mary's** books. (개별소유)

　　이것들은 이다.(are) Tom의 책과 Mary의 책들

⑤ 이중소유격(二重所有格)

　(a) 소유격도 한정사인데 한정사는 상호배타적인 특성을 가지고 있어서 두 개가 나란히 한 명사 앞에 올 수 없으므로 이중소유격을 사용함

　(b) 이중소유격의 형태: 한정사(a, the, this, some 등)+명사+of+소유대명사

　　ⓐ 두 개의 한정사를 of 양쪽으로 갈라놓아 충돌을 방지함

　　▶ of 앞뒤의 명사와 소유대명사는 분리 불가능한 존재이므로 전치사 of 사용 (전치사 of: 분리 불가능한 무엇의 일부로서의)

　　▶ '소유대명사(소유격+명사)'에 소유격의 의미가 있고 of에도 소유의 의미가 있으므로 이중소유격이라 함

ⓑ a my friend (×): a와 my는 모두 한정사로서 나란히 쓸 수 없음
　　　a friend of my (×): of 뒤에는 소유격이 아닌 소유대명사가 와야 함 → a friend of mine (○)
　ⓒ He is **a friend of my brother's**.
　　그는 이다.(is) 하나의 친구 / 무엇의 일부로서의(of) 내 형의 친구
　　(그는 내 형의 친구이다.)
　　▶ 여기에서 'my brother's'는 소유격이 아니라 소유대명사임
　ⓓ **This dress of hers** is not new.
　　이 옷 무엇의 일부로서의(of) 그녀의 옷(hers) / 아니다.(is not) 새로운 상태(new)
　　(그녀의 이 옷은 새 것이 아니다.)
　ⓔ Look at **that house of Mr. Kim's**. (○)
　　보아라.(look at) 저 집(that house) 무엇의 일부로서의(of) 미스터 김의 집
　　(보아라. 미스터 김의 저 집을)
　　▶ 여기에서 'Mr. Kim's'는 소유격이 아니라 소유대명사임
⑥ 소유격 뒤의 명사를 생략하는 경우
　(a) 명사의 반복을 피하는 경우
　　This bag is **my mother's** (bag).
　　이 가방은 이다.(is) 나의 어머니의 것(my mother's)
　(b) 건물을 나타내는 'house, store, shop, office, building' 등이 소유격 뒤에 오면 보통 생략됨
　　ⓐ I will stay at **my uncle's** (house) during the vacation.
　　　나는 머물 것이다.(will stay) 콕 찍듯 가리켜(at) 나의 삼촌 (집) (나의 삼촌 집에) / 무엇 동안(during) 방학
　　ⓑ I bought some apples at **Philip's** (store).
　　　나는 샀다.(bought) 어느 정도의(some) 사과를 / 콕 찍듯 가리켜(at) 필립의 (가게) (필립의 가게에서)
　　ⓒ My father went to **the barber's** (shop).
　　　나의 아버지는 갔다.(went) / 무엇을 목표로(to) 이발사의 (가게) (이발소로)

7. 명사의 성(性)

(1) 여성을 나타내는 접미어가 붙는 것
　① prince 왕자 ↔ princess 공주
　② hero 영웅 ↔ heroine 여걸, 여주인공
　③ waiter 종업원(급사) ↔ waitress 여종업원(여급사)

(2) 성을 나타내는 말이 붙는 것
　① boyfriend 남자친구 ↔ girlfriend 여자친구
　② manservant 남자 하인 ↔ maidservant 여자 하인(하녀)

(3) 전혀 다른 말을 사용하는 경우
　① son 아들 ↔ daughter 딸
　② man 남성 ↔ woman 여성
　③ brother 형제 ↔ sister 자매
　④ husband 남편 ↔ wife 아내

Part 23 대명사(代名詞)

1. 대명사란?: 대신 대(代) 이름 명(名) 즉 명사 대신 쓰는 낱말

2. 대명사의 종류
(1) 인칭(人稱)대명사: 말하는 자신이나 상대방 그리고, 제3자를 구별하여 나타내는 대명사
  I, you, he, she, we, they 등
(2) 지시(指示)대명사: 사람이나 사물을 가리키는 대명사
  ① this(이것-복수는 these), that(저것, 그것-복수는 those)
  ② 'this, that, the' 모두 '특정한 무언가를 가리키다'라는 동일한 어원을 가진 단어들임
(3) 부정(不定)대명사: 정해지지 않은 사람이나 사물을 나타내는 대명사
  any(어떤 ~라도), some(어느 정도의), every(하나하나의), other(다른) 등
(4) 의문(疑問)대명사: 의문을 나타내는 대명사
  who(누구), what(무엇), which(어느 것) 3가지가 있음
  cf) 의문부사: when(언제), where(어디에), why(왜)
(5) 관계(關系)대명사: 접속사와 대명사의 역할을 동시에 하는 대명사
  who, which, that 등

3. 인칭대명사
(1) 인칭대명사의 격(格) 변화

인칭	구분	주격	소유격	목적격	소유대명사	재귀대명사
1인칭	단수	I 나는	my 나의	me 나를	mine 내 것	myself 나 스스로
1인칭	복수	we 우리는	our 우리의	us 우리를	ours 우리 것	ourselves 우리 스스로
2인칭	단수	you 당신은	your 당신의	you 당신을	yours 당신 것	yourself 당신 스스로
2인칭	복수	you 당신들은	your 당신들의	you 당신들을	yours 당신들 것	yourselves 당신들 스스로

인칭	구분	주격	소유격	목적격	소유대명사	재귀대명사
3인칭	남자	he 그는	his 그의	him 그를	his 그의 것	himself 그 스스로
	여자	she 그녀는	her 그녀의	her 그녀를	hers 그녀의 것	herself 그녀 스스로
	사물	it 그것은	its 그것의	it 그것을	–	itself 그것 스스로
	복수	they 그들은	their 그들의	them 그들을	theirs 그들 것	themselves 그들 스스로

① 주격 인칭대명사

  (a) 주어 자리에 위치해 주어 역할을 함

  (b) **He** is a doctor.

    그는 이다.(is) 의사(a doctor) (그는 의사이다.)

② 소유격 인칭대명사

  (a) 소유물 앞에 위치해서 형용사처럼 소유물을 수식함

  (b) This is **my** car.

    이것은 이다.(is) 나의(my) 차(car) (이것은 나의 차이다.)

③ 목적격 인칭대명사

  (a) 목적어 자리에 위치해 목적어 역할을 함 (보어도 포함)

  (b) We love **them**.

    우리는 매우 좋아한다.(love) 그들을(them)

④ 소유대명사

  (a) '소유의 뜻(~의 것)'을 갖는 대명사 (소유격+명사)

  (b) mine과 his를 제외한 나머지는 소유격 끝에 –'s를 붙여서 만듦

  (c) This book is **mine**.

    이 책은 이다.(is) 나의 것(mine) (이 책은 나의 것이다.)

⑤ 재귀(再歸)대명사

  (a) 주어의 동작이 주어 자신에게 되돌아가는 관계를 나타내는 대명사

  (b) 주어가 같은 문장 안에서 반복될 때 사용됨

  (c) She loved **herself**.

    그녀는 매우 좋아했다.(사랑했다)(loved) 그녀 자신을(herself)

(2) 소유대명사의 용법

① 소유대명사는 왜 쓸까?

  "This book is **mine**."을 "This book is my book."으로 표현할 수도 있지만 book이라는 단어

의 중복을 피하기 위해 소유대명사를 쓰게 됨

② 이중소유격(二重所有格)

  (a) 소유격도 한정사인데 한정사는 상호배타적인 특성을 가지고 있어서 두 개가 나란히 한 명사 앞에 올 수 없으므로 이중소유격을 사용함

  (b) 이중소유격의 형태: 한정사(a, the, this, some 등)+명사+of+소유대명사

  (c) He is **a friend of mine**.

    그는 이다.(is) 한 친구 / 분리 불가능한 무엇의 일부로서의(of) 나의 친구

    (그는 나의 친구 중의 한 친구이다.)

③ it의 소유대명사는 없으며, it's와 its는 그 의미가 다름

  (a) it's는 it is의 준말이고, its는 소유격으로 '그것의'란 뜻임

  (b) What is that?　　　　　　　**It's** a cat. (It is a cat.)

    무엇(what)이니(is)? 저것　　　　그것은 이다.(it is) 한 마리의 고양이

  (c) Look at the cat.　　　　　　**Its** tail is short.

    보아라.(look at) 그 고양이를　　그것의 꼬리는 이다.(is) 짧은 상태(short)

④ Whose의 용법

  (a) 소유대명사: 누구의 것

    "**Whose** is it?"

    누구의 것(whose)이니(is)? 그것(it)

  (b) 소유격: 누구의

    "**Whose newspaper** is this?"

    누구의(whose) 신문(newspaper)이니(is)? 이것(this)

(3) 재귀대명사의 용법

① 재귀적(再歸的) 용법: 주어의 동작이 주어 자신에게 되돌아가는 경우를 말하며, 동사 또는 전치사의 목적어로 사용됨

  She is looking at **herself**. (she=herself)

  그녀는 이다.(is) 보고 있는 상태(looking at) 그녀 자신을(herself)

② 강조적 용법: 명사, 대명사와 동격으로 쓰여 의미를 강조하며, 강하게 읽음

  I **myself** did it.=I did it **myself**.

  나(I) 자신이(myself) 했다.(did) 그것을

③ by oneself: (다른 사람과 함께 있는 것이 아닌) 혼자서(alone) [독립(獨立)]

  (a) by(가까이에)+oneself(자신) → 가까이에 있는 것은 자신뿐 → 혼자서

  (b) I studied English **by myself**.

    나는 공부했다.(studied) 영어를 혼자서 (나는 영어를 독학했다.)

④ for oneself: 자신만을 위해서, 혼자 힘으로(on one's own) [독력(獨力)]
  (a) for(무엇만을 생각하면서)+oneself(자신) → 자신만을 생각하면서 → 자신만을 위해서 or 혼자 힘으로 (남에게 의지하지 않고)
  (b) I bought a gift **for myself**.
      나는 샀다.(bought) 선물을(a gift) 나 자신만을 위해서
  (c) You should decide **for yourself**.
      너는 해야 한다.(should) 결정하는 것(decide) 혼자 힘으로 (남에게 의지하지 않고)

⑤ by(of) itself: (외부의 영향 없이) 저절로 [자동]
  (a) 전치사 by의 원뜻은 '가까이에'이고, 가까이에 있으면 영향을 미치게 되므로 '가까이에 있어 영향을 미치는 힘은'이라는 의미가 나옴
  (b) by(가까이에 있어 영향을 미치는 힘은)+itself(그것 자체) → 저절로(자동)
  (c) The door opened **by(of) itself**.
      그 문이 열렸다.(opened) 저절로

⑥ to oneself: 자신에게만 (자기 자신에게)
  (a) to(무엇을 목표로 하여)+oneself(자신) → 자신을 목표로 하여→ 자신에게만
  (b) He has the room **to himself**.
      그는 가지고 있다.(has) 그 방을 / 그 자신에게만
      (그는 독차지하고 있다. 그 방을)

⑦ in itself: 본질적으로
  (a) in(무엇 안에서)+itself(그것 자체) → 그것 자체의 안에서만 볼 때 → (그것 자체의 안에서만 보다 보면 보이는 것은 본질) → 본질적으로
  (b) **In itself**, it is a very difficult problem.
      본질적으로, 그것은 이다.(is) 매우 어려운 문제

⑧ in spite of oneself: 자기도 모르게
  (a) in(무엇 안에서)+spite(나쁜 마음)+of(분리 불가능한 무엇의 일부로서의) → (of 이하의 일부로서의 나쁜 마음 안에서도 무엇인가 해내다) → 무엇에도 불구하고
  (b) in spite of(무엇에도 불구하고)+oneself(자신) → 자신과 관련됐음에도 불구하고 모르는 상황 → 자기도 모르게
  (c) Margaret smiled **in spite of herself**.
      마가렛은 미소 지었다.(smiled) 자기도 모르게

⑨ beside oneself: 제정신이 아닌
  (a) beside(조금 벗어난 옆에)+oneself(자신) → (정상적인 상황에서) 조금 벗어난 옆에 있는 자신 → 제정신이 아닌

(b) He is **beside himself** with joy.

그는 이다.(is) 제정신이 아닌 상태(beside himself) / 무엇과 함께(with) 기쁨

(그는 제정신이 아니다. 기뻐서)

⑩ Make yourself at home: 편히 쉬세요.

Make yourself at home.

만드세요.(make) 당신 자신이(yourself) 집에 있는 상태를(at home) (편히 쉬세요.)

⑪ Help yourself: 마음껏 드세요.

a: Can I have some more bread?

할 수 있나요? 내가 가지고 있는 것(have) 어느 정도(some) 더 많은(more) 빵

(빵을 좀 더 먹을 수 있나요?)

b: Of course. **Help yourself**.

당연하죠. (빵을 더 먹지 못하는 상태에서) 꺼내 주세요. 당신 자신을 (마음껏 드세요.)

▶ of course: course의 원뜻은 '가야 하는 길'임. 'of course'에서 '가야 하는 길과 분리할 수 없는'이라는 이미지가 그려지고 여기에서 '당연히'라는 의미가 도출됨

(4) it의 특별용법

① '날짜, 요일, 시간, 날씨, 거리' 등을 나타내는 it (비인칭주어 it)

(a) 비인칭(非人稱)이란 사람을 칭하는 것이 아니라는 의미로 인칭대명사 중 유일한 비인칭은 it이므로 it가 주어로 쓰이면 비인칭주어라 함

(b) 날짜

"When is your birthday?" 언제이니?(when is) 너의 생일

"**It**'s July 29." 7월 29일이야.

(c) 요일

"What day is **it** today?" 무슨 날(요일)(what day)이니?(is) 오늘

"**It**'s Tuesday." 화요일이야.

(d) 시간

"What time is **it** now?" 무슨 시간(what time)이니?(is) 지금 (몇 시니?)

"**It**'s 5 o'clock." 5시야.

(e) 날씨

"How's the weather today?" 어떻게 이니?(how is) 날씨 오늘

"**It**'s cloudy." 날씨가 흐려.

(f) 거리

It's not far from here.

아니다.(is not) 먼 상태(far) / 무엇에서부터 시작하여(from) 여기

(멀지 않아. 여기에서)

(g) 명암

It is getting dark.

이다.(is) 가지고 있는 상태(getting) 어두운 상태(dark)를 (어두워지고 있다.)

(h) 상황

It's all over with him.

이다.(is) 모두(all) 다 덮은 상태(over) / 무엇과 함께(with) 그

(이제 그는 끝장이다.)

▶ '그를 완전히 다 덮어 버려서 깜깜해진 상태'라는 이미지가 그려지고 여기에서 '그는 끝장이다'라는 의미가 나옴

② 가주어(假主語)와 가목적어(假目的語)로 쓰이는 it

(a) 명사구나 명사절을 대신하여 형식상의 주어나 형식상의 목적어로 쓰임

(b) **It** is easy *to read this book*. (It가주어, to~진주어)

그것은 이다.(is) 쉬운 상태(easy) / 읽는 것은(to read) 이 책을

(c) **It** is true *that he went there*. (It가주어, that~진주어)

그것은 이다.(is) 사실인 상태(true) / 그건(that) 그가 갔다는 것(went) 거기에

(d) I think **it** easy *to read this book*. (It가목적어, to~진목적어)

나는 생각한다. 그것이(it) 쉬운 상태(easy)라고 / 읽는 것을(to read) 이 책을

(e) I think **it** true *that he told a lie*. (It가목적어, that~진목적어)

나는 생각한다. 그것이(it) 사실인 상태(true)라고 / 그건(that) 그가 말했다는 것(he told) 거짓말을

③ It is ~ that 강조구문

(a) 'It is ~ that 강조구문'에서는 'It, be동사, that'을 빼 버려도 문장이 성립된다는 점에서 '형식상의 It ~ that(가주어, 진주어 용법)'과 구별됨

(b) 주어(I)를 강조할 경우

It was *I* that saw Helen at the station yesterday.

그것은 이었다.(was) 바로 나 / 나는(that) 보았다 헬렌을 역에서 어제

(c) 목적어(Mary)를 강조할 경우

It was *Helen* that I saw at the station yesterday.

그것은 이었다.(was) 바로 헬렌 / 헬렌을(that) 나는 보았다. 역에서 어제

(d) 부사(구)(at the station)를 강조할 경우

It was *at the station* that I saw Helen yesterday.

그것은 이었다.(was) 바로 역에서 / 그 역에서(that) 나는 보았다 헬렌을 어제

(e) 강조 부분이 사람인 경우에는 that 대신에 who나 whom을 쓸 수 있으며, 장소인 경우 where, 시간인 경우 when을 쓸 수 있음

ⓐ It was Julia **who** broke the window yesterday.

그것은 이었다.(was) 바로 줄리아 / 줄리아는(who) 깨뜨렸다. 그 창문을 어제

ⓑ It was in the park **where** I met Julia.

그것은 이었다.(was) 바로 그 공원에서 / 그 공원에서(where) 나는 만났다. 줄리아를

ⓒ It was this afternoon **when** I met Julia.

그것은 이었다.(was) 바로 오늘 오후 / 오늘 오후에(when) 나는 만났다. 줄리아를

(5) 전치사 뒤에는 항상 목적격을 사용

I'd like to talk **to you** for a minute.

나는 했으면 좋겠다.(would) 좋아하는 것(like) 이야기하는 것(to talk) / 무엇을 목표로(to) 너(you) 잠깐(for a minute) (나는 이야기했으면 좋겠다. 너와 잠깐)

▶ 전치사 to 뒤에 목적격 인칭대명사 you를 썼음

4. 지시(指示)대명사

(1) 지시대명사는 사람이나 사물을 가리키거나 앞뒤의 어구 또는 내용을 나타내는데, 그 종류에는 'this(these)'와 'that(those)'이 있음

① 'this(이것), that(저것), the(그)' 모두 '특정한 무언가를 가리키다(지시)'라는 동일한 어원을 가진 단어들임

② '이것'의 의미로 가까이에 있는 대상을 가리켜서 말할 때 'this(these)'를 사용

(a) Is **this** your bag?

인가요?(is) 이것은(this) 당신의 가방?

(b) **These** are my books.

이것들은(these) 이다.(are) 나의 책들

③ '저것, 그것'의 의미로 멀리 있는 대상을 가리켜서 말할 때 'that(those)' 사용

(a) Who is **that**?

누구(who)이니(is)? 저것(저 사람)(that)

(b) **Those** are my shoes.

저것들은(those) 이다.(are) 나의 신발들

(2) 지시대명사가 명사 앞에 쓰인 것을 지시형용사라고 함

① '이 ~'라는 의미로 가까이에 있는 대상을 가리켜서 말할 때 'this(these)' 사용

(a) this+단수명사

This book is interesting.

이(this) 책은 이다.(is) 흥미로운 상태(interesting) (이 책은 흥미롭다.)

(b) these+복수명사

These apples are delicious.
이(these) 사과들은 이다.(are) 맛있는 상태(delicious) (이 사과들은 맛있다.)

② '저 ~'라는 의미로 멀리 있는 대상을 가리켜서 말할 때 'that(those)' 사용

(a) that+단수명사

That book is not mine.
저(that) 책은 아니다.(is not) 나의 것(mine)

(b) those+복수명사

Those dogs are cute.
저(those) 개들은 이다.(are) 귀여운 상태(cute) (저 개들은 귀엽다.)

(3) **지금 일이나 과거에 있었던 일을 가리켜 말할 때 사용**

① 'this(these)'는 지금 진행되고 있는 일이나 곧 일어날 일을 말할 때 사용

(a) Do you know the name of **this song**?
너는 알고 있니?(do you know) 이름(제목)(name) 이 노래의(of this song)

▶ this song=지금 들리는 이 노래

(b) "How's work **these days**?"
❶ 어떻게(how)이니(is)? 일(work) 요즘에(these days)
❷ 어때? 요즘 하는 일은

② 'that(those)'는 방금 끝난 일이나 과거에 있었던 일을 가리켜 말할 때 사용

(a) How was **that movie** last night?
어떻게(how) 이었니(was)?(어땠었니?) 그 영화(that movie) / 어젯밤에 본

(b) I was a pilot in the past. I traveled a lot in **those days**.
나는 이었다.(was) 조종사 과거에 / 나는 여행했다.(traveled) 많이(a lot) / 무엇 안에서(in) 그날들(those days) (나는 조종사였다. 과거에 / 나는 여행했다. 많이 그 당시에)

▶ those days : those(그)+days(날들) → 그날들 (당시)

(4) **명사의 반복을 피하기 위한 that(those)**

The winter of this year is colder than **that** of last year.
겨울은(the winter) 올해의(of this year) 이다.(is) 더 추운 상태(colder) / 그건 다음보다(than) 그것(that) 작년의(of last year) (올해 겨울이 더 춥다. 작년 겨울보다)

▶ that=the winter

(5) **앞에 나온 문장 전체를 받는 that**

I didn't say anything. **That** made him angry.
나는 말하지 않았다.(didn't say) 어떤 것도(anything) / 그것은(that) 만들었다.(made) 그가(him) 화난 상태를(angry)

(6) **those who ~** = ~하는 사람들 (those=people)

   Heaven helps **those who** help themselves.

   하늘은 돕는다.(help) 그 사람들을 / 그 사람들은(who) 돕는다.(help) 그들 스스로를(themselves)

   (하늘은 돕는다. 스스로 돕는 자를)

(7) **this**는 전화를 할 때 자주 사용

   a: Hello, is **this** Janet?

   여보세요. 인가요(is)? 전화하는 이 사람(this) 자넷 (여보세요. 자넷인가요?)

   b: Yes, it is. Who is **this**?

   예, 자넷입니다. / 누구(who)인가요(is)? (전화하는) 이 사람

   (예, 자넷입니다. 누구세요?)

5. 부정(不定)대명사: 특정한 사람이나 사물을 가리키지 않고 막연히 어떤 사람이나 사물, 수량을 나타내는 대명사

(1) **한정사(限定詞)**: 보통명사 앞에 붙어 보통명사의 정체를 밝혀주는 형용사 역할을 하는 단어들로 '정관사 the, 부정관사 a(an), 소유격, 지시형용사 this 등, 부정대명사 some 등'이 있음

(2) **one의 용법**

   ① one의 소유격은 one's이고, 목적격은 one이며, 복수는 ones임

   ② 앞에 나온 명사와 종류는 같지만 대상이 다른 경우에 명사의 반복을 피하기 위해 one을 씀. one은 단수명사, ones는 복수명사 대신 사용

   (a) I'm looking for **a hotel**. Can you suggest **one**? (one=a hotel)

   나는 이다.(am) 찾고 있는 상태(looking for) 하나의 호텔을. / 할 수 있나요?(can) 당신 추천하는 것(suggest) 하나의 호텔(one)

   ⓐ look for: look(어떤 쪽으로 눈을 돌리다)+for(무엇만을 생각하면서) → 무엇만을 생각하면서 눈을 돌리다 → 무엇을 찾다

   ⓑ suggest: sug(sub ~의 아래에)+gest(carry 나르다) → 무엇의 아래에 나르다 → 제안하다, 추천하다

   (b) "I don't like white **socks**." "Show me black **ones**."

   나는 좋아하지 않아요.(don't like) 하얀 양말을 / 보여 주세요.(show) 나에게(me) 검은 것들을(black ones)

   ③ the one과 the ones는 항상 뒤에 꾸며 주는 표현과 함께 사용

   a: Is this my book?

   이니?(is) 이것이(this) 나의 책 (이것은 나의 책이니?)

   b: No, your book is **the one** on the table.

   아니야, 너의 책은 이야.(is) 그것(the one) / 무엇에 덧붙여 있는(on) 테이블

   (아니야, 너의 책은 그것이야. 테이블 위에 있는)

④ 일반 사람(불특정 다수)을 나타내는 경우에 쓰임

One should take advice.

사람은 해야 한다.(should) 가지는 것(take) 충고를
(사람은 받아들여야 한다. 충고를)

⑤ Which one(ones) ~?: 어느 것(들) ~?

(a) **Which one** is your bicycle?

어느 것이(which one) 이니(is)? 네 자전거 (어느 것이 네 자전거니?)

(b) a: Amy can speak three language.

에이미는 할 수 있다.(can) 말하는 것(speak) 3개 언어를(three language)

b: Really? **Which ones**?

정말로?(really?) 어느 것들(언어들)(which ones)?

⑥ this one, that one: 이것, 저것

Which tie do you prefer, **this one** or **that one**?

어느 넥타이를(which tie) 당신 더 좋아하나요?(do you prefer), 이것(this one) 혹은 저것(that one)?

⑦ these ones나 those ones는 잘 쓰지 않고 these나 those로 주로 씀. 단, these/those＋형용사＋ones는 자주 사용

(a) Which gloves are yours, **these** or **those**?

어느(which) 장갑이(gloves) 이니(are)? 네 것, 이것들이니(these) 혹은 저것들이니(those)?

(b) I really like **these little ones**."

나는 정말로(really) 좋아해.(like) 이 작은 것들을(these little ones)

(3) other와 another

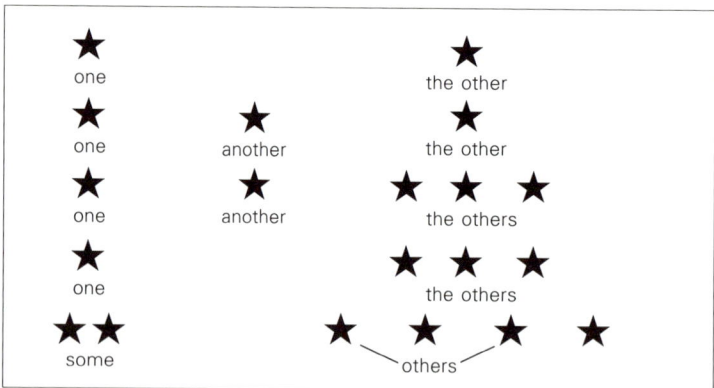

① other

(a) 형용사: 다른 / 대명사: 다른 것

ⓐ She makes a habit of finding fault in **other** people.

그녀는 늘 만든다.(makes) 습관을(a habit) 찾아내는(of finding) 잘못을 / 무엇 안에서(in) 다른 사람들

(other people) (그녀는 즐긴다. 습관을 남의 흠을 잡는)

ⓑ It was no **other** than your voice.
그것은 이었다.(was) 어떤 다른 것도 아닌(no other) / 그건 다음보다(than) 너의 목소리(your voice)
(그것은 다른 것이 아닌 바로 너의 목소리였다.)

(b) each other: 서로(둘 사이) / one another: 서로(셋 이상 사이)

ⓐ They are not opposed to **each other**.
그들은 이다.(are) 아니게(not) 반대하는 상태(opposed) / 무엇을 목표로(to) 서로
(그들은 반대하지 않는다. 서로)
▶ oppese: 반대하다, opposed: 반대하는 상태(형용사)

ⓑ The committee are debating with **one another**.
그 위원회는 이다.(are) 논쟁하고 있는 상태(debating) / 무엇과 함께(with) 서로
(위원회 위원들이 논쟁을 하고 있다. 서로)
▶ debate: de(completely철저하게)+bat(때리다) → 철저하게 때리다 → 논쟁하다

(c) others: 다른 것(사람)들

ⓐ other 자체가 '하나(one)와 다른 것'이기 때문에 other는 '둘'이란 개념을 내포하며, others는 복수의 '-s'가 하나 더 붙었으니 셋 이상임

ⓑ Think of **others**. (명령문)
생각하세요. (입장을) 다른 사람들의(of others) (생각 좀 하세요. 다른 사람들 입장을)
▶ 'A of B'라는 구조에서 A는 B와 분리될 수 없는 것임. 따라서 예문에는 think의 생략된 목적어가 있어야 하고 그 생략된 목적어는 others와는 분리될 수 없는 '입장, 상황' 등이 될 것임

② the other, the others

(a) the other는 형용사 또는 대명사로 사용되며 언제나 둘 중 다른 쪽(반대쪽)일 때만 사용
(b) the others는 대명사로만 사용되며 셋 이상 중에서 나머지 전부를 의미함
(c) 형용사일 때

ⓐ **The other** one was much better.
그 다른 것은(the other one) 이었다.(was) 훨씬(much) 더 좋은 상태(better)
[아까 것(먼저 본 것)이 훨씬 더 좋았다.]
▶ 정관사 the는 특정성을 가지므로 the를 붙일 수 있는 다른 것(other)은 이미 존재하는 것임. 따라서 '아까 것'이라는 의역이 나옴

ⓑ I tried to meet her **the other** day.
나는 노력했다.(tried) 만나기 위해(to meet) 그녀를 / 그 다른 날에(the other day) (지난번에)
▶ 이미 특정된 것에 the를 붙일 수 있으므로, the 때문에 과거의 의미가 나옴. 그래서 'the other day'는 '그 다른 날=과거의 다른 하루=지난날(지난번)'

ⓒ This car is so expensive.
　　이차는 이다.(is) 매우(so) 비싼 상태(expensive)
　　On the other hand, it is useful for us.
　　다른 한편으로는(반면에)(on the other hand), 그것은 이다.(is) 유용한 상태(useful) 무엇만을 생각하면 서(for) 우리 (우리에게)
　　▶ on(무엇에 덧붙여서)+the other hand(다른 손=손의 다른 쪽) → 손의 다른 쪽에 덧붙여서 보면=다른 한편으로는 (반면에)
(d) 대명사일 때
　　ⓐ One is blue and **the other** red.
　　　하나는 이다.(is) 파란색(blue) 그리고 / 그 다른 것은(the other) (이다.) 빨간색(red)
　　ⓑ He came earlier than **the others**.
　　　그는 왔다.(came) 더 일찍(earlier) / 그건 다음보다(than) 그 다른 사람들(the others)
③ another: (특별히 구분하지 않는) 또 다른 하나의
　(a) another는 'a(an)+other'라고 보면 됨
　(b) other와 다른 점
　　ⓐ 앞에 붙은 부정관사 'an(하나)' 때문에 하나라는 의미가 이미 들어 있어 others처럼 복수형이 없음
　　ⓑ 부정관사 an이 이미 들어 있어 'the other(s)'처럼 원칙적으로 정관사 the를 붙이지 않음
　　ⓒ 한정사인 an이 들어가 있어 당연히 같은 한정사 종류인 'my, some, one, this 등'으로 another를 수식할 수 없음
　　ⓓ another도 others 또는 'the others'처럼 셋 이상인 경우에 사용
　　　▶ 둘일 때 other를 쓰는데 an이 하나 더 붙었으므로 another는 셋 이상일 경우에 사용
　(c) Have **another** cup.
　　　가지고 있으세요.(have) 또 다른 하나의(another) 잔을 (한 잔 더 드세요.)
　　▶ another가 cup을 수식하는 형용사로 사용됨
　(d) **One** is red, **another** yellow, and **the other** green.
　　　하나는(one) 빨강이고, / 또 다른 하나는(another) 노랑이고, / 그 다른 것은(세 번째는)(the other) 초록이다.

(4) some(어느 정도) / any(어떤 무엇이라도)
　① some: 어느 정도 같은=어느 정도(의)=약간(의)=몇몇(의)

　　■ '알파벳 S'는 전후좌우가 같은 모양이므로 S가 포함된 단어는 '같다'는 뜻을 가짐
　　■ same: 똑같은 / some: 어느 정도 같은 / similar: 비슷한
　　■ so: (내가 보기엔) 그것과 같다 (주관적)
　　■ as(all so): (다들 알다시피) 그것은 다음과 모두 같다 (객관적)
　　■ such: 그것과 같은(그러한) (like that)

(a) 'same(같은)'과 같은 어원임. same처럼 똑같지는 않지만 '어느 정도 같다'는 의미로 명확하게 정해지지 않은 수나 양 표현. 주로 긍정문에 사용

　(b) There are **some children** on the bus.
　　있다.(there are) 어느 정도의(몇 몇의)(some) 아이들이 / 무엇에 덧붙어서(on) 버스
　　(있다. 몇몇의 아이들이 버스에)

　(c) He went to **some place** in Africa.
　　그는 갔다.(went) 무엇을 목표로(to) 어느(some) 곳(place) / 무엇 안에서(in) 아프리카
　　(그는 갔다. 어느 곳으로 아프리카의)

② any: 아무것이나 하나의 → 어떤 ~라도

　(a) '관사 a(an)'와 같은 어원으로 본질적으로 'one(하나)'의 뜻임. 누가 됐건, 뭐가 됐건 상관없이 '아무것이나 하나'라는 부정적인 의미를 담고 있음

　(b) 명확하게 정해지지 않은 수나 양 표현. 주로 부정문, 의문문, 조건문에 사용 (그 수나 양이 많고 적고는 중요하지 않음)

　(c) There aren't **any children** on the bus. (부정문)
　　없다.(there aren't) 어떤 아이들도(any children) / 무엇에 덧붙어서(on) 버스 (버스에)

　(d) Do you have **any questions**? (의문문)
　　너 가지고 있니(have)? 어떤 질문이라도(any questions)

　(e) If you have **any pencils**, lend me one. (조건문)
　　만약(if) 네가 가지고 있다면 어떤 연필들이라도(any pencils), 빌려줘(lend) 나에게 하나를

　(f) **Any child** can do a thing like that. (긍정문)
　　어떤 아이라도(any child) 할 수 있다.(can do) 하나의 것을(a thing) 그것과 같은(like that)

　(g) any는 부정문에서 주어로 쓸 수 없음

　　Any of them can not do it. …② (×)

　　None of them can do it. …① (○)

　　▶ any보다 not이 더 강한 부정인데 ②번 문장은 not이 any보다 밀려 있어 중요한 것부터 쓴다는 영어의 원칙에 위배되므로 ①번 문장이 맞음

　(h) any는 부정적이므로 권유 시 의문문에 any가 아니라 some을 사용

　　Would you like **some** tea?
　　했으면 좋겠나요?(would) 당신(you) 좋아하는 것(like) 어느 정도의(some) 차를(tea)
　　(당신은 원하나요? 약간의 차를 – 권유)

③ 명사 없이 some 또는 any만 쓸 수도 있음

　(a) I bought some apples.
　　나는 샀다.(bought) 어느 정도의(some) 사과를

　　Do you want **some**? (some=some apples)

너는 원하니?(do you want) 어느 정도의 사과를(some)

(b) How many sons do you have?

얼마나 많은(how many) 아들들을(sons) 당신 가지고 있나요?(do you have)

I don't have **any**. (any=any sons)

나는 가지고 있지 않습니다.(don't have) 어떤 아들들도(any)

④ some of ~ / any of ~

(a) 특정한 사람 또는 사물에 대해 말할 때는 'some of' 또는 'any of' 사용

(b) Do you know **any of the people** at that table?

너는 알고 있니?(do you know) 어떤 사람이라도(any) 그 사람들의 일부로서의(of the people) 콕 찍듯 가리켜 (at) 저 탁자(that table) (어떤 사람이라도 알고 있니? 저 탁자에 있는 사람들 중)

(c) Will you pass me **some of those candies**?

할 것이니?(will) 너 건네주는 것(you pass) 나에게 어느 정도를(some) 저 사탕의 일부로서의(of those candies) (너는 건네줄 것이니? 나에게 저 사탕 중 몇 개를)

(5) each(각각) / every(하나하나) / all(모두) / both(둘 다)

① each와 every: 개별적으로 보기 때문에 단수로 취급함

(a) each: (둘 이상에서) 각각 → 형용사, 부사, 대명사 역할

Each one of us **has his** duty.

각각의 사람은(each one) 우리의 일부로서의(of us) / 가지고 있다.(has) 그의 의무를
(우리 각각은 가지고 있다. 그의 의무를)

(b) every: (한 집단의) 하나하나의 → 형용사 역할

Every member **was** present at the meeting.

하나하나의(모든) 회원이 이었다.(was) / 참석한 상태(present) / 콕 찍듯 가리켜(at) 그 모임 (그 모임에)

▶ 회원들을 하나하나 개별적으로 보기 때문에 every 다음의 명사도 단수, 동사도 단수로 표현함

② all과 both: all은 셋 이상인 경우, both는 둘인 경우에 쓰며 복수로 취급하지만, all이 단수가 될 때도 있음

(a) all: 모두

ⓐ all+복수 가산명사: 복수 취급

All members **are** free to use the reading room.

모든 회원들은(all members) 이다.(are) 무료인 상태(free) / 사용하는 데 있어(to use) 그 독서실을

ⓑ all+불가산명사: 단수 취급

All wood **tends** to shrink.

모든 목재는(all wood) 뻗는다.(tends) 오그라들기로 되어 있는 상태로(to shrink)
(모든 목재는 경향이 있다. 수축하는)

- ▶ tend to: tend(stretch 뻗다)+to(무엇을 목표로 하여) → 무엇을 목표로 경향이나 성질이 뻗다 → ~하는 경향이 있다
- ▶ shrink: (천 등이) 오그라들다(수축하다)

ⓒ **All** of them **are** middle school students.

모두 (all) 그들의 일부로서의 (of them) 이다.(are) 중학생들

(그들 모두는 중학생들이다.)

ⓓ **All is** silent.

모든 것(만물)이(all) 이다.(is) 고요한 상태(silent) (모든 것이 고요하다.)

- ▶ all은 '모든 것(만물)'이라는 추상적인 단일개념이므로 단수 취급

(b) both: 둘 다

Both (of) the sisters **are** very pretty.

둘 다(both) 자매들의 일부로서의(of the sisters) 이다.(are) 매우 예쁜 상태(very pretty)

(자매 둘 다 매우 예쁘다.)

③ every+day, week, year: ~마다

I walk three miles **every day**.

나는 걷는다.(walk) 3마일을(three miles) / 하나하나의 날에(날마다) (every day)

④ all+day, week, year 등: ~내내

(a) 이때, all은 복수명사가 아닌 단수명사와 함께 사용

(b) Did you work **all day** yesterday?

했니?(did) 너 일하는 것(work) 모든 하루(all day)(하루 내내) 어제

(너 일했니? 하루 내내 어제)

⑤ '하나하나의(모든)~'이라는 의미로 사람, 사물, 장소에 대해 말할 때 다음과 같은 표현을 사용

사람	everyone (모든 사람)	사물	everything (모든 것)	장소	everywhere (모든 곳)

(a) a: Did **everyone** enjoy the meal?

했나요?(did) 모든 사람이(everyone) 즐기는 것(enjoy) 그 식사를(the meal)

(모든 사람이 즐겼나요? 식사를)

b: Yes. **Everything** was perfect.

예. 모든 것이(everything) 이었어요.(was) 완벽한 상태(perfect)

(예. 모든 것이 완벽했어요.)

(b) We can go **everywhere** in the city.

우리는 할 수 있다.(can) 가는 것(go) 모든 곳에(everywhere) / 무엇 안에서(in) 그 도시(그 도시에서)

(우리는 갈 수 있다. 어디든지 그 도시에서)

⑥ all of ~: 특정한 사람 또는 사물에 대해 말할 때는 'all of'를 사용

All of my friends live close to my house.

모두(all) 내 친구들의 일부로서의(of my friends) 산다.(live) / 가까이에(close) 무엇을 목표로(to) 나의 집
(내 친구들 모두 산다. 나의 집 가까이에)

▶ close to: close(가까이에)+to(무엇을 목표로) → 무엇 가까이에

(6) **no, not, never, none**

① no 원뜻: 어떤 ~도 아닌 (명사 수식–형용사)

(a) 기본이 부정형용사로 주로 명사를 수식하여 그 명사가 아예 존재하지 않음을 의미함

(b) I **have** no car.

나는 가지고 있지 않다. 어떤 차도 (나는 차가 없다.)

② not 원뜻: ~이 아니게 (동사, 형용사, 부사 수식–부사)

(a) 동사, 형용사, 부사를 수식하여 가능할 수도 있지만 '무엇이 아님(상태) 또는 행위를 하지 않음(움직임)'을 의미함

(b) I am **not** late classes.

나는 늘 이다.(am) 아니게(not) (아니다.) 늦은 상태(late) 수업에
(나는 늘 늦지 않는다. 수업에)

③ never 원뜻: 결코(절대) ~이 아니게

(a) 기본이 부사로서 동사, 형용사, 부사를 수식하여 '무엇이 결코 아님(상태) 또는 행위를 결코 하지 않음(움직임)'을 의미

(b) She **never** said such a thing.

그녀는 결코 아니게.(never) 말했다.(said) 그러한 것을(such a thing)
(그녀는 결코 말하지 않았다. 그러한 것을)

④ no, not, never 비교

(a) no는 형용사이므로 다음에 명사가 오고, not과 never는 부사이므로 동사, 형용사, 부사를 수식함

(b) not은 단독으로 쓰이지 못하고 be동사나 조동사와 함께 사용되지만 never는 단독으로 부사 역할을 함

⑤ not과 no의 어감 비교

(a) He is **not** a genius.

그는 이다.(is) 아니게(not) (아니다.) 한 명의 천재(a genius)
(그는 천재가 아니다.)

▶ 그냥 천재는 아니라는 일반적인 표현

(b) He is **no** genius.

그는 이다.(is) 어떤 천재도 아닌(no genius) (그는 어떤 천재도 아니다.)
▶ 천재와는 거리가 멀다는 어감이 나옴

⑥ not more(less) than / no more(less) than

more 하지 않다 (많지 않다고 느낌)	not more than (최고 많아 봐야)	■ not(아니게) more(더 많음이) than(다음보다) → at most 최고 많아봐야 (기껏해야) ■ 단순 부정어 not이 들어가 있어서 정확하지는 않은 느낌 ■ (정확치는 않지만) **최고 많아 봐야** 만 원 있다
	no more than (단지)	■ no(어떤 ~도 아닌 상태) more(더 많음도) than(다음보다) → only 단지 (딱) ■ 단호한 부정어 no가 들어가 있어서 정확한 느낌 ■ (정확하게) **딱(단지)** 만 원 있다 (만 원밖에 없다)
less 하지 않다 (적지 않다고 느낌)	not less than (최고 적어도)	■ not(아니게) less(더 적음이) than(다음보다) → at least 최고 적어도 (최소한) ■ 단순 부정어 not이 들어가 있어서 정확하지는 않은 느낌 ■ (정확치는 않지만) **최고 적어도(최소한)** 만 원은 있다
	no less than (~만큼이나)	■ no(어떤 ~도 아닌 상태) less(더 적음도) than(다음보다) → as many as ~만큼이나 (무려) ■ 단호한 부정어 no가 들어가 있어서 정확한 느낌 ■ (정확하게) 만 원**만큼이나** 있다 (무려 만 원이나 있다)

(a) 'not(no) more than'과 'not(no) less than' 어감 비교

ⓐ 'not(no) more than'은 more 앞에 부정어(not, no)가 있으므로 말하는 사람은 '많지 않다'고 느낌 → 최고 많아 봐야(at most), 단지(only)

ⓑ 'not(no) less than'은 less 앞에 '부정어(not, no)'가 있으므로 말하는 사람은 '적지 않다'고 느낌 → 최고 적어도(at least), ~만큼이나(as many as)

(b) I have **not more than** 10 dollars. (at most 최고 많아 봐야)

나는 가지고 있다. 아니게(not) 더 많음이(more) 다음보다(than) 10달러
(나는 가지고 있다. 최고 많아 봐야 10달러)

(c) I have **no more than** 10 dollars. (only 단지)

나는 가지고 있다. 어떤 무엇도 아닌 상태를(no) 더 많음이(more) 다음보다(than) 10달러
(나는 가지고 있다. 단지 10달러 → 10달러밖에 없다.)

(d) I have **not less than** 10 dollars. (at least 최고 적어도)

나는 가지고 있다. 아니게(not) 더 적음이(less) 다음보다(than) 10달러
(나는 가지고 있다. 최고 적어도 10달러 → 적어도 10달러는 있다.)

(e) I have **no less than** 10 dollars. (as many as ~만큼이나)

나는 가지고 있다. 어떤 무엇도 아닌 상태를(no) 더 적음이(less) 다음보다(than) 10달러
(나는 가지고 있다. 10달러만큼이나 → 무려 10달러나 있다.)

⑦ 'no+명사' 대신에 'not~any+명사'를 쓸 수도 있음

I have **no plans** today. → I **don't** have **any plans** today.
나는 가지고 있지 않다. 어떤 계획도 오늘

⑧ not과 no를 이용한 표현

(a) not at all: not(아니게) at(콕 찍어서) all(모두) → 모두를 콕 찍어서 아니게 → 전혀 아니게

She is **not at all** open.

그녀는 이다.(is) 아니게(not) 전혀(at all) 연 상태(open)

(그녀는 폐쇄적 성격이다.)

(b) not a few: not(아니게) a few(적은 수가) → (수가) 적지 않게

Not a few of the members **were** present.

적지 않은 수가(not a few) 그 회원들의 일부로서의(of the members) / 이었다.(were) 참석한 상태(present)

(적지 않은 회원들이 참석했다.)

▶ few: 수가 적은 (2개 이상–복수)

(c) not a little: not(아니게) a little(적은 양이) → (양이) 적지 않게

I was **not a little** embarrassed.

나는 이었다.(was) 적지 않게(not a little) 당황한 상태(embarrassed)

(나는 적지 않게 당황했다.)

▶ little: 양이 적은

▶ embarrass: em(in 안에)+bar(stick)+rass → 막대기로 둘러쳐진 우리 안에 갇히게 되어 어찌할 줄 모르는 상태가 되게 만들다 → 당황하게 만들다 (embarrassed 당황한–과거분사형 형용사)

(d) not long ago: not(아니게) long(길게) ago(전이) → 바로 최근에

I graduated from university **not long ago**.

나는 졸업했다.(graduated) 무엇에서부터 시작하여(from) 대학 / 아니게 길게 전이 (나는 졸업했다. 대학을 최근에)

(e) not seldom: not(아니게) seldom(거의 ~않는) → 자주

She does **not seldom** play the piano.

그녀는 한다.(does) 거의 않는 것이 아니게(not seldom) 연주하는 것(play) 피아노를

(그녀는 자주 연주한다. 피아노를)

▶ seldom 거의(좀처럼) ~않는 (부사)

(f) No Smoking 어떤 담배 피는 것도 아닌 → 흡연금지

No Parking 어떤 주차하는 것도 아닌 → 주차금지

No Entry 어떤 출입하기도 아닌 → 출입금지

⑨ nobody: 어떤 아무도 아닌 것 (=no one)

Nobody knows about the truth but you.

어떤 아무도 알고 있지 않다.(nobody knows) 무엇에 대하여(about) 그 사실 / 그러나(but) 너는 안다.

(a) '어떤 아무도 아닌 것'이 주어가 되어 문장 전체가 부정이 됨

(b) '아무도 아닌 것'은 복수가 될 수 없으니 단수주어이고 따라서, 동사도 단수동사(knows)를 사용

ⓒ but you=but you (know about the truth.)
⑩ no one: 어떤 아무도 아닌 것 (언제나 사람, 언제나 단수)
ⓐ **No one** knows.
어떤 아무도 알고 있지 않다. (아무도 모른다.)
ⓑ **No one** is too old to learn.
어떤 아무도 이지 않다.(no one is) 너무(too) 나이 든 상태(old) 배우기에(to learn) (배움에는 나이가 없다.)
⑪ none: 어떤 아무것도 아닌 것 (사람, 사물 둘 다 의미)
ⓐ 특정한 사람 또는 사물에 대해 말할 때는 'none of'를 사용
ⓐ **None of the students** like you.
어떤 아무도(none) 그 학생들의 일부로서의(of the students) 좋아하지 않는다. 너를
ⓑ It's **none** of your business.
그것은 이다.(is) 어떤 아무것도 아닌 것(none) / 무엇의 일부로서의(of) 너의 일
(너의 일의 어떤 일부도 아니다. → 그것은 네가 상관할 일이 아니다.)
ⓒ 일반적인 사람 또는 사물에 대해 말할 때는 'no+명사' 사용
There is **no rule** without exceptions.
있지 않다. 어떤 규칙도(there is no rule) / 무엇 없는(without) 예외
(없다. 예외 없는 규칙은)
ⓑ There are **none** who talk against her.
있지 않다. 어떤 아무도(there are none) / 어떤 아무는 말한다.(who talk) / 무엇에 반대하여(against) 그녀
(아무도 없다. 말하는 사람은 그녀에 반대하여)
⑫ nothing: 어떤 아무것도 아닌 것
Nothing is more interesting than this.
어떤 아무것도 아니다.(nothing is) 더 흥미로운 상태(more interesting) / 그건 다음보다(than) 이것
(어떤 아무것도 더 흥미롭지 않다. 이것보다)

(7) something / anything (some과 any의 본질은 불특정)
① '누군가, 무언가, 어딘가'라는 의미로 정확히 알 수 없는 사람, 사물, 장소에 대해 말할 때 다음과 같은 표현을 사용

사람	사물	장소
someone(somebody) 어떤 사람	something 어떤 것	somewhere 어떤 곳
anyone(anybody) 어떤 사람이라도	anything 어떤 것이라도	anywhere 어떤 곳에서도

② someone, something 등은 주로 긍정문에, anyone, anything 등은 주로 부정문과 의문문에 사용

(a) someone과 anyone

    ⓐ There's **someone** at the door. (긍정문)

        있다.(there is) 어떤 사람이(someone) / 콕 찍듯 가리켜(at) 그 문 (그 문에)

    ⓑ I will meet **anyone**. (긍정문)

        나는 할 것이다.(will) 만나는 것(meet) 어떤 사람이라도(anyone)

    ⓒ **Anyone** can't fly in the sky. (부정문)

        어떤 사람이라도 할 수 없다.(can't) 나는 것(fly) / 무엇의 안에서(in) 하늘 (하늘에서)

    ⓓ Is **anyone** there? (의문문)

        있어요?(is) 어떤 사람이라도(anyone) 거기에 (누구 있어요? 거기에)

(b) something과 anything

    ⓐ I have **something** to say. (긍정문)

        나는 가지고 있다.(have) 무언가를(something) 이야기할(to say)

    ⓑ **Anything** is okay. (긍정문)

        어떤 것이라도 이다.(is) 좋은 상태(okay) (어떤 것이라도 좋다.)

    ⓒ I don't have **anything** to say. (부정문)

        나는 가지고 있지 않다.(I don't have) 어떤 것이라도(anything) 이야기할(to say)

    ⓓ Do you have **anything** to say? (의문문)

        너는 가지고 있니?(do you have) 어떤 것이라도(anything) 이야기할(to say)

(c) somewhere와 anywhere

    ⓐ It's noisy here. Let's go **somewhere** quiet. (긍정문)

        시끄럽다.(it's noisy) 여기 / 가자.(let's go) 어떤 곳으로(somewhere) 조용한(quiet)

    ⓑ An accident can happen **anywhere**. (긍정문)

        사고는 발생할 수 있다.(can happen) / 어떤 곳에서도(anywhere)

    ⓒ I can't find my wallet **anywhere**. (부정문)

        나는 할 수 없다.(can't) 찾는 것(find) 나의 지갑을 / 어떤 곳에서도(anywhere)

    ⓓ Did you go **anywhere** yesterday? (의문문)

        했니?(did) 너 가는 것(go) 어떤 곳에라도(anywhere) 어제

        (너 어디엔가 갔니? 어제)

③ 권유나 요청 의문문에는 anything이 아니라 something을 사용

    (a) anything의 any는 '아무것이나 하나'라는 부정적인 의미를 담고 있으므로 anything은 권유나 요청을 하는 문장에는 어울리지 않음

    (b) "Would you like **something** to read?"

        했으면 좋겠나요?(would) 당신 좋아하는 것(like) 어떤 것을(something) 읽을(to read)

        (당신 원하나요? 어떤 것을 읽을 → 드릴까요? 읽을 무언가를)

④ something, anything + 형용사

(a) anything, something 등의 합성어는 애매모호성을 갖는 부정대명사임. 따라서, 형용사가 앞에서 수식해서 애매모호성을 잃게 되면 부정대명사로서의 본질을 잃게 되므로 형용사가 뒤로 가는 것임

(b) a: You look sick.

너는 눈을 돌린다.(look) 아픈 상태 쪽으로(sick) (너는 아파 보인다.)

b: Is **anything** wrong?

이니?(is) 어떤 것이라도(anything) 잘못된 상태(wrong)

(뭐 잘못된 것이라도 있니?)

ⓐ look의 원뜻은 '어떤 쪽으로 눈을 돌리다'

ⓑ 아픈 상태 쪽으로 눈을 돌리고만(향해) 있지 가 있는 상태는 아니라서 '아파 보인다'란 의역이 나옴

(8) **most**: 대부분의

① '대부분의~'라고 말할 때 'most+명사'를 사용

Most people like holidays.

대부분의 사람들은(most people) 좋아한다.(like) 휴일을

② most of ~

(a) 특정한 사람 또는 사물에 대해 말할 때 'most of'를 사용

(b) **Most of these cars** are expensive.

대부분(most) 이 차들의 일부로서의(of these cars) / 이다.(are) 비싼 상태(expensive)

(이 차들 대부분은 비싸다.)

(9) most, all, some, few, no, none 의미 차이

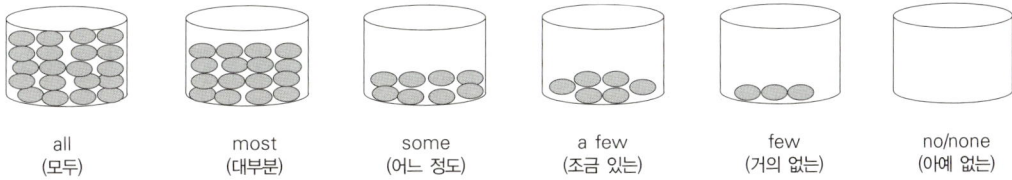

all (모두)　most (대부분)　some (어느 정도)　a few (조금 있는)　few (거의 없는)　no/none (아예 없는)

(10) **both, either, neither**

① both+복수명사: 둘 모두

a: "Does Alice speak English or Spanish?"

하니?(does) 앨리스 말하는 것(speak) 영어 혹은 스페인어를

b: "She can speak **both languages**."

그녀는 할 수 있어.(can) 말하는 것(speak) 두 언어 모두(both languages)

② either+단수명사: 둘 중 어느 하나

- either: ei(always 항상)+th(the 그것)+er(더) → 항상 그것이 더 ~인지 → (항상) 둘 중 어느 하나
- neither: n(no 어떤 ~도 아닌)+either(둘 중 어느 하나) → (둘 중) 어느 ~도 아닌

a: Could we meet on Friday or Saturday?

할 수 있나요?(could) 우리 만나는 것(meet) / 무엇에 덧붙어서(on) 금요일 혹은 토요일

(우리 만날 수 있을까요? 금요일이나 토요일에)

b: I can meet you on **either day**.

나는 할 수 있다.(can) 만나는 것(meet) 당신을 / 무엇에 덧붙어서(on) 둘 중 어느 하나의 날

(둘 중 어느 하나의 날에)

③ neither+단수명사: (둘 중) 어느 ~도 아닌

We went to two different bakeries, but **neither bakery** was open.

우리는 갔다.(went) 무엇을 목표로(to) 두 개의 다른 빵집 / 그러나, 두 빵집 중 어느 것도 아니었다.(neither bakery was) 문을 연 상태(open) (두 빵집 모두 문을 열지 않았다.)

④ both of ~ / either of ~ / neither of ~

(a) **Both of my brothers** live in Paris.

둘 다(both) 나의 형제들의 일부로서의(of my brothers) / 산다.(live) 무엇의 안에(in) 파리 (파리에)

(나의 형제들 둘 다 산다. 파리에)

(b) a: Where do you want to sit?

어디에(where) 너 원하니?(do you want) 앉기를(to sit)

(어디에 너 앉기를 원하니?)

b: **Either of these seats** is fine.

둘 중 어느 하나(either) 이 의자들의 일부로서의(of these seats) / 이다.(is) 좋은 상태(fine)

(이 의자들 중 어느 하나라도 좋아.)

(c) a: Which cup is yours?

어느 컵이(which cup) 이니?(is) 너의 것(yours)

b: **Neither of the cups** is mine.

그 컵들의 어느 것도 아니다.(neither of the cups is) 나의 것(mine)

⑾ **many / much / a lot of**

① many+셀 수 있는 명사의 복수: 많은 ~

Bryan doesn't watch **many movies**.

브라이언은 하지 않는다.(doesn't) 보는 것(watch) 많은 영화들을(many movies)

② much+셀 수 없는 명사: 많은 ~

I don't drink **much water**.

나는 마시지 않는다.(don't drink) 많은 물을(much water)

③ 명사 없이 many와 much만 쓸 수도 있음
  (a) Crystal grows **many** in her garden. (many=many flowers)
     크리스탈은 키운다.(grows) 많은 꽃들을(many) / 무엇 안에서(in) 그녀의 정원
  (b) a: Did you try the cake?
        했니?(did) 너 해보는 것(먹어 보는 것)(you try) 그 케이크를
     b: Yes, but I didn't eat **much**. (much=much cake)
        예, 그러나 나는 하지 않았어요.(didn't) 먹는 것(eat) 많은 케이크를(much)
④ many of ~ / much of ~
  (a) **Many of** the students like English.
     많은 학생들(many) 그 학생들의 일부로서의(of the students) / 좋아한다.(like) 영어를
     (그 학생들 중 많은 학생들)
  (b) Anthony spends **much of** his free time with his children.
     앤써니는 쓴다.(spends) 많은 시간을(much) 그의 여가 시간의 일부로서의(of his free time) / 무엇과 함께
     (with) 그의 아이들 (그의 여가시간 중 많은 시간)
⑤ a lot of ~: 많은
  (a) 'a lot of'는 복수와 셀 수 없는 명사에 모두 쓸 수 있음
  (b) **A lot of** companies are moving overseas these days.
     많은(a lot of) 회사들이 / 이다.(are) 움직이고 있는 상태(moving) 해외로
     (overseas) 요즘(these days)
  (c) a: How was the concert last night?
        어떻게(how) 이었니?(was) (어땠니?) 그 콘서트 어젯밤
     b: It was great. We had **a lot of fun**.
        그것은 이었어.(was) 보통 이상으로 큰 상태(great) / 우리는 가지고 있었다.(had) 많은 재미를(a lot of
        fun) (콘서트는 대단했어. 우리는 많이 즐거웠어.)

⑿ **a few, few / a little, little**
① 'a few'는 '조금 있다'라는 긍정적인 뜻, few는 '거의 없다'라는 부정적인 뜻임
  (a) a few+셀 수 있는 명사의 복수: 조금 있는 (약간의 ~)
     There are **a few** students in the classroom.
     있다.(there are) 약간의(a few) 학생들이 / 무엇 안에(in) 교실 (교실에)
     ▶ 교실 안에 5~6명 정도 있다는 얘기임
  (b) few+셀 수 있는 명사의 복수: 거의 없는 (극히 적은)
     There are **few students** in the classroom.
     있다.(there are) 극히 적은(few) 학생들이 / 무엇 안에(in) 교실 (교실에)
     ▶ 교실 안에 2~3명 정도 있다는 얘기임

② 'a little'은 '약간 있다'라는 긍정적인 의미이고, little은 '거의 없다'라는 부정적인 의미임
　　(a) a little+셀 수 없는 명사: 조금 있는 (약간의 ~)
　　　　I have **a little money**.
　　　　나는 가지고 있다.(have) 약간의(a little) 돈을
　　(b) little+셀 수 없는 명사: 거의 없는 (극히 적은)
　　　　I have **little money**.
　　　　나는 가지고 있다.(have) 극히 적은(little) 돈을 (돈이 거의 없다.)
③ 명사 없이 'a few/few'와 'a little/little'만 쓸 수도 있음
　　(a) a: How many cities did you visit in China?
　　　　얼마나 많은 도시들을(how many cities) 너는 방문했니?(did you visit) / 무엇 안에서(in) 중국 (중국에서)
　　　　b: **A few**. (A few cities)
　　　　약간의(몇몇) 도시들(을 방문했어.)
　　(b) a: Would you like some coffee?
　　　　했으면 좋겠나요?(would) 당신 좋아하는 것(like) 약간의(some) 커피를
　　　　(당신 원하나요? 약간의 커피를 → 커피 좀 드시겠어요?)
　　　　b: Yes, just **a little**. (a little coffee)
　　　　예. 딱 그대로(정말) 조금만

⒀ **부분부정과 전체부정**
　① every, all, both와 not를 같이 쓰면 부분부정이 됨
　② They **don't** know **everything**. (부분부정)
　　그들은 알고 있지 않다. 모든 것을 (모든 것을 아는 것은 아니다.)
　　They **don't** know **anything**. (전체부정)
　　그들은 알고 있지 않다. 어떤 것도 (아무것도 모른다.)
　③ I did **not** meet **all of them**. (부분부정)
　　나는 만나지 않았다. 모두를(all) 그들의(of them) (그들 모두를 만난 것은 아니다.)
　　I did **not** meet **any** of them. (전체부정)
　　나는 만나지 않았다. 어떤 사람도(any) 그들의(of them) (아무도 만나지 않았다. 그들 중)
　④ I **don't** know **both** of them. (부분부정)
　　나는 알고 있지 않다. 둘 다를(both) 그들의(of them) (내가 아는 것은 아니다. 그들 둘 다를)
　　I **don't** know **either** of them. (전체부정)
　　나는 알고 있지 않다. 어느 하나도(either) 그들의(of them) (어느 하나도 모른다. 그 둘 중)

Part 24 관계사(關係詞)(관계대명사, 관계부사, 관계형용사)

1. that절
(1) **that**과 **that**절
   ① that: 불확실한 것을 '바로 그것'이라고 분명히 가리키는 지시어
   ② that절: 오해 가능한 것을 '바로 그건 무엇'이라고 분명히 정의해 객관적인 상태로 만든 절
(2) **that**절의 형태
   ① 접속사 that+완전한 문장
      (a) 부연설명의 that절
         ⓐ I believe **that** he is honest.
            나는 믿는다.(believe) / 그건(that) 그가 정직하다고(he is honest)
         ⓑ I believe he is honest.
            ▶ 좀 더 세련되게 표현하기 위해 that 생략 (언어의 경제성)
      (b) 동격(同格)의 that절
         ⓐ 부연설명하는 앞의 명사와 that 사이에 be가 생략됨
         ⓑ The fact **that** he is honest is true.
            =The fact (is) **that** he is honest is true.
            그 사실 그건(that) 그가 정직하다는 것 / 이다(is) 진실인 상태(true)
            (그가 정직하다는 사실은 진실이다.)
            ▶ tree의 원뜻은 '단단한 것'임. 여기에서 '나무'라는 뜻이 나왔고, true는 tree처럼 '단단해서 변하지 않는 것'을 의미함. 여기에서 '진실, 진짜' 등의 의미가 나왔음
      (c) 문장 전체를 부연설명하는 부사절
         I am sure **that** he is honest.
         나는 이다.(am) 확신하는 상태(sure) / 그건(that) 그가 정직하다고(he is honest)
         (나는 확신한다. 그건 그가 정직하다고)
   ② 관계대명사 that+불완전한 문장
      I have *a friend* **that** lives in Seoul.
      나는 가지고 있다.(have) 한 친구를 / 그는(that) 산다.(lives) 무엇 안에(in) 서울 (서울에)

2. 관계대명사(關係代名詞)
(1) 관계사(關係詞)
   ① 관계사란? 둘을 서로 이어 주는 말 (係–이을 계)

② 관계사에는 관계대명사, 관계부사, 관계형용사가 있음

  ⓐ 관계대명사: 관계(둘을 이어줌)+대명사 → 접속사의 역할을 하는 대명사

  ⓑ 관계부사: 관계(둘을 이어줌)+부사 → 접속사의 역할을 하는 부사

  ⓒ 관계형용사: 관계(둘을 이어줌)+형용사 → 접속사의 역할을 하는 형용사

(2) **관계대명사를 사용하는 이유**

어떤 사람, 사물, 사실 등에 대해 의도적으로 멋지게 포장하여 말하고 싶을 때나 듣는 이나 읽는 이가 잘 모를 것 같아 부연설명을 하고 싶을 때 사용

> I have **a friend. He** lives in London.
>   주어
>
> I have **a friend who** lives in London.
>   선행사 관계대명사

(3) **관계대명사의 종류**

종 류	선행사(先行詞)	주격	소유격	목적격
who	사람	who	whose	whom
which	동물, 사물	which	whose, of which	which
that	사람, 동물, 사물	that	–	that

(4) **사람을 부연설명하는 관계대명사**

① 관계대명사 that을 사용할 때

  I know a woman. **She** can speak four languages.

  ⇒ I know a woman **that** can speak four languages.

  나는 알고 있다. 한 여성을 / **그녀는**(that) 말할 수 있다.(can speak) 4개 국어를

- ▶ 'a woman'을 멋지게 포장하고 싶거나 부연설명하려고 that절로 설명했음
- ▶ 한정적 용법이니까 뒤부터 해석하고 앞으로 다시 돌아오라는 것은 말이 안 됨. 이 세상 어느 언어도 진행하다가 다시 앞으로 돌아와서 말하지는 않음
- ▶ 관계사 세계에서는 that이 대표이므로 계속적 용법 빼곤 무조건 모든 관계대명사, 관계부사로 먼저 사용됨. 의문대명사는 궁금증을 유발시키기 위해 대신 쓰는 대타임

② 관계대명사 that 대신 의문대명사를 사용할 때 (한정적 용법)

  I know a woman **who** can speak four languages.

  나는 알고 있다. 한 여성을 / **그녀는**(who) 말할 수 있다.(can speak) 4개 국어를

- ▶ 듣는 이에게 'a woman'이 누구인지 궁금증(의문)을 유발시키고 싶을 때 that 대신 의문대명사인 who나 which 사용

③ 관계대명사 that 대신 쉼표(,)와 의문대명사를 사용할 때 (계속적 용법)

　I know a woman, **who** can speak four languages.

　나는 알고 있다. 한 여성을, (잠깐 쉬고) / 그녀는(who) 말할 수 있다. 4개 국어를

　▶ 'a woman'에 대한 궁금증을 더 유발시키고 싶을 때 쉼표(,)와 의문대명사 사용. 궁금하게 만든 거니까 확실성을 의미하는 that은 사용 못 함

(5) 사물을 부연설명하는 관계대명사

① I have a book. **It** is very interesting.

　⇒ I have a book **that** is very interesting.

　나는 가지고 있다. 한 권의 책을 / **그건**(that) 이다.(is) 매우 재미있는 상태

② I have a book **which** is very interesting.

　나는 가지고 있다. 한 권의 책을 / **그건**(which) 이다.(is) 매우 재미있는 상태

　▶ 부연설명의 that 대신 궁금증 유발의 의문대명사 which 사용

③ I have a book, **which** is very interesting.

　나는 가지고 있다. 한 권의 책을, (잠깐 쉬고) / 그건(which) 이다.(is) 매우 재미있는 상태

　▶ 듣는 이에게 더 궁금증을 유발시키고 싶을 때 쉼표(,)와 의문대명사 사용

(6) 관계대명사의 생략

① 관계대명사가 목적격으로 사용된 경우의 생략

　(a) 타동사의 목적어

　　This is the girl **(that/whom)** we saw yesterday.

　　이 사람은 이다.(is) 그 소녀 / **그 소녀를**(that) 우리는 보았다.(saw) 어제

　(b) 전치사의 목적어

　　This is the house **(which)** she lives **in**.

　　이것은 이다.(is) 그 집 / **그 집**(which) 안에서(in) 그녀는 산다.(lives)

② '주격 관계대명사+be동사'의 생략

　(a) '명사와 현재분사'의 사이: '관계대명사+be동사' 한꺼번에 생략

　　He is looking at a bird **(which is)** flying in the sky.

　　그는 이다.(is) 보고 있는 상태(looking at) 한 마리의 새를 / **그 새는**(which) 이다.(is) 날고 있는 상태(flying) / 무엇 안에서(in) 하늘 (하늘에서)

　(b) '명사와 과거분사'의 사이: '관계대명사+be동사' 한꺼번에 생략

　　I have a watch **(which was)** made in Korea.

　　나는 가지고 있다.(have) 하나의 시계를 / **그 시계를**(which) 이었다.(was) 만들었던 상태 (made) / 무엇 안에서(in) 한국 (한국에서)

③ 'there 구문'에서의 생략

　(a) 'there 구문' 뒤에 주격 관계대명사가 올 때 생략 가능

There is a boy (who) loves you.
있다.(there is) 한 소년 / 그 소년은(who) 사랑한다.(loves) 당신을

(b) 관계대명사 뒤로 'there 구문'이 이어질 때 생략 가능

At last he had done all (that) there was to be done.
마침내(at last) 그는 가지고 있었다.(had) 했었던 상태를(done) 모든 일을 / 그 모든 일을(that) 있었다.(there was) 했던 상태이기로 되어 있는 상태로(to be done) (마침내 그는 했었다. 모든 일을 / 해야 할)

④ 관계대명사가 보어 역할을 할 때의 생략

He is not the man (that) he was.
그는 아니다.(is not) 그 사람이 / 그 사람(that) 그가 예전에 이었던(was)
(그는 예전의 그가 아니다.)

⑤ 'It is(was) ~ that' 강조구문에서 강조되는 말이 '주어'일 때

It was Alice (that/who) told it to me.
그것은 엘리스였다. / 그녀는(that) 말해 주었다. 그것을(it) 무엇을 목표로(to) 나 (나에게)
(나에게 그것을 말해 준 사람은 바로 엘리스였다.)

(7) 선행사 부연설명에 가급적 that을 사용해야 하는 경우

① 선행사를 '최상급, 서수, the same, the only, the very, every, all, any, no' 등으로 상세하게 설명하여 확실하게 의미를 제한하는 경우

② 이때 궁금증을 유발하는 의문사(의문대명사, 의문부사)를 가급적 피하고 확실성을 의미하는 that을 사용

(a) You are **the first man that** came here.
당신은 이다.(are) 첫 번째 사람(최초의 사람) / 그 사람은(that) 왔다. 여기에(here)
(당신은 최초의 사람이다. 여기에 왔던)

(b) Man is **the only animal that** can speak.
사람은 이다.(is) 유일한 동물 / 그 동물은(that) 말할 수 있다.(can speak)
(사람은 유일한 동물이다. 말할 수 있는)

(c) This is **the very book that** we should read.
이것은 이다.(is) 바로 그 책(the very book) / 그 책을(that) 우리는 읽어야 한다.(should read)
(이것은 바로 그 책이다. 우리가 읽어야 할)

(d) I told the fact **every student that** I know.
나는 말했다.(told) 그 사실을 모든 학생들에게 / 그 학생들을(that) 나는 알고 있다.(know)
(나는 이야기했다. 그 사실을 모든 학생들에게 내가 알고 있는)

(e) I gave her **all the money that** I got.
나는 주었다.(gave) 그녀에게(her) 모든 돈을(all the money) / 그 돈을(that) 내가 가졌던(I got)
(나는 주었다. 그녀에게 내가 가졌던 모든 돈을)

(f) **Any man that** can speak English fluently can pass the test.
어떤 사람이라도(any man) 그 **사람은(that)** 말할 수 있는데(can speak) 영어를 유창하게 / 지나갈 수 있다.(can pass) 그 시험을 (영어를 유창하게 할 수 있는 어떤 사람도 통과할 수 있다. 그 시험을)

(8) 선행사 부연설명에 반드시 that만 사용할 수 있는 경우
① ①선행사의 종류가 여러 가지일 때 즉, 사람과 동물, 서로 다른 동물, 서로 다른 사물 등일 때, ②서두에 의문사 등으로 궁금증을 먼저 유발했을 때는 오해를 부를 수 있어 확실성을 의미하는 that을 반드시 사용함
② Look at **the girl and the puppy that** are walking over there.
봐라.(look at) 그 소녀와 그 강아지를 / **그들이(that)** 이다.(are) 걸어가고 있는 상태 저기에
③ **Which** is your cell phone **that** you lost yesterday?
어느 것이 이죠?(which is) 당신 핸드폰 / **그것(that)** 당신이 잃었던(you lost) 어제
▶ 의문사 which는 정말 몰라서 사용한 것인데 부연설명으로 which를 또 사용해 궁금증을 더 강조하면 놀리는 결과가 되므로 확실성을 의미하는 that 사용
④ **Who that** has common sense can believe such a thing?
누가(who) / **그 누구는(that)** 가지고 있는데(has) 상식을(common sense) / 믿을 수 있나?(can believe) 그러한 것을 (상식을 가진 누가 믿겠는가? 그런 것을)

3. 관계부사(關係副詞)

(1) **장소, 시간, 이유, 방법의 명사를 부연설명하는 that과 의문부사**
that은 부연설명하게 되는 that 앞의 명사(선행사)가 그 부연설명 안에 명사로 존재하면 당연히 관계대명사(명사 역할)가 되고, 부사(구)로 존재하게 되면 관계부사(부사 역할)가 됨

(2) **관계대명사와 관계부사의 차이점**
① 관계대명사는 접속사와 대명사의 역할, 관계부사는 접속사와 부사의 역할
② 관계대명사는 동사의 주어나 목적어가 되거나 전치사의 목적어가 되지만, 관계부사는 그 다음에 '주어+동사'의 어순이 됨

(3) **장소명사 부연설명 (선행사 place / 관계부사 where)**
① This is the place **that** I lived. (관계부사 that)
이곳은 이다. 그 장소(the place) / **그 장소에서(that)** 나는 살았다.
▶ 관계부사 that=in the place
② This is the place I lived. (관계부사 that 생략)
이곳은 이다. 그 장소 / **(그 장소에서)** 내가 살았다.
③ This is the place **where** I lived. (관계부사 where-궁금증 유발)
이곳은 이다. 그 장소 / **그 장소에서(where)** 내가 살았다.

► 장소를 의미하는 의문부사 where를 사용해 궁금하게 만듦

④ This is the place **, where** I lived. (관계부사 where-문어체)
이곳은 이다. 그 장소 / **그 장소에서(where)** 내가 살았다.

► 더 궁금하게 만들고 싶을 때 쉼표(,)를 찍고 잠깐 쉬었다 말함

⑤ This is the place **that** I lived **in**. (관계대명사 that)
이곳은 이다. 그 장소 / **그 장소(that)** 안에서(in) 내가 살았다.

⑥ This is the place I lived **in**. (that 생략)
이곳은 이다. 그 장소 / **(그 장소)** 안에서(in) 내가 살았다.

⑦ This is the place **which** I lived **in**. (관계대명사 which-궁금증 유발)
이곳은 이다. 그 장소 / **그 장소(which)** 안에서(in) 내가 살았다.

► that 대신 궁금증 유발 위해 관계대명사 which 사용

⑧ This is the place **in which** I lived. (관계대명사 which-문어체)
이곳은 이다. 그 장소 / **안에서(in) 그 장소(which)** 나는 살았다.

⑨ This is **where** I lived. (의문부사○, 관계부사×)
이곳은 이다. / **어디에(where)** 내가 살았던 (이곳은 내가 살았던 곳이다.)

► 선행사가 없으므로 where는 관계부사가 아니라 그냥 의문부사임

(4) 시간명사 부연설명 (선행사 time 또는 day / 관계부사 when)

① I know the time **that** she will show up. (관계부사 that)
나는 알고 있다. 그 시간을 / **그 시간에(that)** 그녀가 나타날 것이다.(will show up)

► 관계부사 that=at the time

② I know the time she will show up. (관계부사 that 생략)
나는 알고 있다. 그 시간을 / **(그 시간에)** 그녀가 나타날 것이다.

③ I know the time **when** she will show up. (관계부사 when)
나는 알고 있다. 그 시간을 / **그 시간에(when)** 그녀가 나타날 것이다.

► 시간을 의미하는 의문부사 when을 사용해 궁금증을 유발시킴

④ I know the time **that** she will show up **at**. (관계대명사 that)
나는 알고 있다. 그 시간을 / **그 시간(that)에(at)** 그녀가 나타날 것이다.

⑤ I know the time she will show up **at**. (관계대명사 that 생략)
나는 알고 있다. 그 시간을 / **(그 시간)에(at)** 그녀가 나타날 것이다.

⑥ I know the time **which** she will show up **at**. (관계대명사 which)
나는 알고 있다. 그 시간을 / **그 시간(which)에(at)** 그녀가 나타날 것이다.

► that 대신 궁금증 유발 위해 관계대명사 which 사용

⑦ I know the time **at which** she will show up. (문어체)
나는 알고 있다. 그 시간을 / **그 시간에(at which)** 그녀가 나타날 것이다.

⑧ I know **when** she will show up. (의문부사 ○, 관계부사 ×)

　　나는 알고 있다. / **언제(when)** 그녀가 나타날지를

　　▶ 선행사가 없으므로 when은 관계부사가 아니고 의문부사임

(5) 이유명사 부연설명 (선행사 reason / 관계부사 why)

① I don't know the reason **that** she got angry. (관계부사 that)

　　나는 모른다. 그 이유를 / **그 이유 때문에(that)** 그녀는 가졌다. 화난 상태를

　　▶ 관계부사 that=for the reason

② I don't know the reason she got angry. (관계부사 that 생략)

　　나는 모른다. 그 이유를 / **그 이유 때문에(that)** 그녀는 가졌다. 화난 상태를

③ I don't know the reason **why** she got angry. (관계부사 why)

　　나는 모른다. 그 이유를 / **그 이유 때문에(why)** 그녀는 가졌다. 화난 상태를

④ I don't know the reason **that** she got angry **for**. (관계대명사 that)

　　나는 모른다. 그 이유를 / **그 이유(that) 때문에(for)** 그녀는 가졌다. 화난 상태를

⑤ I don't know the reason she got angry **for**. (관계대명사 that 생략)

　　나는 모른다. 그 이유를 / **(그 이유) 때문에(for)** 그녀는 가졌다. 화난 상태를

　　▶ 전치사 for의 목적격이라 that 생략

⑥ I don't know the reason **which** she got angry **for**. (관계대명사)

　　나는 모른다. 그 이유를 / **그 이유(which) 때문에(for)** 그녀는 가졌다. 화난 상태를

　　▶ that 대신 궁금증 유발 위해 의문대명사 which 사용

⑦ I don't know the reason **for which** she got angry. (문어체)

　　나는 모른다. 그 이유를 / **때문에(for) 그 이유(which)** 그녀는 가졌다. 화난 상태

⑧ I don't know **why** she got angry. (의문부사 ○, 관계부사 ×)

　　나는 모른다. / **왜(why)** 그녀가 가졌는지를 화난 상태를

　　▶ 선행사가 없으므로 why는 관계부사가 아니라 의문부사임

(6) 방법명사 부연설명 (way / how ×)

① way를 부연설명할 수 있는 접속사는 that밖에 없음

　　the way와 how는 둘 다 '방법'의 뜻으로 동어반복이므로 나란히 쓸 수 없음

② This is the way **that** I solved the problem. (관계부사 that)

　　이것은 이다. 그 방법 / **그 방법 안에서(that)** 내가 풀었다. 그 문제를

　　▶ 말하는 이가 the way를 부사처럼 느껴 관계부사로 부연설명함

　　▶ 관계부사 that=in the way

③ This is the way I solved the problem. (관계부사 that 생략)

　　이것은 이다. 그 방법 / **(그 방법 안에서)** 내가 풀었다. 그 문제를

④ This is the way **that** I solved the problem **in**. (관계대명사 that)

이것은 이다. 그 방법 / **그 방법**(that) **안에서**(in) 내가 풀었다. 그 문제를

⑤ This is the way I solved the problem **in**. (that 생략)

이것은 이다. 그 방법 / **(그 방법) 안에서**(in) 내가 풀었다. 그 방법

⑥ This is the way **which** I solved the problem **in**. (관계대명사)

이것은 이다. 그 방법 / **그 방법**(which) **안에서**(in) 내가 풀었다. 그 문제를

▶ that 대신 궁금증 유발 위해 의문대명사 which 사용

⑦ This is the way **in which** I solved the problem. (문어체)

이것은 이다. 그 방법 / **안에서**(in) **그 방법**(which) 나는 풀었다. 그 문제를

⑧ This is **how** I solved the problem. (의문부사○, 관계부사×)

이것은 이다. / **어떻게**(how) 내가 풀었는지 그 문제를

(이것이 내가 그 문제를 푼 방법이다.)

▶ 선행사가 없으므로 how는 관계부사가 아니라 의문부사임

4. 관계형용사(關係形容詞)

(1) 전치사 of와 '목적격 의문대명사(which, whom)'를 함께 사용하거나, 무엇의 소유격을 의미하는 의문형용사 whose를 사용하게 됨. 전체를 확실하게 밝히는 용도인 that은 사용할 수 없음

(2) whose: 명사의 일부분에 대해 부연설명함

① I know a girl. Her hair is very long.

⇒ I know a girl **whose** hair is very long.

나는 알고 있다. 한 소녀를 / **그녀의**(whose) 머리는(hair) 이다.(is) 매우 긴 상태(very long)

② This is my book. Its cover is yellow green.

⇒ This is my book **whose** cover is yellow green.

이것은 이다.(is) 나의 책 / **그것의**(whose) 표지는(cover) 이다.(is) 연두색

(3) 선행사가 '사물일 때(of which)'와 '사람일 때(of whom)'

① This is **the house**. The roof of the house is blue.

⇒ This is the house the roof **of which** is blue. (선행사가 사물)

이것은 이다.(is) 그 집 / 지붕은 **그 집의**(of which) 이다.(is) 파란색인 상태

② There are **10 students**. All of the students are women.

⇒ There are 10 students all **of whom** are women. (선행사가 사람)

있다.(there are) 10명의 학생들 / 모두(all) **그들의**(of whom) 이다.(are) 여성

(10명의 학생들이 있는데, 그들 모두는 여성이다.)

5. 복합관계대명사(複合關係代名詞)

(1) 관계대명사에 '-ever'가 붙은 형식으로서 선행사가 없음

　　ever : ev(오래된)+것(er) → 언제나(때), 모두(사람, 사물, 동물)

(2) 명사적 용법 (whatever 무엇이든지)

　　① whatever : what(무엇)+ever(언제나) → 무엇이든지

　　② **Whatever** you may do, you must do your best.

　　　무엇이든지를(whatever) 당신이 할 수도 있는(you may do), 당신은 해야 한다.(must do) 당신의 최선을(your best) (당신이 무엇을 하든지, 당신은 해야 한다. 당신의 최선을)

　　=**No matter what** you may do, you must do your best.

　　▶ no matter what : no(어떤 ~도 아닌)+matter(중요하다)+what(무엇) → 무엇이라는 게 중요한 것이 아니다 → 무엇이든지

(3) 부사적 용법 (양보의 부사절을 유도) (whoever 누구든지)

　　① whoever : who(누구)+ever(언제나) → 누구든지

　　② **Whoever** may come here, you must be kind to him.

　　　누구든지(whoever) 올 수도 있는(may come) 여기에, / 당신은 이어야 한다.(must) 친절한 상태이다.(be kind) 그에게(to him) (누가 오든지 여기에, 당신은 친절해야 한다. 그에게)

(4) 형용사적 용법

　　I will give you **whatever** book (that) you want to read.

　　나는 줄 것이다.(will give) 너에게(you) / 무슨(어떤) 책이든지(whatever book) (그건that) 네가 원하는(want) 읽기를(to read)

　　=I will give you **any book that** you want to read.

6. 복합관계부사(複合關係副詞)

(1) wherever, whenever, however 등이 있으며, 선행사를 포함하고 있음

(2) **wherever** : where(어디에서)+ever(언제나) → 어디에서든지

　　He gets lost **wherever** he goes.

　　그는 가진다.(gets) 길 잃은 상태를(lost) / 어디에서든지(wherever) 그가(he) 가는(goes)

　　(그는 길을 잃는다. 어디에서든지)

　　=He gets lost **at any place where** he goes.

(3) **whenever** : when(언제)+ever(언제나) → 언제든지

　　He is busy **whenever** I call on him.

　　그는 바쁘다.(is busy) / 언제든지(whenever) 내가 방문하는(call on) 그를

　　=He is busy **at any time when** I call on him.

(4) **however**: how(어떻게)+ever(언제나) → 아무리 어떻게 해도

You cannot beat him, **however** hard you may try.

너는 할 수 없다.(cannot) 이기는 것(beat) 그를 / 아무리 열심히(however hard) 네가 노력할 수도 있더라도(may try) (너는 이길 수 없다. 그를 / 아무리 열심히 노력해도)

=You cannot beat him, **no matter how** hard you may try.

7. 복합관계형용사(複合關係形容詞)

(1) 다음에 오는 명사를 수식하는 형용사 역할을 함

(2) You may wear **whichever** dress you want. (=any dress that)

너는 할 수도 있다.(may) 입는 것(wear) / 어느 옷이든지(whichever dress) 네가 원하는

(너는 입을 수 있다. 어느 옷이든지 네가 원하는)

8. 의사관계대명사(擬似關係代名詞)

(1) 관계대명사와 비슷한 말

(2) 접속사 as는 선행사 앞에 'such, the same'이 있을 때 관계대명사로 쓰임

(3) Don't trust **such** people **as** praise you to your face.

믿지 마라.(don't trust) 그러한(such) 사람들을 / 그건 다음과 같은(as) 칭찬하는(praise) 너를(you) 면전에서(to your face) (믿지 마라. 그러한 사람들을 너를 면전에서 칭찬하는)

(4) **This is *the same* watch *as* I lost.**

이것은 이다.(is) 같은(the same) 시계 / 그건 다음과 같은(as) 내가(I) 잃었던 것과(lost)

(이것은 같은 시계이다. 내가 잃었던 것과)

Part 25 형용사(形容詞)

1. 형용사의 종류
(1) 대명(代名)형용사: 대명사가 명사를 수식하는 형용사의 역할을 하는 경우

   ① **This** pencil is different from **that** one. [지시형용사]
   이 연필은(this pencil) 이다.(is) 다른 상태(different) / 무엇에서부터 시작하여(from) 저것(that one)
   (이 연필은 다르다. 저 연필과)

   ② **What** school do you want to go to? [의문형용사]
   무슨 학교로(to what school) / 너 원하니?(do you want) 가기를(to go)
   (어떤 학교로 너는 가기를 원하니?)

   ③ **Any** child can do that. [부정(不定)형용사]
   어떤 아이라도(any child) 할 수 있다.(can do) 그렇게(that)

(2) 수량형용사

   ① 수사(數詞)

      (a) 기수(基數): 기본이 되는 수 (one, two, three, …)

      (b) 서수(序數): 순서를 나타내는 수 (first 첫 번째, second 두 번째, third, …)

      (c) 배수(倍數): 두 배, 세 배 등 (two times(twice) 두 배, three times 세 배, …)

   ② 부정(不定) 수량형용사: some, any, few, little, many, much, …

(3) 성상(性狀)형용사: 사람이나 사물의 성질이나 상태를 나타내는 형용사

   ① 본래의 형용사로 된 것: a **wise** boy 지혜로운 소년
   ② 물질명사에서 온 것: a **silver** spoon 은수저
   ③ 고유명사에서 온 것: a **French** girl 프랑스 소녀
   ④ 분사(分詞)에서 온 것: **lost** time 잃어버린 시간

2. 형용사의 용법
(1) 한정적(限定的) 용법: 명사의 앞 또는 뒤에서 그 명사를 수식함

   How about **Mexican** food?
   어떻게 (생각해?) 무엇에 관하여(about) 멕시코 음식 (어때? 멕시코 음식)

(2) 서술적(敍述的) 용법: 주격보어 또는 목적격보어로 쓰임

   ① I'm **thirsty**. Can I have a glass of water? (주격보어)
   나는 이다.(am) 목마른 상태(thirsty) / 할 수 있니?(can) 나 가지고 있는 것(have) 한 잔의 물을
   (나는 목마르다. 나는 마실 수 있을까? 한 잔의 물을)

② I found the story very **interesting**. (목적격보어)

나는 찾아냈다.(I found) 그 이야기가(the story) 매우 재미있다는 것을(very interesting)

3. 형용사의 어순

(1) 형용사의 위치는 보통 '관사+부사+형용사+명사'의 순서

This is **a very intersting** book.

이것은 이다.(is) 매우 재미있는(interesting) 책

(2) 두 개 이상의 형용사는 '관사+수량형용사+성상형용사+명사'의 순서

Those two tall boys are her sons.

저 두 명의 키 큰(those two tall) 소년들은 / 이다.(are) 그녀의 아들들

(3) 성상형용사가 두 개 이상일 경우에는 명사와 의미상 가장 밀접한 것을 가까이 위치시킴

I saw a **pretty French** girl in the park.

나는 보았다. 예쁜(pretty) 프랑스(French) 소녀를 / 무엇 안에서(in) 공원 (공원에서)

(4) **something, anything, nothing, everything** 등 '-thing'으로 끝나는 말들을 수식하는 형용사는 그 뒤에 위치함

I want to drink **something hot**. [hot something(×)]

나는 원한다.(want) 마시기를(to drink) 어떤 것을(something) 뜨거운(hot)

▶ anything, something 등의 합성어는 애매모호성을 갖는 부정대명사임. 따라서, 형용사가 앞에서 수식해서 애매모호성을 잃게 되면 부정대명사로서의 본질을 잃게 되므로 형용사가 뒤로 가는 것임

4. 수량형용사

(1) 기수(基數)와 서수(序數)를 읽는 법: 서수 앞에는 보통 the를 씀

기수	서수	기수	서수
one (1)	first (1st)	eleven (11)	eleventh (11th)
two (2)	second (2nd)	twelve (12)	twelfth (11th)
three (3)	third (3rd)	thirteen (13)	thirteenth (13th)
four (4)	fourth (4th)	fifteen (15)	fifteenth (15th)
five (5)	fifth (5th)	twenty (20)	twentieth (20th)
six (6)	sixth (6th)	twenty-one (21)	twenty-first (21st)
seven (7)	seventh (7th)	thirty (30)	thirtieth (30th)

기수	서수	기수	서수
eight (8)	eighth (8th)	forty (40)	fortieth (40th)
nine (9)	ninth (9th)	one hundred (100)	one hundredth
ten (10)	tenth (10th)	one hundred one (101)	one hundred first

(2) 정수(整數)

① 200=two hundred ► 2,000=two thousand

② 20,000=twenty thousand

③ 25,687=twenty five thousand, six hundred (and) eighty seven

(3) 분수와 소수: 분자는 기수로, 분모는 서수로 읽음. 분자가 2 이상인 경우에는 분모에 s를 붙여 읽음

① $\frac{1}{2}$=one half (or a half) ② $\frac{7}{8}$=seven-eighths

③ $2\frac{3}{4}$=two and three fourths ④ 3.14=three point one four

(4) 연도, 월, 일

① 1979=nineteen seventy-nine

② 1900=nineteen hundred

③ 2005=two thousand five

④ August 4(th)=August (the) fourth 혹은 the fourth of August

(5) 시각과 전화번호: 전화번호는 한 자씩 읽음. 0은 [ou]라고 읽는 것이 보통이나, zero라고도 읽음

① 10:20 a.m.=ten twenty a.m.[eiem] (오전 10시 20분)

② 02:30 p.m.=two thirty p.m.[pi:em] (오후 2시 30분)

③ 776-2609=seven seven six, two six 0[ou] nine

④ $3.50=three dollars and fifty cents

⑤ Room 506=room five, 0[ou], six (506호실)

(6) 배수사(倍數詞)의 용법

① That house is **twice** as large as this one.

저 집은 이다.(is) 두 배(twice) 그렇게(as) 큰 상태(large) / 그건 다음과 같이(as) 이 집과

(저 집은 두 배 크다. 이 집보다)

► large: (면적, 용량이) 큰, 넓은

► twice는 '두 배'와 '두 번'의 뜻이 있음

② I have been to London **twice**.

나는 가지고 있다.(have) 있었던 상태를(been) / 무엇을 목표로 가서(to) 런던 (런던으로 가서) 두 번

(나는 가본 적이 있다. 런던에 두 번)

③ I have **three times** as many books as he (has).

나는 가지고 있다.(have) 세 배(three times) / 그렇게(as) 많은 책을(many books) / 그건 다음과 같이(as) 그가 가지고 있는 것과 같이 (나는 책을 가지고 있다. 세배 많은 책을 그보다)

Part 26 부사(副詞)

1. 부사의 종류와 형태
(1) 부사를 만드는 법: '형용사+ly'가 대부분을 차지함
  ① 형용사+ly: quick-quick**ly**
  ② -y로 끝나는 형용사: easy-eas**ily**
  ③ -ue로 끝나는 형용사: true-tru**ly**
  ④ -le로 끝나는 형용사: gentle-gent**ly**
  ⑤ -ic로 끝나는 형용사: dramatic-dramat**ically**
  ※ 명사+ly=형용사: love-love**ly**(사랑스러운) / friend-friend**ly**(친한)
  ※ good의 부사는 well: good(좋은)-well(잘)

(2) 형용사와 부사의 형태가 같은 것
  ① **long** river 긴 강 / live **long** 오래 살다
  ② **hard** work 어려운 일 / work **hard** 일하다. 열심히
  ③ an **early** riser 일찍 일어나는 사람 / get up **early** 일어나다. 일찍
  ④ a **late** dinner 늦은 저녁 식사 / go to bed **late** 자다. 늦게

(3) 형용사에 -ly를 붙여 다른 뜻의 부사가 되는 것도 있음
  ① high 높은 → highly 매우
  ② near 가까운 → nearly 거의
  ③ hard 어려운 → hardly 거의 ~않다
  ④ late 늦은 → lately 최근에

(4) 부사와 형용사 비교

형용사는 사람이나 사물이 어떠한지를 나타낼 때 씀	부사는 행동이나 일이 어떻게 일어나는지를 나타낼 때 씀
• My computer is **slow**. 내 컴퓨터는 이다.(is) 느린 상태(slow)	• My computer runs **slowly**. 내 컴퓨터는 달린다.(작동한다) 느리게(slowly)

2. 부사의 용법과 위치
(1) 부사의 용법
  ① 동사를 수식

  He studies **hard** every day.
  그는 공부한다.(studies) 열심히(hard) 매일(every day)

② 형용사를 수식

    This problem is **very** difficult.

    이 문제는 이다.(is) 매우 어려운 상태(very difficult) (이 문제는 매우 어렵다.)

③ 다른 부사를 수식

    Thank you **very** much.

    감사합니다. 당신에게 매우(very) 많이(much)

④ 명사 또는 대명사를 수식

    Only he knows the fact.

    오로지(only) 그만이(he) 알고 있다.(knows) 그 사실을

⑤ 문장 전체를 수식

    Happily he did not die.

    다행히도(happily) 그는 죽지 않았다.(did not die)

    cf) He did not die **happily**.

        그는 죽지 않았다. 행복하게(happily)

(2) **부사의 위치**

① 부사가 형용사와 부사를 수식하는 경우에는 그 말 바로 앞에 옴

    The lady is **very** beautiful.

    그 숙녀는 이다.(is) 매우(very) 아름다운 상태

② 어떤 일을 얼마나 자주 하는지를 말할 때 빈도(정도)부사를 씀

  (a) 여기에 해당하는 부사에는 'usually(보통), sometimes(때때로), always(항상), often(자주), hardly(거의 ~아니다), rarely(거의 ~하지 않는), never(결코 ~이 아니다), almost(거의), nearly(거의)' 등이 있음

  (b) 빈도(정도)부사의 위치

    ⓐ 존재동사(be동사, 완료형의 have, 미래조동사) 뒤

      ◉ 부사가 절대자인 존재동사 앞에 서면 안 되므로 존재동사 뒤에 옴

      ◉ She *is often* late for the meeting. (be동사 뒤)

        그녀는 이다.(is) 가끔(often) 지각하는 상태(late) / 무엇만을 생각하면서(for) 그 모임

        (그녀는 가끔 지각한다. 그 모임에)

      ◉ We *have never* been to india. (완료형의 have 뒤)

        우리는 가지고 있다.(have) 결코 아니게(never) (결코 가지고 있지 않다.) 있었던 상태(been) / 무엇을 목표로(to) 가서 인도 (우리는 가본 적이 전혀 없다. 인도에)

      ◉ You *can always* call me when you need help. (미래조동사 뒤)

        너는 할 수 있다.(can) 항상(always) 전화하는 것(call) 나에게 / 그때(when) 네가 필요로 할 때(need) 도움을(help)

ⓑ 동작동사 앞
- ⊙ 동작동사는 절대자가 아니므로 부사가 앞에 와도 상관 없음
- ⊙ He **always comes** in time.
  그는 항상(always) 가까워진다.(comes) / 무엇 안에(in) 시간 (정해진 시간 안에)
  (그는 항상 온다. 시간 안에)
- ⊙ I don't **usually eat** a lot.
  나는 하지 않는다(don't) 보통(usually) 먹는 것(eat) 많이(a lot)

③ 어떤 행동을 얼마나 자주 하는지를 횟수로 나타내는 표현들이 있음
  (a) He goes to the gym **once a week**.
  그는 간다. / 무엇을 목표로(to) 체육관 (체육관으로) / 한 번(once) 일주일에(a week)
  (그는 체육관에 간다. 일주일에 한 번)
  (b) You should take this madicine **three times a day**.
  너는 해야 한다.(should) 가지는 것(take) 이 약을 / 세 번(three times) 하루에(a day)
  (너는 먹어야 한다. 이 약을 세 번 하루에)

④ 일정한 시간을 나타내는 부사는 맨 앞이나 뒤에 둠

  Yesterday he came to help me.
  어제 그는 가까워졌다.(왔다.)(came) / 꺼내주기(돕기) 위하여(to help) 나를

⑤ 부사가 두 개 이상 겹칠 때에는 '장소+방법+시간', '작은 단위 시간+큰 단위 시간'의 순서가 됨
  (a) They arrived **here safely last night**.
  그들은 도착했다. 여기에(here) 무사히(safely) 어젯밤에(last night)
  (b) He will leave Seoul **at twelve this Sunday**.
  그는 떠날 것이다.(will leave) 서울을 / 콕 찍듯 가리켜(at) 12시 (12시에) 이번 일요일

⑥ else는 수식하는 말 뒤에 옴
  (a) else: (앞서 언급된 것을 빼고) 그 외(밖)에
   ⓐ else는 '앞서 언급된 것을 뺀다'는 이미지임
   ⓑ 앞서 언급된 것을 없앴으니, 일단 새로운 것을 먼저 지정해 놓고 들어가야 말이 잘될 것이고 그 새로운 것이 else보다 핵심이기 때문에 명사가 else보다 먼저 나오는 것임
  (b) Do you need anything **else**?
  당신은 필요로 하나요?(need) 어떤 것(anything) 그 밖에(else)
  ▶ 식당에서 웨이터가 손님에게 서비스하면서 "더 필요하신 것이 있습니까?"라는 의미로 쓰는 표현
  (c) **What else** did you do?
  무엇(what)을 그 밖에(else) 했니(did)? 너 하는 것(you do)

⑦ 타동사와 부사가 결합하는 경우 부사의 위치

ⓐ 목적어가 명사이면 부사는 목적어 앞에 두어도 되고 뒤에 두어도 됨

Put **on** *the dress*.=Put *the dress* **on**.

놓아라.(put) 덧붙여서(on) (너 자신에) 그 옷을 → 입어라. 그 옷을

ⓑ 목적어가 대명사일 경우에는 '타동사+목적어+부사'의 순서가 됨

Put *it* **on**.(○) 놓아라.(put) 그것을 덧붙여서(on) (너 자신에) (그것을 입어라.)

Put **on** *it*.(×)

▶ 대명사 it이 타동사 put의 목적어가 아닌 on의 목적어인 것처럼 보여질 수 있기 때문에 대명사 it을 타동사 put 바로 뒤에 두는 것임

※ 자동사와 전치사의 결합

ⓐ '자동사+전치사'의 경우 원뜻에서 크게 벗어나지 않음

Look at the man.

눈을 돌려라.(look) 콕 찍듯 가리켜(at) 그 남자 (보아라. 그 남자를)

▶ look 눈을 돌리다 → look at 보다 (원뜻 변동×)

ⓑ '타동사+부사'의 경우 원뜻에서 많이 벗어남

Put **on** *the dress*.

놓아라.(put) 덧붙게(on) (너 자신에) 그 옷을 (입어라. 그 옷을)

▶ put 놓다 → put on 입다 (원뜻 변동○)

ⓒ '자동사+전치사'의 형태일 땐 두 성분이 합쳐져서 하나의 타동사 구실을 하므로 두 성분은 반드시 붙어 있어야 함. 따라서, 명사든 대명사든 전치사 다음에 위치해야 함

▶ look at him.(○) / look him at.(×)

▶ look at the man.(○) / look the man at.(×)

3. 주의할 부사의 용법

(1) **very와 much**

① very는 형용사와 부사의 원급을 수식하고, much는 비교급을 수식함. 최상급의 수식에는 very와 much 둘 다 쓸 수 있음

(a) This is a **very** *easy* book.

이것은 이다.(is) 매우(very) 쉬운 책

(b) The plane is **much** *faster* than the train.

그 비행기는 이다.(is) 훨씬(much) 더 빠른 상태(faster) / 그건 다음보다(than) 기차

(c) She is the **very(much)** *tallest girl* in her class.

그녀는 이다.(is) 매우(very) 가장 큰 소녀(tallest girl) / 무엇 안에서(in) 그녀의 반

② very는 현재분사를 수식하고, much는 과거분사를 수식함

(a) 과거에 감정이 형성되어 지금 어떤 상태인가를 나타내는 과거분사는 사람의 감정을 표시하는 것으로 셀 수가 없으므로 (하나, 둘처럼) 셀 수 없는 양을 표시하는 much와 어울림

(b) That book is **very** *interesting*.

저 책은 이다.(is) 매우(very) 흥미를 갖게 하고 있는(재미있는) 상태(interesting)

(저 책은 매우 재미있다.)

(c) He is **much** *interested* in music.

그는 이다.(is) 많이(much) 흥미를 가진 상태(interested) / 무엇 안에(in) 음악 (음악에)

(그는 많이 흥미를 가졌다. 음악에)

(d) 'tired, pleased, satisfied, surprised' 등은 과거분사이지만 이미 형용사처럼 쓰이는 단어이므로 very로 수식함

I was **very** *surprised* at the news.

나는 이었다.(was) 매우(very) 놀란 상태(surprised) / 콕 찍듯 가리켜(at) 그 소식 (그 소식에)

(나는 매우 놀랐다. 그 소식에)

(2) too

① 원뜻: 이미 존재하는 하나에 하나를 더하여(in addition) ⇒ ❶ 또한(역시) ❷ 일정 정도를 초과하여(너무)

② too+형용사, 부사: 너무 ~한(~하게)

You are eating **too** *quickly*.

너는 이다.(are) 먹고 있는 상태(eating) / 너무(too) 빨리(quickly)

③ too+형용사, 부사+for+사람: 너무 ~한 / ~에게

This bag is **too** *heavy for me*.

이 가방은 이다.(is) 너무(too) 무거운 상태(heavy) 무엇만을 생각하면(for) 나(me) (나에게)

(이 가방은 너무 무겁다. 나에게)

④ too+형용사, 부사(+for 사람)+to부정사: 너무 ~한 / (사람이) / ~하기에

This class is **too** *difficult for me to understand*.

이 수업은 이다.(is) 너무 어려운 상태(too difficult) / 내가(for me) 이해하기에(to understand)

(이 수업은 너무 어렵다. 내가 이해하기에는)

⑤ too many+clothes, mistakes 등 (셀 수 있는 명사)

I made **too** *many mistakes* on my exam.

나는 만들었다.(made) 너무 많은 실수를(too many mistakes) / 무엇에 덧붙여서(on) 나의 시험 (나의 시험에)

⑥ too much+time, work 등 (셀 수 없는 명사)

Don't spend **too** *much time* on the internet.

하지 마.(don't) 쓰는 것(spend) 너무(too) 많은(much) 시간을(time) / 무엇에 덧붙여서(on) 인터넷 (인터넷 상에서)

⑦ 명사 없이 'too many'나 'too much'만 쓸 수도 있음

 (a) a: I'm taking eight classes a day.

   나는 가지고 있다.(듣고 있다.)(am taking) 8교시를 / 하루에(a day)

   b: You're taking **too many**.

   너는 이다.(are) 가지고 있는 상태(taking) 너무 많은 수업을(too many)

   (너는 듣고 있다. 너무 많은 수업을)

 (b) I spent **too much** last month.

   나는 썼다.(spent) 너무(too) 많이(much) / 마지막 달(지난달)에(last month)

⑧ too와 either

 (a) 둘 다 '또한(역시)'이라는 뜻이지만 too는 긍정문에 either는 부정문에 씀

 (b) He is an engineer, **too**. = He is **also** an engineer.

   그는 이다.(is) 엔지니어, 또한(too) 그는 이다.(is) 또한(also) 엔지니어

 (c) He is not an engineer, **either**.

   그는 아니다.(is not) 엔지니어, 또한(either)

(3) enough

① 부사로 쓰일 경우 수식하는 말의 뒤에 옴

 He is **rich enough** to buy a very expensive car. (부사)

 그는 이다.(is) 부유한 상태(rich) 충분히(enough) / 살 정도로(to buy) 매우 비싼 차를

 (그는 부유하다. 충분히 살 정도로 매우 비싼 차를)

 =He is **so** rich **that** he **can** buy a very expensive car.

 그는 이다.(is) 그렇게(매우)(so) 부유한 상태 / 그것과 같아서(그래서)(that) 살 수 있다.(can buy) 매우 비싼 차를

 (그는 매우 부유하므로 살 수 있다. 매우 비싼 차를)

 ▶ 부사가 너무 길면 의사전달을 방해하므로 부사를 형용사 뒤로 돌리는 것임

② 형용사, 부사+enough: ~한(~하게) / 충분히

 Is the soup **hot enough**?

 인가요?(is) 수프가 뜨거운 상태(hot) 충분히(enough) (수프가 뜨거운가요? 충분히)

③ 형용사, 부사+enough+for 사람: ~한(~하게) / 충분히 / (사람)에게

 My car is small, but it's **big enough for my family**.

 내 차는 이다.(is) 작은 상태, / 그러나 그것은 이다.(is) 큰 상태(big) 충분히(enough) 무엇만을 생각하면서(for) 나의 가족 (내 차는 작다. 그러나 충분히 크다. 나의 가족에게는)

④ 형용사, 부사+enough+for 사람+to부정사: ~한 / 충분히 / 사람이 / ~하기에

 This book is **easy enough for children to understand**.

 이 책은 이다.(is) 쉬운 상태(easy) 충분히(enough) 아이들이(for children) 이해하기에(to understand)

 (이 책은 쉽다. 충분히 어린이들이 이해하기에)

⑤ enough+명사: 충분한 ~

The hotel has **enough rooms for everyone to stay** in.

그 호텔은 가지고 있다.(has) 충분한(enough) 방들을 / 모든 사람이 (for everyone) 계속 그대로 있기에(to stay) (머물기에) 안에(in)

⑥ 명사 없이 enough만 쓸 수도 있음

I already had a lot of food. That's **enough** for me.

나는 이미 가지고 있었다.(had) 많은 음식을 / 그것은 이었다.(was) 충분한 상태(enough) 나에게(for me)
(나는 이미 많은 음식을 먹었다. 그것은 충분한 음식이었다. 나에게)

(4) ago와 before

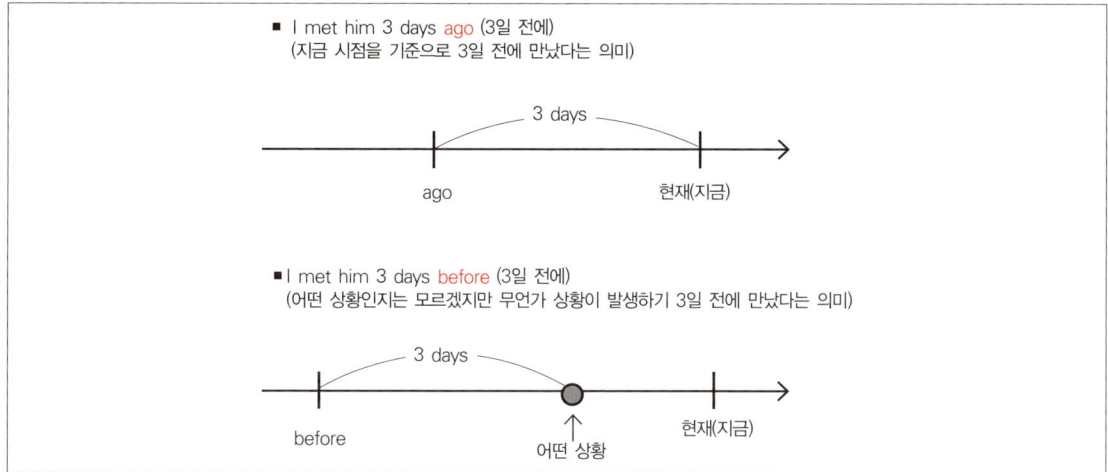

① ago: (지금 시점) ~전에

   (a) '(지금 시점) ~전에'란 뜻으로 과거의 특정 시점을 언급하므로 과거형에만 쓰이며, ago 다음에 'from now'가 생략된 것임

   (b) 항상 시간을 나타내는 말과 함께 쓰임

   (c) I met him 3 days **ago** (from now).

      나는 만났다.(met) 그를 / 3일(3 days) 전에(ago) (지금으로부터)

② before: (어떤 상황) ~전에

   (a) '(어떤 상황) ~전에'란 뜻으로 과거, 현재완료, 과거완료에 쓰임

   (b) I met him 3 days **before** his birthday.

      나는 만났다.(met) 그를 / 3일(3 days) 전에(before) 그의 생일(his birthday)
      (나는 만났다. 그를 / 그의 생일 3일 전에)

      ▶ 보통 before 다음에 '구체적인 상황(his birthday)'을 넣어 줌

   (c) I have met him **before**. (현재완료)

나는 현재 가지고 있다.(have) 만났던 상태를(met) 그를 / 전에(before)

(나는 만난 적이 있다. 그를 전에)

► 어떤 상황인지는 모르겠지만 무언가 상황이 발생하기 전에 만난 적이 있다는 의미

(5) **just**

① 원뜻: 원래 그대로의 모습 → 딱 원래 그대로 (정말)

(a) 수식하는 어휘를 '정말 그렇다'고 강조하는 기능을 가짐

(b) '원래 그대로의 모습'이라는 원뜻에서 '정의', '사실' 등의 의미 파생

► justice 정의

② 부사: 원래 그대로의 모습 → 딱 원래 그대로

(a) It was **just** wonderful seeing her face.

그것은 이었다.(was) 딱 원래 그대로(정말)(just) 멋진 상태(wonderful) / 보는 것은(seeing) 그녀의 얼굴을

(정말 멋진 일이었다. 그녀의 얼굴을 보는 것은)

(b) I've **just** seen her.

나는 현재 가지고 있다(have) 딱 원래 그대로.(just) 보았던 상태를(seen) 그녀를

(나는 지금 막 보았다.)

► 과거의 상태를 딱 원래 그대로 생생하게 가지고 있으려면 시간적으로 '방금 전, 지금 막'이 어야 함. 여기서 just는 have를 수식함

③ 형용사: 원래 그대로의 모습 → 딱 원래 그대로인=적절한=공정한

(a) a **just** punishment 딱 원래 그대로인 처벌=적절한 처벌

(b) a **just** law 딱 원래 그대로인 법=적절한 법

(c) He's fair and **just** in judgement.

그는 이다.(is) 공정한 상태(fair) 그리고 적절한 상태(just) / 무엇 안에서(in) 판단

(그는 공정하고 적절하다. 판단에 있어)

④ 강조 부사 just의 위치: 강조하고자 하는 말 앞에서 "오로지"라고 강조해 줌

(a) **Just Tom** can help Mary tomorrow.

오로지 탐만(just Tom) 할 수 있다.(can) 꺼내 주는 것(돕는 것)(help) 메리를 내일

(b) Tom can help Mary **just tomorrow**.

탐은 할 수 있다.(can) 돕는 것(help) 메리를 오로지 내일만(just tomorrow)

(다른 날은 못 도와줘!)

⑤ just와 just now

(a) just는 현재나 현재완료에, 'just now'는 과거에 쓰임

(b) I have **just** finished it.

나는 현재 가지고 있다.(have) 딱 원래 그대로(just) 끝냈던 상태를(finished) 그것을 (나는 막 끝냈다. 그것을)

(c) He came back **just now**.

그는 가까워졌다.(왔다.)(came) 뒤로(back) / 딱 원래 그대로(just) 지금(now)
(그는 돌아왔다. 지금 막)

(6) only (without others 다른 것이 없다 → 유일한, 오로지)

① 원칙적으로 수식하는 말 앞에 둠

② He is an **only** child. (유일한−형용사)

그는 이다.(is) 유일한(only) 아이 (그는 외동아들이다.)

③ He is **only** a child. (오로지−부사)

그는 이다.(is) 오로지(only) 하나의 아이 (그는 아이에 지나지 않는다.)

④ **Only** he read the book in the room yesterday. (오로지−부사)

오로지 그만(only he) 읽었다. 그 책을 / 무엇 안에서(in) 그 방 (그 방에서) 어제

(7) so와 neither

① '역시 ~하다'의 뜻으로 쓰일 경우 so는 긍정문에, neither는 부정문에 쓰임

② a: He likes apples.

그는 좋아해.(likes) 사과를

b: **So** do I. (=I like apples, too.)

그렇게 해.(so do) 나도 (좋아해, 나 역시)

③ a: She doesn't like coffee.

그녀는 좋아하지 않아.(doesn't like) 커피를

b: **Neither** do I. (=I don't like it, either.)

둘 중 어느 것도 아니게 해. 나도 (좋아하지 않아, 나 역시)

▶ neither: (둘 중) 어느 ~도 아닌

④ Me too. (나 또한 그래.) / Me neither. (나 또한 아니야.)

(8) there와 here

① there의 용법

(a) 지시부사: '저기에, 거기에' 등 방향을 나타냄

There are two students **there**.

있다.(there are) 두 명의 학생들이 거기에(there)

▶ 앞의 there는 유도부사, 뒤의 there는 지시부사임

(b) 유도부사: be동사와 함께 쓰여 '~이 있다'처럼 존재를 나타냄

There are a few boys under the tree.

있다.(there are) 몇몇의(a few) 아이들이 / 무엇 아래에(under) 그 나무

② there is + 셀 수 있는 명사의 단수 / 셀 수 없는 명사

(a) **There is a new restaurant** across the street.

있다.(there is) 새로운 식당이 / 무엇을 가로질러(across) 그 길을 (길 건너편에)

(b) **There isn't enough space** in our apartment.

없다.(there isn't) 충분한 공간이 / 무엇 안에(in) 우리 아파트 (우리 아파트 안에)

(c) **Is there any interesting news** in the newspaper?

있니?(is there) 어떤(any) 재미있는 뉴스라도 / 무엇 안에(in) 신문 (신문에)

③ there are + 셀 수 있는 명사의 복수

(a) **There are lots of parties** during the holidays.

있다.(there are) 많은(lots of) 파티가 / 무엇 동안(during) 휴일

(b) "**Are there any friends** you want to invite for dinner?"

있니?(are there) 어떤 친구들이라도(any friends) / (that그건) 네가 원하는(want) 초대하기를(to invite) / 무엇만을 생각하면서(for) 저녁 (어떤 친구들이라도 있니? 네가 초대하기를 원하는 저녁에)

(c) I can't make a cake. **There aren't any eggs**.

나는 만들 수 없다.(can't make) 케이크를 / 있지 않다.(there aren't) 어떤 계란도

④ there was / there were ~ : (과거에) ~이 있었다

(a) **There was** a lot of rain, but **there wasn't** much wind.

있었다.(there was) 많은 비가, / 그러나 있지 않았다.(없었다.)(there wasn't) 많은 바람이

(b) **There weren't any questions**, so we finished early.

있지 않았다.(없었다.)(there weren't) 어떤 질문도, / 그래서(so) 우리는 끝냈다. 일찍

⑤ 'Here is(are) ~.'는 '여기에 ~이 있다'의 뜻으로 here는 장소를 표현

Here are two pencils.

여기에 있다.(here are) 두 개의(two) 연필이

(9) **ever와 never**

① ever: ev(long life오래된) + 것(er) → 언제나 = 영원히 = 평생

(a) He hardly **ever** goes to the library.

그는 어렵게 하여(hardly) 언제나(ever) 간다.(goes) / 무엇을 목표로(to) 도서관 (도서관으로)
(그는 거의 가지 않는다. 도서관에)

▶ hardly: 어렵게(hard) 하여 → (의역하면) 거의 ~아니다

(b) Have you **ever** eaten tuna?

현재 가지고 있니?(have) 너 평생(ever) 먹었던 상태를(eaten) 참치 요리 (먹어본 적이 있니?)

② ever의 합성어

(a) whatever: what(무엇) + ever(언제나) → 무엇이든지

Whatever happens, I will do it.

무엇이든지(whatever) 일어나도(happens), / 나는 할 것이다.(will) 하는 것(do) 그것을
(무슨 일이 일어나든지 난 하겠다. 그것을)

(b) whenever: when(언제) + ever(언제나) → 언제든지

You can call me **whenever** you want.

   너는 할 수 있다.(can) 부르는 것(call) 나를 / 언제든지(whenever) 네가 원하는

   (너는 연락해도 좋다. 나에게, 네가 원하는 언제든지)

(c) wherever: where(어디에서)+ever(언제나) → 어디에서든지

   You can get off **wherever** you want.

   너는 할 수 있다. 가지는 것(get) (내림을) 떨어져서(off) (차 바닥에서) / 어디에서든지(wherever) 네가 원하는 (너는 내릴 수 있다. 네가 원하는 어디에서든지)

(d) evergreen: ever(언제나)+green(푸른) → 언제나 푸른

   Pine is a **evergreen** tree.

   소나무는 이다.(is) 하나의(a) 언제나 푸른(evergreen) 나무

   (소나무는 상록수이다.)

(e) forever: for(생각하면서)+ever(언제나) → 영원히

   She is in my heart **forever**.

   그녀는 있다.(is) / 무엇 안에(in) 내 마음 (내 마음 안에) 영원히(forever)

③ never: no(어떤 ~도 아니다)+ever(언제나) → 결코(절대) ~이 아니다

   (a) not보다 엄청 강한 어감으로 과장되게 말할 때 사용

   (b) I **never** want to leave her.

   나는 결코 아니다.(never) 원하는 것(want) 떠나는 것을(to leave) 그녀를

   (c) a: I passed the exam.

   　　　나는 지나갔다(통과했다.)(I passed) 그 시험을

   　　b: **Never**! 결코 아니야 (설마!)

4. as, so, such

(1) **as, so, such** 상호관계

   ① so는 'same(똑같은)'에서 유래한 단어임

   ② as는 also에서 유래한 단어이며, also는 'all so(모든 것이 같다 또는 유사하다)'가 변화되어 만들어졌음. 'A as B'는 'A와 B는 모두 같다'라는 의미임

   ③ such는 so에서 변화된 단어로 '그것과 같은(like that)'이란 개념임

(2) **as와 so의 비교**

   ① as: 그것은 다음과 모두 같다 (객관적 표현: '다 알다시피'의 느낌)

   ② so: 그것은 다음과 같다 (주관적 표현: '내가 보기엔'의 느낌)

   ▶ so는 주관적인 개인 의견이라 거의 모든 형용사, 부사를 자유롭게 수식하며 개인의 생각이 많은 부정문, 의문문, 조건문 등에는 as 대신 so를 사용

(3) as: 그것은 다음과 (모두) 같다 (all so)

① 부사일 때: 그것은 다음과 (모두) 같이 ⇒ 그렇게

접속사일 때: 그것은 다음과 (모두) 같이

전치사일 때: 그것은 다음과 (모두) 같이 ⇒ 그것과 같이 ⇒ ~같이(처럼)

② 'A as B'의 경우 모습일 땐 같은 모습, 시간일 땐 같은 시간, 양일 땐 동량, 기능일 땐 같은 기능, 결과일 땐 같은 결과 등을 의미함

③ 부사일 때: 그것은 다음과 같이

He can swim **as** quickly **as** I can.

그는 수영할 수 있다.(can swim) 그렇게(as) 빨리(quickly) / 그것은 다음과 같이(as) 내가 할 수 있는 것과(can) (그는 수영할 수 있다. 그렇게 빨리 내가 할 수 있는 것과 같이)

(a) 앞의 as는 부사로 quickly를 수식하여 '그렇게'라는 의미이며, 동시에 뒤의 'as I can'을 지시(가리킴)하는 역할을 함

(b) 뒤의 as는 접속사로 내가 수영할 수 있는 것과 그가 수영할 수 있는 빠르기가 같다는 의미임. 'as I can swim'에서 swim을 생략했음

④ 접속사일 때: 그것은 다음과 같이

(a) He cannot get there on time **as** he has no car.

❶ 그는 할 수 없다.(cannot) 가지는 것(get) (도착을) 거기에(there) 제시간에(on time) / 그것은 다음과 같다 (as) 그는 어떤 차도 가지고 있지 않다.와(he has no car.)

❷ 그는 도착할 수 없었다. 거기에 제시간에 / 그는 어떤 차도 가지고 있지 않기 때문에

▶ '① 주어+동사 as ② 주어+동사'의 원어민 느낌은 '알다시피 ①과 ②는 같다'임. 따라서, '그가 제시간에 갈 수 없었던 일=그가 차를 가지고 있지 않은 일'이며 두 문장이 같아지려면 '차를 가지고 있지 않기 때문에 갈 수 없었다'와 같이 두 문장을 연결해야 함. 따라서, 여기서 as는 'because(~때문에)'의 뜻임

(b) I couldn't sleep **as** I was so tired.

나는 할 수 없었다.(couldn't) 자는 것(sleep) / 그것은 다음과 같다.(as) 나는 그렇게 피곤한 상태이었다.와(I was so tired.) (나는 잘 수 없었다. 너무 피곤함에도 불구하고)

▶ '내가 잠들 수 없었던 일=내가 너무 피곤한 일'이며 두 문장이 같아지려면 '너무 피곤함에도 불구하고, 잠들 수 없었다'와 같이 두 문장을 연결해야 함. 따라서, 여기서 as는 'though(~함에도 불구하고)'의 뜻임

(c) She left **as** he entered the room.

그녀는 떠났다.(left) / 그것은 다음과 같다.(as) 그는 그 방에 들어왔다.와(he entered the room.) 그 방에 (그녀는 떠났다. 그가 들어오자마자 그 방에)

▶ '그녀가 떠난 일=그가 방에 들어온 일'이며 두 문장이 같아지려면 '그가 방에 들어오자마

자 그녀는 떠났다.'와 같이 두 문장을 연결해야 함. 따라서, 여기서 as는 'on -ing, as soon as(~하자마자)'의 뜻임

⑤ 전치사일 때: 그것과 같이 → ~같이(처럼) → ~으로서

He treats me **as** a child.

그는 다룬다.(treats) 나를 / 그것과 같이(as) 아이 (아이와 같이)

(그는 다룬다. 나를 아이처럼)

⑥ 기타 as 용법

(a) as such: as(그렇게)+such(그것과 같이) → 그것과 같이

He's a student and must be treated **as such**.

그는 이다.(is) 학생 / 그리고 그를 대했던 상태이다.이어야만 한다.(must be treated) 그것과 같이(as such) (학생) (그는 학생이며 학생같이 대해야만 한다.)

(b) as usual: as(그것과 같이)+usual(평상시) → 평상시와 같이

I'm free, **as usual**.

나는 이다.(am) 자유로운 상태,(free) 평상시와 같이(as usual)

(c) as yet: as(그것과 같이)+yet(아직) → 아직까지

Didn't the bus arrive **as yet**?

하지 않았나요?(didn't) 그 버스 도착하는 것(arrive) 아직까지(as yet)

(d) as well: as(그것과 같이)+well(잘) → 역시(또한)

She is wise and beautiful **as well**.

그녀는 이다.(is) 지혜로운 상태(wise) 그리고 아름다운 상태(beautiful) 또한

(그녀는 지혜롭고, 또한 아름답다.)

(e) as well as: as(그렇게)+well(잘)+as(그건 다음과 같이) → 다음과 같이 그렇게 잘 → 무엇뿐만 아니라

He is wise **as well as** honest.

그는 이다.(is) 현명한 상태(wise) / 무엇뿐만 아니라(as well as) 정직한 상태

(그는 현명하다. 정직할 뿐만 아니라)

=He is **not only** honest, **but also** wise.

그는 이다.(is) 아니게(not) 유일하게(only) 정직한 상태(honest), 반대로(but) 또한(also) 현명한 상태(wise)이다. (그는 정직할 뿐만 아니라 현명하다.)

▶ but은 앞의 내용과 '반대된다(그러나)'는 의미임

(4) so: 그것은 다음과 같다 (주관적 표현: 내가 보기엔)

① 부사일 때: 그것은 다음과 같이 → 그렇게

(a) so busy: 그 자체와 같이 그렇게 바쁜=매우 바쁜

ⓐ so로 무엇을 수식하면 '일반적인 경우보다 훨씬 좋은 어떤 존재가 그 자체와 같게 그렇게

존재한다'와 같이 개인이 주관적으로 평가하는 느낌이며 이러한 이미지에서 '매우'라는 뜻이 나옴

ⓑ You are **so** beautiful.
당신은 이다.(are) 그 자체와 같이(매우)(so) 아름다운 상태
(당신은 매우 아름답다.)
▶ beautiful의 경우 so로 수식하면 대충 아름다운 것이 아니라 '아름다움 그 자체와 같이 아름답다'가 되어 '매우 아름다운'이란 의미가 나옴

(b) so: 일반적인 경우보다 훨씬 좋은 것 (개인의 주관적 평가)
very: 일반적인 경우보다 조금 좋은 것 (객관적 사실)

② 접속사일 때: 그것은 다음과 같이 → 그것과 같이
 (a) as는 다 알고 있는 객관적 사실의 의미이지만 so는 개인적인 판단이라서 접속사로 사용되면 so 이하는 결론이 됨
 (b) I'll finish early today **so** I can pick her up.
  ❶ 나는 끝날 것이다.(will finish) 일찍 오늘 / 그것과 같아서(그래서)(so) 나는 할 수 있다. (can) 데리러 가는 것 (pick up) 그녀를
  ❷ 일찍 끝날 것이다. 오늘, / 그래서 그녀를 데리러 갈 수 있다.
   ⓐ pick: '어떤 것을 고르기 위해 손으로 찌르다'라는 원뜻에서 '고르다. (꽃을) 꺾다, (과일을) 따다' 등의 확장의미가 나옴
   ⓑ pick up: pick(찌르다)+up(최고치까지) → 누군가를 데려가기 위해 최고치까지 신중하게 고르다 → ~를 데리러(태우러) 가다
   ⓒ so 이하는 언제나 I의 주관적인 생각임
    ▶ '① 주어+동사 so ② 주어+동사'에서 원어민 느낌은 '①과 ②는 같다'임. 따라서, '일찍 끝난 일=그녀를 데리러 갈 수 있는 일'이며, 두 문장이 같아지려면 '일찍 끝나서 그녀를 데리러 갈 수 있다'와 같이 두 문장을 연결해야 함. 따라서, 여기서 so는 '그래서'의 뜻임
 (c) He studies hard **so that** he **can** pass the exam.
  그는 공부한다. 열심히 / 그것은 다음과 같은데(so) 그것은(that) 그가 통과할 수 있다(can pass)는 것이다. 그 시험에 (그는 열심히 공부한다. 그 시험에 통과하기 위해)
  ▶ '그는 열심히 공부한다=그는 합격할 수 있다.'이며, 두 문장이 같아지려면 '그는 열심히 공부한다. 그는 합격하기 위해서'와 같이 목적이 매개가 되어 두 문장이 연결되어야 함
  ▶ so that ~ may(can): ~하기 위하여

(5) **such**: 그것과 같은 (like that) → 그러한 (그런)
 ① such는 so에서 변화된 단어로 'like that'이라는 개념임. so에서 파생된 단어이므로 주관적 성격을 가짐

② 보통의 형용사라면 '관사(a, an)+형용사(such)+명사'의 구조를 사용하나, such는 형용사임에도 관사인 'a(an)' 앞에서 명사를 수식함. 물론 복수명사나 불가산명사와 함께 사용하는 경우 무관사가 됨

   (a) **such** a decision 그것과 같은(그런)(such) 결심

   (b) **such** people 그것과 같은(그런)(such) 사람들

③ such (+a/an)+형용사+명사: 그것 자체와 같이 ~한 (매우 ~한)

   It was **such a wonderful dinner**.

   그것은 이었다.(was) 그것 자체와 같이(매우)(such) 훌륭한 저녁 식사

   ▶ such로 무엇을 수식하면 '어떤 것이 그 자체와 같이 그렇게 존재한다'라고 주관적으로 평가하는 느낌이며 이러한 이미지에서 '매우'라는 의미가 나옴

   ▶ wonderful의 경우 such로 수식하면 대충 훌륭한 것이 아니라 '훌륭한 것 그 자체같이 그렇다'가 되어 '매우 훌륭한'이란 의미가 됨

④ such A that B: 매우 A해서 그 결과 B하다

   He is **such** an idiot **that** nobody would believe him.

   그는 이다.(is) 그것 자체와 같이(매우)(such) 바보 / 그것과 같아서(그래서)(that) 아무도 믿지 않을 것이다. 그를 (그는 매우 바보 같아서 아무도 믿지 않을 거야. 그를)

   cf) The weather was **so** bad **that** we couldn't leave.

   날씨가 이었다.(was) 그것 자체와 같이(매우)(so) 나빴다. / 그것과 같아서(that) 우리가 떠날 수 없었다. (날씨가 매우 나빠서 우리는 떠날 수 없었다.)

⑤ such ~ as

   We can't trust **such** a man **as** he.

   우리는 신뢰할 수 없다. 그런(such) 사람을 / 그것은 다음과 같은(as) 그 (그와 같은)

5. 일상회화에서 많이 쓰는 부사

◉ **absolutely(absolutely right)**: 완전히 → 완전히 그렇지. (물론이지.)

> - absolutely: 완전히 (그렇지) → 물론이지
>   – absolute: ab(away떨어져서)+sol(녹이다)+t(result남은 것) → 녹여서 떨어뜨리고 남은 것 → 완전한(순수한)
> - definitely: 분명히 (그렇지) → 물론이지
>   – definite: de(away떨어져서)+fin(end끝) → 끝을 떨어뜨리면(자르면) 윤곽이 뚜렷해지므로 → 뚜렷한(분명한)
> - certainly: 확실히 (그렇지) → 물론이지
>   – certain: cert(sure확실한)+ain → 확실한(틀림없는), 확신하는

(1) '100% 맞아요.(절대적 동의)'라고 자신의 입장을 상당히 강조하는 표현

(2) 'Can we leave a little early?' '**Absolutely**!'

   할 수 있나요?(can) 우리 떠나는 것(leave) 조금 일찍 / 물론이죠!(Absolutely!)

(3) a: Did you make this invitation?
　　　했니(did)? 너 만드는 것(make) 이 초대장 (네가 만들었니? 이 초대장)
　b: **absolutely not**.
　　　완전히(절대로) 아니야.

◉ **accidentally**: 우연히

We **accidentally** met at the airport.
우리는 우연히(accidentally) 만났다.(met) / 콕 찍듯 가리켜(at) 공항 (공항에서)

◉ **actually**: 사실은 (실제와 생각 사이의 대조)

It was **actually** quite fun.
그것은 이었다.(was) 사실은(actually) 꽤(quite) 재미있는 상태(fun) (사실은 꽤 재미있었다.)

◉ **anyhow**: 어쨌든 (이렇든 저렇든 어떻든)

Anyhow, let's begin.
어쨌든(anyhow), 시작하자.(let's begin)

◉ **basically**: 근본적으로

That's **basically** correct.
그것이 이다.(is) 근본적으로(basically) 옳은 상태(correct) (그것이 근본적으로 옳다.)

◉ **certainly**: 확실히 → 확실히 그렇지. (물론이지.)

She will **certainly** come.
그녀는 할 것이다.(will) 확실히(certainly) 오는 것(come) → 그녀는 확실히 올 것이다.

◉ **definitely**: 분명히 → 분명히 그렇지. (물론이지.)

(1) a: Will you be at the party?
　　　일 것이니(will)? 너(you) 있다.(be)인 상태 / 콕 찍듯 가리켜(at) 그 파티 (그 파티에)
　　　(너 갈거니? 그 파티에)
　b: **Definitely**. 분명히 (갈 거야) (물론이지)

(2) a: Do you smoke? 너 담배 피니?
　b: **Definitely not**. 명백히 아니야. (절대로 안 피워.)

◉ **exactly**: 정확히 (틀림없이)

(1) It's **exactly** six o'clock.
　정확히(exactly) 6시이다. (정각 6시이다.)

(2) (대답 yes 대신 단독으로 쓰여서) (정확히) 그렇고말고. (바로 그거야.)

◉ **fairly**: 적당히

This is a **fairly** easy book.
이것은 이다.(is) 적당히(fairly) 쉬운 책

▶ fair: 어느 쪽으로 기울지 않은 → 공정한(공평한), 적당한, 박람회(작은 규모의 회사도 공정하게 홍보할 수 있는 곳)

▶ fairly: 적당히(덜하지도 더하지도 않고 딱 적당히)

⊙ **gradually**: 서서히 (조금씩, 차츰)

The weather **gradually** improved.

날씨가 서서히(gradually) 좋아졌다.(improved)

⊙ **honestly**: (=frankly) 솔직히

Honestly speaking, I cannot trust him.

솔직하게(honestly) 말하자면(speaking), / 나는 믿을 수 없다.(cannot trust) 그를

⊙ **immediately**: 지금 당장

Please, telephone **immediately**.

원하는 대로 하게 해주세요(please) 전화하는 것.(telephone) 지금 당장(immediately)

(전화 좀 해주세요. 지금 당장)

⊙ **nevertheless**: 그럼에도 불구하고

I hates my job. **Nevertheless**, I can't quit.

나는 싫어한다.(hates) 나의 직업을(my job) / 그럼에도 불구하고(nevertheless) 나는 그만둘 수 없다.(can't quit)

⊙ **obviously**: 명백하게 (분명히)

(1) **Obviously** he is a liar.

　　명백하게(obviously) 그는 이다.(is) 거짓말쟁이(a liar)

(2) **Obviously not**.

　　명백하게(물론) 아니야.

⊙ **probably**: (=perhaps) 아마도

It will **probably** be fine tomorrow.

일 것이다.(will) 아마도(probably) 좋은 상태이다.(be fine) 내일

(날씨가 아마도 좋을 것이다. 내일)

⊙ **seriously**: 심(각)하게

She is **seriously** ill.

그녀는 이다.(are) 심하게(seriously) 아픈 상태(ill) (그녀는 위독하다.)

▶ serious: seri(heavy무거운)+ous → (무거움이 많은) → 심각한, 진지한

⊙ **significantly**: 의미 있게 (상당히-어지간히 많이)

Profits have increased **significantly**.

수익이 가지고 있다.(have) 증가했던 상태를(increased) 상당히(significantly)

(수익이 증가해 왔다. 상당히)

▶ sign(mark표시)+fie(make만들다) → 표시를 만들다 → 중요해서 표시를 만든 것이므로 → 중요한 (중대한), 뜻있는(의미 있는)

⊙ **simultaneously**: 동시에

The two guns fired almost **simultaneously**.

두 총이 사격하였다.(발사되었다.)(fired) / 거의(almost) 동시에(simultaneously)

⊙ **terribly**: (무서울 정도로) 몹시 (대단히)

I'm **terribly** sorry.

나는 이다.(am) 대단히(terribly) 미안한 상태(sorry) (대단히 죄송합니다.)

▶ terrible: 무서운

⊙ **typically**: 일반적으로 (전형적으로)

Mothers **typically** worry about their children.

엄마는 일반적으로(typically) 걱정한다.(worry) / 무엇에 관하여(about) 그들의 아이들

⊙ **ultimately**: 마지막에는 (결국)

Ultimately, you'll have to make the decision yourself.

결국(ultimately), 너는 해야 할 것이다.(will have to) 만드는 것(make) 그 결정을(the decision) 너 자신이 (결국 너는 결정해야 한다. 네가 직접)

▶ ultimate: 끝에 가까워지다(come to an end) → 가장 먼, 마지막의

▶ ultimately: 마지막에는, 결국, 궁극적으로

Part 27 비교표현법(비교급, 최상급)

1. 형용사, 부사의 변화 3가지

(1) 원급, 비교급, 최상급 (fast 빠른-faster 더 빠른-fastest 가장 빠른)
　① 원급(原級): 형용사, 부사의 원형 ▶ tall(키 큰)
　② 비교급(比較級): '형용사+er'처럼 형용사, 부사의 끝에 주로 -er을 붙여 만들며 '더 ~한(하게)'이란 뜻을 갖고 일반표현에 섞어 사용하거나 우열비교에 than과 함께 사용함 ▶ taller(더 키 큰)
　③ 최상급(最上級): '형용사+est'처럼 형용사, 부사의 끝에 주로 -est를 붙여 만들며 '가장 ~한(하게)'의 뜻임 ▶ tallest(가장 키 큰)

(2) 비교표현 3종류
　① 원급비교(동등비교): 둘이 같음을 비교함 (A=B)
　② 비교급비교(우열비교): 둘 중 한쪽이 더 낫거나 더 덜함을 비교 (A>B, B<A)
　③ 최상급: 세 가지 이상을 비교하여 최상임을 의미함

(3) '원급-비교급-최상급'의 변화 형태
　① 규칙변화
　　(a) 짧은 단어(1음절) 끝에는 비교급은 -er을 최상급은 -est를 붙임
　　　ⓐ young(어린)-young**er**-young**est**
　　　ⓑ cheap(값싼)-cheap**er**-cheap**est**
　　(b) -er, -est를 붙일 때 주의해야 할 단어들이 있음
　　　ⓐ 끝이 e로 끝나면 끝에 -r, -st를 붙임
　　　　• large(큰)-larg**er**-larg**est**　　• nice(좋은)-nic**er**-nic**est**
　　　ⓑ '자음+y'로 끝나면 y를 i로 바꾼 후 -er, -est를 붙임
　　　　• dry(마른)-dr**ier**-dr**iest**　　• happy(행복한)-happ**ier**-happ**iest**
　　　ⓒ '단모음+단자음'으로 끝나면 자음 하나를 더 쓴 후 -er, -est를 붙임
　　　　• big(큰)-big**ger**-big**gest**　　• hot(뜨거운)-hot**ter**-hot**test**
　　(c) 긴 단어(3음절 이상)에는 앞에 more, most를 붙임
　　　ⓐ beautiful(아름다운)-**more** beautiful-**most** beautiful
　　　ⓑ comfortable(편안한)-**more** comfortable-**most** comfortable
　　(d) 2음절 단어 중 형용사용, 부사용 어미를 붙여 만든 합성형용사, 합성부사 등은 more, most를 붙임
　　　ⓐ honest(정직한 honor)-**more** honest-**most** honest

ⓑ active(활동적인 act)—**more** active—**most** active

ⓒ fearless(겁 없는 fear)—**more** fearless—**most** fearless

ⓓ charming(매력적인 charm)—**more** charming—**most** charming

ⓔ nervous(불안해하는 nerve)—**more** nervous—**most** nervous

ⓕ painful(몸이 아픈 pain)—**more** painful—**most** painful

(e) 불규칙변화

원급	비교급	최상급
much 양이 많은 many 수가 많은	more 더 많은	most 가장 많은
little 양이 적은 few 수가 적은	less 더 적은 fewer 더 적은	least 가장 적은 fewest 가장 적은
good 좋은 well 건강한, 좋게	better 더 좋은	best 가장 좋은
bad 나쁜 ill 아픈	worse 더 나쁜	worst 가장 나쁜

2. 원급비교(동등비교): as ~ as

(1) 원급은 형용사나 부사의 원형 즉, 평소 모습을 의미

객관적 비교에는 as, 주관적인 비교(주로 부정문, 의문문, 조건문)에는 so를 사용

(2) 기본형태

① as + 형용사 + as ~

(a) She is **as tall as** I am. (뒤의 as: 접속사)

그녀는 이다.(is) 그렇게(as) 큰 상태(tall) / 그것은 다음과 같이(as) 내가 이다.(am)와

(그녀는 그렇게 키가 크다. 나같이)

▶ 앞의 as는 부사로 뒤의 'as I am'을 지시하는 동시에 형용사 tall을 수식

(b) She is **as tall as** I. (뒤의 as: 접속사)

그녀는 이다.(is) 그렇게(as) 큰 상태(tall) / 그것은 다음과 같이(as) 나(I)와

(그녀는 그렇게 키다 크다. 나같이)

▶ 접속사 as 다음에 중복되는 be동사까지 생략했음

(c) She is **as tall as** me. (뒤의 as: 전치사)

그녀는 이다.(is) 그렇게(as) 큰 상태(tall) / 그것은 다음과 같이(as) 나(me)와

(그녀는 그렇게 키다 크다. 나같이)

▶ 앞의 as는 부사로 형용사 tall을 수식하고, 뒤의 as는 여기서 접속사가 아닌 전치사로 사용되어 목적격 인칭대명사인 me를 사용했음

② as+(형용사)+명사+as ~

You can have **as many as** you like.

당신은 가질 수 있다.(can have) / 그렇게(as) 많은 것을(many) / 그것은 다음과 같이(as) 네가 좋아하는 것과
(당신은 가질 수 있다. 그렇게 많이 당신이 좋아하는 것만큼)

► 앞의 as는 부사로 'as you like'를 지시하는 동시에 명사 many를 수식하고, 뒤의 as는 접속사로 앞의 many를 부연설명함

③ as+부사+as~

I want to go **as soon as possible**. (가능한 한 빨리)

❶ 나는 원한다.(want) 가기를(to go) / 그렇게(as) 빨리(soon) / 그것은 다음과 같이(as) 가능한 상태(possible)

❷ 나는 원한다. 가기를 그렇게 빨리 가능한 한

► as soon as possible: as(그렇게)+soon(빨리)+as(다음과 같이)+possible(가능한 상태) → 가능한 상태와 같게 그렇게 빨리 → 가능한 한 빨리

④ as much / as many

(a) as much: 그렇게 많은 양의

ⓐ much 뒤에는 셀 수 없는 명사를 씀 (양量)

ⓑ I want to earn **as much money as** you.

나는 원한다.(want) 벌기를(to earn) / 그렇게(as) 많은 돈을(much money) 그것은 다음과 같이(as) 너와
(나는 벌기를 원한다. 그렇게 많은 돈을 너같이)

(b) as many: 그렇게 많은 수의

ⓐ many 뒤에는 셀 수 있는 명사의 복수를 씀 (수數)

ⓑ I didn't invite **as many people as** last year.

나는 초대하지 않았다.(didn't invite) / 그렇게(as) 많은 사람들을(many people) 그것은 다음과 같이(as) 작년과 (초대하지 않았다. 많은 사람들을 작년같이)

3. 비교급 비교(우열비교): 비교급+than

(1) 둘 중 한쪽이 더 낫거나 더 덜함을 비교함 (A〉B, B〈A)

(2) 비교급+than

① than 원뜻: 그것은 다음보다

► than도 as처럼 언제나 먼저 무엇을 지시함 (그것은)

② 우등(優等)비교: ~보다 더 ~하다

(a) She is **taller than** I am (tall). (뒤의 than: 접속사)

그녀는 이다.(is) 더 키 큰 상태(taller) / 그것은 다음보다(than) 내가 (키 큰 상태)이다.(I am)보다
(그녀는 더 키가 크다. 내가 키 큰 상태보다)

(b) She is **taller than** I (am tall). (뒤의 than: 접속사)

그녀는 이다.(is) 더 키가 큰 상태(taller) / 그것은 다음보다(than) 나(I)보다
(그녀는 키가 더 크다. 나보다)

(c) She is **taller than** me. (뒤의 than: 전치사)

그녀는 이다.(is) 더 키 큰 상태(taller) / 그것은 다음보다(than) 나(me)보다
(그녀는 키가 더 크다. 나보다)

▶ 여기서 than은 접속사가 아닌 전치사로 사용되어 I가 아닌 me를 전치사 than의 목적어로 사용했음

③ 열등(劣等)비교: ~보다 덜 ~하다

(a) She is **smaller than** I am (small). (뒤의 than: 접속사)

그녀는 이다.(is) 더 작은 상태(smaller) / 그것은 다음보다(than) 내가 (작은 상태)이다.(I am)보다

(b) She is **smaller than** I (am small). (뒤의 than: 접속사)

그녀는 이다.(is) 더 작은 상태(smaller) / 그것은 다음보다(than) 나(I)보다

(c) She is **smaller than** me. (뒤의 than: 전치사)

그녀는 이다.(is) 더 작은 상태(smaller) / 그것은 다음보다(than) 나(me)보다

④ I am **much more** intelligent **than** he (is intelligent).

나는 이다.(am) 훨씬(much) 더(more) 지적인 상태(intelligent) / 그것은 다음보다(than) 그(he)보다

▶ 비교급 강조 시 very를 사용하지 않고 much 또는 far를 사용

⑤ less+형용사+than ~: 덜 …한 ~보다

This house is **less expensive than** the other one.

이 집은 이다.(is) 덜(less) 비싼 상태(expensive) / 그것은 다음보다(than) 다른 집보다

4. 최상급

(1) 최상급은 '형용사+est'처럼 형용사, 부사의 끝에 -est를 붙여 만들며 '가장 ~한(하게)'의 뜻임

▶ **tallest** 가장 키 큰

(2) '가장 ~한 것'은 하나로 특정되므로 최상급은 the와 함께 씀

"This is **the cheapest** computer in this store."

이것은 이다.(is) 가장 싼(the cheapest) 컴퓨터 / 무엇 안에서(in) 이 가게 (이 가게에서)

(3) 최상급 다음의 명사를 생략할 수도 있음

a: What is your favorite subject?

무엇(what)이니(is)? 너의 가장 좋아하는(favorite) 과목(subject)

b: English is **the most interesting**.

영어는 이다.(is) 가장 재미있는 과목(the most interesting)

▶ the most interesting=the most interesting subject

(4) 최상급 다음에는 주로 'in+장소'를 씀

I think (that) Waikiki is **the most beautiful beach *in the world*.**
나는 생각한다.(think) (그건that) 와이키키가 이다.(is)라고 가장 아름다운(the most beautiful) 해변(beach) / 무엇 안에서(in) 세계 (세계에서) (나는 생각한다. 와이키키가 가장 아름다운 해변이라고 세계에서)

Part 28 접속사(接續詞)

1. 접속사의 구실과 종류

(1) **접속사의 구실**: 단어와 단어, 구와 구, 절과 절을 연결하는 구실을 함

　① *Philip* **and** *John* are good friends. (단어+단어)
　　필립과 존은 이다.(are) 좋은 친구들(good friends)

　② Put the book *on the desk* **or** *in the desk*. (구+구)
　　놓아라.(put) 그 책을 / 무엇에 덧붙여서 위에(on) 책상 / 혹은(or) 무엇 안에(in) 책상
　　(놓아라. 그 책을 책상 위에 혹은 책상 안에)

　③ *Spring has come*, **but** *it is still cold*. (절+절)
　　봄이 가지고 있다.(has) 왔던 상태를(come), / 그러나(but) 아직도 춥다.(it is still cold.)
　　(봄이 와 있다. 그러나, 아직도 춥다.)

(2) **접속사의 종류**

　① 등위(等位)접속사: 단어, 구, 절을 문법상 대등한 관계로 연결하는 접속사로 and, but, or, for, so, both 등이 있음

　　It is morning, **for** birds are singing.
　　아침이다. 왜냐하면(for) 새들이(birds) 노래하고(지저귀고) 있으니까.(are singing)

　② 종속(從屬)접속사: 주절과 그에 딸린 종속절을 연결시키는 접속사임. 이때의 종속절은 명사절과 부사절을 말함

　　(a) 명사절을 이끄는 접속사: that, whether, if 등
　　(b) 부사절을 이끄는 접속사: when, because, as, while, if, since 등
　　(c) 형용사절을 이끄는 접속사로는 관계대명사와 관계부사가 있음

2. 접속사의 용법

(1) **등위(等位)접속사**

　① and: '확장하다'의 의미임 (그리고)

　　(a) He stood up **and** (he) ran out of the room.
　　　그는 일어섰다.(stood up) / 그리고 뛰었다.(ran) 무엇 밖으로(out of) 그 방

　　(b) 명령문+and: ~하여라, 그러면 (확장의 의미)

　　　Work hard, and you'll succeed.
　　　일해라.(work) 열심히(hard), / 그러면(and) 너는 성공할 것이다.(will succeed)

　② but (to deprive): 앞의 내용과 '반대된다'는 의미임 (그러나)

(a) He is old, **but** I am young.
　　　　그는 이다.(is) 늙은 상태(old) / 그러나(but), 나는 이다.(am) 젊은 상태(young)
　　(b) not A but B: A가 아니고 B이다
　　　　That is **not** a dog, **but** a wolf.
　　　　저것은 이다.(is) 아니게(not) (아니다.) 개가, / 그러나(but) 늑대이다.
　　　　(저것은 개가 아니고, 늑대이다.)

③ or: 이미 표현된 것과는 대조를 이루는 상태를 의미함 (아니면, 또는)
　　(a) Which do you like better, summer **or** winter?
　　　　어느 것(which) 너 좋아하니?(do you like) 더(better), / 여름 아니면(or) 겨울
　　(b) 명령문+or: ~하여라, 아니면(그렇지 않으면)
　　　　Come at once, or you will be too late.
　　　　가까워져라(와라),(come) 즉시(at once) / 아니면(or) 너는 일 것이다.(will) 너무 늦은 상태이다.(be too late)
　　　　(와라. 즉시 / 그렇지 않으면 너는 너무 늦을 것이다.)
　　　　=**If you don't come** at once, you will be too late.
　　　　=**Unless you come** at once, you will be too late.

④ so: 그것은 다음과 같이 → 그것과 같아서 → 그래서
　　I have no money, **so** I can't buy the book.
　　나는(I) 가지고 있지 않다. 어떤 돈도(have no money), / 그것과 같아서 (그래서so) 나는 살 수 없다.(can't buy)
　　그 책을(the book)

⑤ both A and B: 둘 다 A와 B
　　Both animals **and** plants need water and air.
　　둘 다(both) 동물과 식물 / 필요로 한다.(need) 물과 공기를

⑥ not only A but also B: A뿐만 아니라 B도 역시
　　(a) not(아니게) only(유일한 것이) A but(반대로) also(역시) B → A가 유일한 것이 아니라 반대로 역시 B도 → A뿐만 아니라 B도 역시
　　(b) **Not only** she **but also** we were afraid of the dark.
　　　　유일한 것이 아니다.(not only) 그녀가 반대로(but) 역시(also) 우리도 / 무서워하였다.(were afraid of) 어두움을(the dark) (그녀뿐 아니라 우리도 무서워하였다. 어두움을)
　　　　=We **as well as** she were afraid of the dark.
　　　　우리는 무엇뿐만 아니라(as well as) 그녀 / 무서워하였다. 어두움을

⑦ Either A or B: 둘 중 하나 A 아니면 B (양자택일—동사는 B에 일치)

> ■ whether: who(누구의)+th(the그것)+er(더) → 누구의 그것이 더 ~인지(선택의 개념) → 어느 것인지 (~인지 아닌지, ~이든 아니든)
> ■ either: ei(always항상)+th(the그것)+er(더) → 항상 그것이 더 → (항상) 둘 중 어느 하나
> ■ neither: n(no어떤 ~도 아닌)+either(둘 중 어느 하나) → (둘 중) 어느 ~도 아닌

(a) either: 둘 중 하나
(b) **Either** you **or** she **has** to go there.
둘 중 하나(either) 너 아니면(or) 그녀 / 가야 한다.(has to go) 거기에(there)

⑧ neither A nor B: 둘 중 어느 것도 아닌 A도 B도 (양자부정)

(a) neither: 둘 중 어느 것도 아닌
(b) **Neither** his father **nor** his mother **is** at home.
둘 중 어느 분도 그의 아버지도 그의 어머니도 있지 않다.(neither~is). 집에(at home)
(그의 아버지도 그의 어머니도 집에 있지 않다.)
=**Either** his father **or** his mother is **not** at home.

(2) **명사절을 이끄는 종속접속사(that, if, whether)**

① that의 용법: 확실한 사실을 나타냄
  (a) that이 이끄는 절은 주어, 목적어, 보어 역할을 함
  (b) **That** he can swim is certain. (주어)
  그건(that) 그가 수영할 수 있다는 것은 / 이다.(is) 확실한 상태(certain) (확실하다.)
  (c) I know **(that)** he can swim. (목적어)
  나는 알고 있다.(know) / (그건that) 그가 수영할 수 있다는 것이다.(he can swim)
  (d) The important thing is **that** I love you.(보어절)
  중요한 것은(the important thing) 이다.(is) / 그건(that) 내가(I) 사랑한다는 것이다.(love) 당신을

② if, whether의 용법: 불확실한 사실을 나타냄
  (a) if: ~인지 아닌지
    ⓐ if는 타동사의 목적어절만 유도함. 'if ~or not' 형태 가능하지 않음
    ⓑ I wonder **if** he will come home by noon. (목적어절)
    나는 몹시 궁금해한다.(I wonder) / 그가 올 것인지 아닌지를(if he will come) 집으로(home) 가까이에
    (by) 정오 (정오까지)
  (b) whether: ~인지 아닌지 (~이든 아니든)
    ⓐ 'whether ~or not' 형태가 가능함
    ⓑ **Whether** your father is rich or not is not important. (주어절)
    너의 아버지가 부유한지 아닌지는(whether your father is rich or not) / 아니다.(is not) 중요한 상태
    (important) (너의 아버지가 부유한지 아닌지는 중요하지 않다.)

(3) **부사절을 이끄는 종속접속사**

① 시간을 나타내는 것
  (a) when: 그때 (벌어지는 일은) (~할 때)
    ⓐ He studied hard **when** he was in middle school.

그는 공부했다.(studied) 열심히 / 그때(when) 그가(he) 있었을(was) 때 / 무엇 안에(in) 중학교 (중학교에) (그는 열심히 공부했다. 중학교에 다닐 때)

ⓑ when은 특정 시간을 나타내기 때문에 when절에는 진행형시제가 올 수 없음

(b) while: 그동안 (벌어지는 일은) (~하는 동안)

ⓐ Lincoln did many great things **while** he was President.

링컨은 했다.(did) 많은 위대한 일을 / 그동안(while) 그가 대통령이었던 동안

ⓑ while은 '기간'을 나타내기 때문에 while절에는 진행형 시제가 올 수 있음

(c) when과 while 다음에 미래의 일을 말할 때는 현재시제를 씀

ⓐ 문맥상 100% 일어날 일이라는 것을 알 수 있는 상황에서 굳이 불확실성이 강하고 신뢰도가 떨어지는 will과 같은 미래 표현을 사용할 필요가 없기 때문임. 우리말도 시간, 조건을 나타내는 부사절에서는 현재시제가 미래를 대신하여 쓰임

ⓑ **When** you ***arrive*** home, can you call me?

그때(when) 네가 **도착하면**(arrive) 집에(home), / 할 수 있니?(can) 너는 전화하는 것(call) 나에게(me)

▶ 집에 도착하는 것은 미래의 일이지만 'When you will arrive'로 쓸 수 없음. 여기서 when은 '~하면'이라고 해석하는 것이 자연스러움

▶ 우리말로도 '**도착하면**'이라고 현재형으로 표현함

ⓒ It'll be warm and sunny **while** we ***are*** on vacation.

날씨가 일 것이다.(will) 덥고 화창한 상태이다.(be warm and sunny) / 그동안(while) 우리가 **있는**(are) 동안 / 무엇에 덧붙여서(on) 휴가 (날씨가 덥고 화창할 것이다. 우리가 휴가 중인 동안)

▶ 휴가를 가는 것은 미래의 일이지만 'while we will be'로 쓸 수 없음

▶ 우리말로도 '**있는 동안**'이라고 현재형으로 표현함

(d) before: 무엇 전에 / after: 무엇 후에

ⓐ She gets up **before** the sun rises.

그녀는 가진다.(gets) (일어남을) 최고치까지(up) / 무엇 전에(before) 해가 위로 움직이기(rises) 전에 (그녀는 일어난다. 해가 떠오르기 전에)

ⓑ I brushed my teeth **after** I ate supper.

나는 닦았다.(brushed) 나의 이를 / 무엇 후에(after) 내가 먹은(I ate) 후에 저녁을

ⓒ before와 after는 문장의 맨 앞 또는 중간에 쓸 수 있음. 문장의 맨 앞에 쓸 경우에는 before와 after 뒤에 콤마(,)를 사용

Before Maria goes to bed, she brushes her teeth.

무엇 전에(before) 마리아가 가기(goes) 전에 무엇을 목표로(to) 침대 (침대로), / 그녀는 닦는다.(brushes) 그녀의 이를 (잠자기 전에, 그녀는 닦는다. 이를)

=Maria brushes her teeth **before** she goes to bed.

▶ go to bed: go(무엇에서 멀어지다)+to(무엇을 목표로)+bed(침대) → (현재 있는 곳에서) 멀어져서 침대로 가다 → 잠자다

(e) since: 무엇부터 (지금까지) 계속(죽)

Have you known him **since** he was a child?

가지고 있니?(have) 너 알고 있었던 상태(known) 그를 / 무엇부터 계속(since) 그가 아이였던 때부터 (너는 알아 왔니? 그를 / 그가 어릴 적부터 계속)

(f) until: 언제까지 (계속)

You must wait here **till(or until)** he comes back.

너는 해야 한다.(must) 기다리는 것(wait) 여기에서 / 언제까지(until) 그가 돌아올 때까지

(g) before, after, since, until 다음에 명사를 쓸 수도 있음

ⓐ You should be home **before midnight**.

너는 이었으면 좋겠다.(should) 집에 있다.(be home) / 무엇 전에(before) 자정
(너는 집에 돌아오면 좋겠다. 자정 전에)

ⓑ "How about taking a walk **after lunch**?"

어때?(how) 무엇에 대하여(about) 가지는 것(taking) 걸음을(a walk) / 무엇 후에(after) 점심
(산책하는 것 어때? 점심 식사 후에)

(h) whenever: 언제든지

ⓐ whenever: when(언제)+ever(언제나) → 언제든지

ⓑ **Whenever** she sees me, she smiles at me.

언제든지(whenever) 그녀가 보는(sees) 나를, / 그녀는 미소를 짓는다.(smiles) 콕 찍듯 가리켜(at) 나 (나에게) (그녀는 나를 볼 때마다 미소를 짓는다. 나에게)

(i) as long as: ~하는 한

ⓐ as long as: as(그렇게)+long(길게)+as(그건 다음과 같이) → 다음과 같이 그렇게 길게 → ~하는 한

ⓑ I will never forget your kindness **as long as** I lived.

나는 결코 잊지 않을 것이다.(will never forget) 너의 친절을 / 그렇게(as) 길게(long) 그것은 다음과 같이 (as) 내가 살아 있는 것과 같이 (나는 너의 친절을 결코 잊지 않겠다. 내가 살아 있는 한)

(j) as soon as: ~하자마자

ⓐ as soon as: as(그렇게)+soon(빨리)+as(그건 다음과 같이) → 다음과 같이 그렇게 빨리 → ~하자마자

ⓑ **As soon as** I came home, it began to rain. (~하자마자)

내가 오자마자(as soon as I came) 집에(home), / 비가 오기 시작했다.(it began to rain)

② 장소를 나타내는 것(where, wherever)

(a) where: 어디에

We camped **where** water was enough.
우리는 야영했다.(camped) / 어디에서(where) 물이 충분했던(water was enough)
(우리는 야영했다. 물이 충분한 곳에서)

(b) wherever

ⓐ wherever: where(어디에서)+ever(언제나) → 어디에서든지(어디든지)

ⓑ You may go **wherever** you like.
너는 할 수도 있다.(may) 가는 것(go) / 어디든지(wherever) 네가 좋아하는(like)
(너는 가도 좋다. 어디든지 네가 좋아하는)

③ 이유를 나타내는 것 (because, as, since, for)

(a) because의 경우 유도되는 내용이 문장의 주된 내용인데 'as, since, for'로 유도되는 내용은 이미 상대방에게 알려진 것이어서 부가적인 내용임

(b) because: 무엇 때문에 (이유는)

ⓐ because: '원인이나 이유(cause)이다(be)'라는 이미지에서 '무엇 때문에(이유는)'라는 의미가 도출됨

ⓑ Mother is always busy **because** she has a lot of things to do.
어머니는 이다.(is) 항상 바쁜 상태(busy) / 무엇 때문에(because) 그녀는 가지고 있기(has) 때문에 많은 일을(a lot of things) 해야 할(to do)
(어머니는 항상 바쁘다. 그녀는 많은 일을 가지고 있기 때문에 해야 할)

ⓒ because는 문장을 연결할 때 쓰고, 'because of' 뒤엔 명사가 옴

⊙ We couldn't play baseball **because it rained**.
우리는 할 수 없었다.(couldn't play) 야구를 / 무엇 때문에(because) 비가 왔기(it rained) 때문에

⊙ We couldn't play baseball **because of the rain**.
우리는 할 수 없었다.(couldn't play) 야구를 / 무엇 때문에(because of) 비

(c) as: 그것은 다음과 같다 → ~때문에

As it was very late, I went to school by taxi.
그것은 다음과 같다.(as) 매우 늦었다.와 / 나는 갔다.(went) 무엇을 목표로(to) 학교 택시로(by taxi)
(매우 늦었기 때문에, 나는 학교에 갔다. 택시로)

▶ '매우 늦었다는 일=내가 택시로 학교에 갔던 일'처럼 두 문장이 같아지려면 '늦었기 때문에 나는 택시로 학교에 갔다.'와 같이 두 문장이 연결되어야 함. 따라서, 여기에서 as는 because의 뜻임

(d) since: 무엇부터 (지금까지) 계속 → ~때문에

Since we have no money, we can't buy it.
무엇부터 계속(since) 우리가 어떤 돈도 가지고 있지 않은(we have no money) 때부터 / 우리는 살 수 없다.(can't buy) 그것을 (우리는 어떤 돈도 가지고 있지 않기 때문에, 우리는 살 수 없다. 그것을)

▶ 어떤 현상이 계속되면 그 현상이 이유가 되어 어떤 결과가 발생하게 됨. 이런 이유로 since 가 이유의 의미가 된 것임

(e) for: 왜냐하면

ⓐ 간접적 또는 부가적인 이유를 나타내므로 for가 이끄는 절은 반드시 다른 절의 뒤에 놓이게 되고 앞에 쉼표(,)가 옴

ⓑ It may rain, **for** it began thundering.

❶ 비가 올 수도 있다.(It may rain) / 무엇만을 생각하면(for) 시작했다(it began),는 것을 천둥 치는 것(thundering)을

❷ 비가 올 수도 있다. 왜냐하면(for) 시작했기 때문에 천둥 치는 것을

▶ '천둥 치는 것을 시작했다는 것만을 생각하면 비가 올 수도 있다'는 것은 천둥 치는 것이 비 올 가능성의 이유가 된다는 의미이므로 for가 이유의 뜻이 된 것임

④ 조건을 나타내는 것 (if, unless)

(a) if: 만약 ~라면

If it is fine tomorrow, we will go on a picnic.

만약(if) 날씨가 좋은 상태이다.라면(it is fine) 내일 / 우리는 할 것이다.(will) 멀어져서(go) 무엇에 덧붙게(on) 소풍 (만약 날씨가 좋으면 내일, 우리는 소풍 갈 것이다.)

(b) unless: 만약 무엇이 아니라면 (if not)

Unless you get up early, you will be late for school.

만약 당신이 일어나지 않으면(unless you get up) 일찍, / 너는 일 것이다.(will) 늦은 상태이다.(be late) / 무엇만을 생각하면서(for) 학교 (만약 당신이 일어나지 않으면 일찍, 너는 늦을 것이다. 학교에)

▶ be late for: be(이다)+late(늦은 상태)+for(무엇만을 생각하면서) → 무엇만에 늦은 상태이다 → ~에 늦다

⑤ 양보를 나타내는 것 (though / even if / whether~or not / as)

(a) though: 사실임에도 불구하고

Though he was poor, he liked to help others.

사실임에도 불구하고(though) 그는(he) 가난하였다.(was poor)가, 그는 좋아했다.(liked) 돕는 것을(to help) 다른 사람들을(others)

(b) even if(though): 비록 ~일지라도

Even if he is young, he can do the work.

비록 그가 어릴지라도(even if he is young) / 그는 할 수 있다.(can do) 그 일을

(c) whether ~ or not: ~이든 아니든 어떻든지

ⓐ whether: whe(who 누구의)+th(the 그것이)+er(더) ~인지 → 어느 것이 더 ~인지(선택) (~인지 아닌지, ~이든 아니든)

ⓑ **Whether** you like it **or not**, you must do the work.

네가 그것을 좋아하든 안 하든,(Whether you like it or not) / 너는 해야 한다.(must) 그 일을

(d) as: 그것은 다음과 같다 → 비록 ~일지라도

Poor **as** he is, he is quite happy.

그것은 다음과 같다.(as) 그는 가난하다.와(he is poor) / 그는 아주(quite) 행복하다. (비록 그는 가난할지라도, 그는 아주 행복하다.)

▶ '그는 가난하다=그는 아주 행복하다'처럼 두 문장이 같아지려면 '비록 가난하더라도 그는 행복하다'와 같이 두 문장이 연결되어야 함. 따라서, 여기에서 as는 'even if(비록 ~일지라도)'의 뜻임

⑥ 비교를 나타내는 것(as, than)

(a) Seoul is much bigger **than** I thought.

서울은 이다.(is) 훨씬(much) 더 큰 상태(bigger) / 그건 다음보다(than) 내가 생각했던 것(I thought)

(b) The mountain is not as high **as** we heard.

그 산은 이다.(is) 아니게(not) (아니다.) 그렇게(as) 높은 상태(high) / 그건 다음과 같이(as) 우리가 들었던 것과(we heard) (그 산은 그렇게 높지 않다. 우리가 들었던 것같이)

⑦ 방법, 상태를 나타내는 것(as, as if=as though)

(a) as: 그건 다음과 같이 → ~같이(~처럼)

Do **as** I told you.

해라.(do) / 그것은 다음과 같이(as) 내가 말했던 것(I told)과 너에게(you)
(해라. 내가 말했던 것같이 너에게)

(b) as if: 마치 ~처럼

He talks **as if** he were an Englishman.

그는 말한다.(talks) / 마치 그가 영국 사람이었던 것처럼(as if~)

⑧ 목적을 나타내는 것 [so that ~ may(or can)]

(a) so that ~ may(can): ~하기 위하여

(b) He studies hard **so that** he **may** pass the examination.

그는 공부한다. 열심히 / 그건 다음과 같다.(so) 그건(that) 그가 통과할 수도 있다.(he may pass)와 그 시험을
(그는 공부한다. 열심히 / 그는 시험에 합격하기 위해서)

▶ '그는 열심히 공부한다=그는 그 시험에 합격할 수도 있다.'처럼 두 문장이 같아지려면 '그는 열심히 공부한다. 그 시험에 합격하기 위해서'와 같이 두 문장이 연결되어야 함

⑨ 결과를 나타내는 것(so ~ that, such ~ that)

(a) 'so ~ that' 사이에는 형용사나 부사가 놓이고, 'such ~ that' 사이에는 형용사와 명사가 놓임. '매우 ~하므로 ~하다'의 뜻임

(b) That book is **so** *difficult* **that** I can't read it.

저 책은 이다.(is) 그 자체같이 그렇게(매우)(so) 어려운 상태 / 그것과 같아서(that) 나는 읽을 수 없다.(can't read) 그것을 (저 책은 매우 어려우므로, 나는 그것을 읽을 수 없다.)

=That is **such** a difficult book **that** I can't read it.

=That book is **too** difficult for me **to** read.

(4) 주의할 접속사의 용법

① 접속부사: however, therefore 등은 본래 부사이던 것이 접속사처럼 쓰임

　(a) however

　　ⓐ however가 접속사로 쓰일 때 (아무리 ~해도)
　　　◉ 뒤에 형용사나 부사와 함께 나옴
　　　◉ **However** hard I studied, I could not pass the exam.
　　　　아무리 열심히 내가 공부했어도,(however hard I studied) / 나는 통과할 수 없었다,(could not pass) 그 시험을

　　ⓑ however가 접속부사로 쓰일 때 (그러나, 하지만)
　　　◉ 접속부사는 부사이지 접속사는 아니므로 문장과 문장을 하나로 이어줄 수는 없고 끊어서 써야 하고 쉼표(,)가 나옴
　　　◉ 문장 중간이나 끝에 쓰임. 앞에 쓰면 접속사 however로 착각할 수 있기 때문임
　　　　■ Later, **however**, he changed his mind.
　　　　　나중에(later), 그러나(however), 그는 바꿨다.(고쳐먹었다.)(changed) 그의 마음을(his mind)
　　　　■ I will take your request. I have a condition, **however**.
　　　　　나는 가질 것이다.(will take) 너의 요구를(your request) / 나는 가지고 있다.(have) 하나의 조건을(a condition), 하지만(however) (네 요구를 들어줄게. 하지만 조건이 있어.)

　(b) therefore: 그러므로

　　ⓐ 앞에 나온 문장의 이유 때문에 필연적으로 따르는 결과를 가리킬 때 사용
　　ⓑ He was very tired, **therefore** he went to bed early.
　　　그는 이었다.(was) 매우 피곤한 상태,(very tired) / 그러므로(therefore) 그는 갔다.(went) 무엇을 목표로(to) 침대 (침대로) 일찍 (그는 매우 피곤하였으므로 일찍 잤다.)

② next time, every time, by the time 등도 접속사의 역할을 함

　(a) next time: next(다음)+time(시간) → 다음에 ~할 때에

　　Next time you see him, please tell him about it.
　　다음 시간에 네가 보는(next time you see) 그를, / 말해줘(please tell) 그에게 / 무엇에 관하여(about) 그것 (다음에 네가 그를 볼 때, / 말해줘. 그에게 그것에 관하여)

　(b) every time: every(하나하나의)+time(시간) → ~할 때마다(언제든지)

　　Every time you need this book, I'll lend it to you.
　　하나하나의 시간에(every time) 네가 필요로 하는(you need) 이 책을 / 나는 빌려줄 것(will lend)이다. 그것을(it) 너에게(to you) (네가 이 책을 필요로 할 때마다, 나는 빌려줄 것이다. 그것을 너에게)

ⓒ by the time: by(가까이에)+the time(그 시간) → 그 시간 가까이에 → ~할 그때쯤에

By the time we reached the ground, the game already had begun.

그 시간 가까이에(by the time) 우리가 도착했던(we reached) 운동장에, / 그 경기는 이미(already) 가지고 있었다.(had) 시작**했었**던 상태를(begun)

(우리가 운동장에 도착했던 그때쯤엔, 그 경기가 이미 시작되었었다.)

Part 29 전치사(前置詞)

1. 전치사의 기능
(1) 형용사구나 부사구를 만듦

　① Yesterday I received an e-mail **in French**. (형용사구)

　　어제 나는 받았다.(received) 하나의 이메일을 / 무엇 안에서(in) 불어 (불어로 쓴)

　　(어제 나는 받았다. 하나의 이메일을 불어로 쓴)

　② He studied music **in France for two years**. (부사구)

　　그는 공부했다.(studied) 음악을 / 무엇 안에서(in) 프랑스 (프랑스에서) / 무엇만을 생각하면서(for) 2년 (2년 동안)

(2) 전치사의 목적어는 목적격이 되어야 함

　① Listen **to me** carefully. (me는 목적격)

　　들어라.(listen to) 내 말을(me) 주의 깊게(carefully)

　② Look **at her**. (O) / Look at she. (×)

　　보아라.(look at) 그녀를

(3) 전치사의 목적어가 동사가 될 때는 동명사이어야 함

　Thank you very much **for inviting** me. (O)

　고맙습니다. 당신에게 매우 많이 / 무엇만을 생각하면서(for) 초대한 것(inviting) 나를

　(대단히 감사합니다. 초대해 주셔서)

(4) 전치사가 접속사 또는 부사의 구실을 할 때도 있음

　① We played tennis **after school was over**. (접속사)

　　우리는 했다.(played) 테니스를 / 무엇 후에(after) 학교 수업이(school) 이었던(was) 후에 다 덮인 상태(over)

　　(우리는 했다. 테니스를 학교 수업이 끝난 후에)

　② I have met him **before**. (부사)

　　나는 가지고 있다.(have) 만났던 상태를(met) 그를 전에(before)

　　(그를 만나본 적이 있다. 전에)

2. 전치사의 용법
(1) 장소 전치사 Ⅰ

　① at: 여러 개 중 무엇 하나만 콕 찍듯 가리켜 ⇒ ~(지점)에 (좁은 장소)

　　(a) 어떤 지점에 있다고 말할 때 씀

　　(b) He's **at the bus stop**.

　　　그는 있다.(is) / 무엇 하나만 콕 찍듯 가리켜(at) 버스 정류장

　　　(그는 있다. 버스 정류장에)

② in: 무엇 안에 (비교적 넓은 장소)
  ⓐ 어떤 공간 안에 있다고 말할 때 씀
  ⓑ They're watching TV **in the living room**.
    그들은 이다.(is) 보고 있는 상태(watching) TV를 / 무엇 안에서(in) 거실 (거실에서)
    (그들은 보고 있다. TV를 거실에서)
③ on: 무엇에 덧붙어서 위에(접촉)
  ⓐ 어떤 표면 위에 붙어 있다고 말할 때 씀
  ⓑ She's doing yoga **on the floor**.
    그녀는 이다.(is) 하고 있는 상태(doing) 요가를 / 무엇에 덧붙어서 위에서(on) 바닥 (바닥 위에서)

(2) **장소 전치사 Ⅱ**
  ① at: 여러 개 중 무엇 하나만 콕 찍듯 가리켜

일상적으로 다니는 장소	at work 일하는 / at home 집에서
역, 공항	at the airport 공항에서 / at the station 역에서
행사, 공연, 경기장	at a party 파티에서 / at a concert 콘서트에서
-'s로 끝나는 장소	at the doctor's (office) 병원에서

Last night, we had dinner **at Megan's**.
어젯밤, 우리는 가지고 있었다.(먹었다.) 저녁을 / 콕 찍듯 가리켜(at) 매건의 집(매건의 집에서)

  ② in: 무엇 안에

하늘, 대양 등 자연환경	in the sky 하늘에서 / in the world 세계에서
책, 사진 등 인쇄물	in a book 책에 / in a newspaper 신문에
열, 줄	in line 일렬로 / in a row 한 줄로
(어떤 장소에서) ~하는 중인	in bed 잠자는 중인 / in the hospital 입원 중인

Mount Everest is the highest mountain **in the world**.
에베레스트산은 이다.(is) 가장 높은(the highest) 산 / 무엇 안에서(in) 세계 (세계에서)
(에베레스트산은 가장 높은 산이다. 세계에서)

  ③ on: 무엇에 덧붙어서 위에

거리	on 2nd Avenue 2번가에서
층	on the first floor 1층에서
교통수단	on the bus 버스에 / on the plane 비행기에 (예외) in the car
오른쪽(왼쪽)에	on the right 오른쪽에 / on the left 왼쪽에

"The restroom is **on the 3rd floor**."
화장실은 있다.(is) / 무엇에 덧붙어서(on) 3층 (3층에)

※ 자동차(car)의 내부는 비행기, 배, 기차, 버스에 비해서는 너무 면적이 적어서 '평면에 덧붙어 위에 있다'는 개념의 전치사 on을 쓰지 못하고 in을 씀

(3) 위치 전치사 I

- on: 무엇에 덧붙어서 위에(윗면에 접촉)
- beneath: 무엇에 덧붙어서 아래에 (아랫면에 접촉)
- over: 위에서 무엇을 다 덮어서 (수직방향의 바로 위)
- under: 대항할 수 없는 힘을 가진 무엇 아래에 (수직방향의 바로 아래)
- above: 무엇 위쪽에(비스듬히 위)
- below: 무엇 아래쪽에(비스듬히 아래)

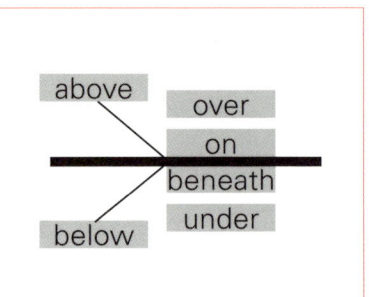

※ above와 over: over는 수직적 힘의 작용(지배)을 받는 느낌이지만 above는 단순히 위에 있는 느낌으로 느껴지는 힘의 작용이 없음

※ under와 below: under는 '책상 아래'처럼 바로 아래, below는 '산 아래'처럼 경사진 아래

① My watch is **on the desk**.
  내 시계는 있다.(is) / 무엇에 덧붙어서 위에(on) 책상 (책상 위에)

② I put the pillow **beneath my head**.
  나는 놓았다.(put) 베개를 / 무엇에 덧붙어서 아래에(beneath) 나의 머리 (나의 머리 밑에)

③ Our plane is flying **over the mountains**.
  우리의 비행기는 이다.(is) 날고 있는 상태(flying) / 위에서 무엇을 다 덮어서(over) 그 산 (그 산 위를)
  (우리가 탄 비행기는 날고 있다. 그 산 위를)

④ The dog is **under the table**.
  개는 있다.(is) / 무엇 아래에(under) 탁자 (탁자 아래에)

⑤ The picture are **above the shelves**.
  그 그림은 있다.(are) / 비스듬히 위쪽에(above) 그 선반 (그 선반 위쪽에)

⑥ The shelves are **below the picture**.
  그 선반은 있다.(are) / 비스듬히 아래쪽에(under) 그 그림 (그 그림 아래에)

(4) 위치 전치사 II

전치사	이미지	원뜻	예문
in front of		무엇의 앞에	in front of the school (학교 앞에)

전치사	이미지	원뜻	예문
in back of (=behind)		무엇의 뒤에	behind the chair (의자 뒤에)
beside next		무엇의 옆에	beside the lake (호수 옆에)
between		(둘) 사이에	between the drugstore and the mall (약국과 쇼핑몰 사이에)
among		(셋 이상) 사이에	among the students (학생들 중에)

(5) 방향 전치사

from 무엇에서부터 시작하여	to 무엇을 목표로 하여 도착할 때까지

- Her family came **from Europe**.
  그녀의 가족은 가까워졌다.(왔다.)(came) / 무엇에서부터 시작하여(from) 유럽 (유럽에서)
- Let's go **to the museum** this weekend.
  가자. / 무엇을 목표로(go) 그 박물관 (그 박물관으로) 이번 주에(this weekend)

up: 최고치까지 무엇 위로	down: 무엇 아래로

- Someone is coming **up the stairs**.
  누군가가 이다.(is) 가까워지고 있는 상태(coming) / 무엇 위로(up) 계단 (계단 위로)
- Joe fell **down the stairs**.
  조는 떨어졌다. / 무엇 아래로(down) 계단 (계단 아래로)

into 무엇 안으로	out of 무엇 밖으로

- It was hot, so Fred jumped **into the sea**.
  날씨가 이었다.(was) 더운 상태(hot), / 그것과 같아서(so) 프레드는 뛰었다.(jumped) / 무엇 안으로(into) 바다 (날씨가 더웠다. 그래서 프레드는 뛰어들었다. 바닷속으로)
- You're late. You should get **out of bed**! You're late.
  너는 늦었어. 너는 해야 한다.(should) 가지는 것을 (get) (빠져나오옴을) / 무엇 밖으로(out of) 침대 (너는 늦었어. 너는 잠자리에서 일어나야 해)

over 위에서 무엇을 다 덮어서	under (대항할 수 없는 힘을 가진) 무엇 아래에

- He crossed **over the river**.
  나는 가로질렀다.(crossed) / 무엇을 다 덮어서(over) 그 강 (그는 건넜다. 그 강을)
- Don't put your dirty socks **under the bed**!
  놓지 말아라.(don't put) 너의 더러운 양말을 / 무엇 아래에(under) 침대

through: 무엇을 통과하여	across: 무엇을 가로질러

- The fly came **through the window**.
  그 파리는 가까워졌다.(들어왔다.)(came) / 무엇을 통과하여(through) 창문
- Don't run **across the road**. It's dangerous.
  뛰지 마라.(Don't run) 가로질러(across) 그 길을. / 위험해(It's dangerous.)

along: 무엇을 죽 따라서	around: 무엇을 돌아서

- I ran **along the beach** for an hour.
  나는 달렸다.(ran) / 죽 따라서(along) 해변을 (해변을 따라서) / 무엇만을 생각하면서(for) 한 시간 (한 시간 동안)
- We jogged **around the lake**.
  우리는 조깅했다.(jogged) / 무엇을 돌아서(around) 그 호수 (호수를 돌아서)

on: 무엇에 덧붙어서	off: 무엇에서 떨어져서 (분리되어)

- You dropped your wallet **on the floor**.
  너는 떨어뜨렸다.(dropped) 너의 지갑을 / 무엇에 덧붙어서 위에(on) 바닥(바닥에)
- Maria fell **off the bed** and woke up.
  마리아는 떨어졌다.(fell) / 무엇에서 떨어져서(off) 침대 그리고 깼다.(woke up)

past: 무엇을 지나서	toward: 어떤 쪽을 향하여

past: 무엇을 지나서	**toward**: 어떤 쪽을 향하여

- My house is **past the bookstore**.
  나의 집은 있다.(is) / 무엇을 지나서(past) 서점 (서점을 지나서) ※ pass 무엇을 지나가다
- The children ran **toward their parents**.
  그 아이들은 달렸다.(ran) / 어떤 쪽을 향하여(toward) 그들의 부모 (부모 쪽을 향하여)

(6) 시간 전치사 I

① **at**: 콕 찍듯 하나의 시점을 표현할 때 사용

시각	at noon 정오에 / at 7 o'clock 7시에
식사	at lunch 점심시간에 / at dinner 식사 중인

(a) The library opens **at noon** on Sundays.
그 도서관은 연다.(opens) / 콕 찍듯 가리켜(at) 정오 (정오에) 무엇에 덧붙어서(on) 일요일(일요일에)

(b) We can talk about our business trip **at lunch**.
우리는 대화할 수 있다.(can talk) / 무엇에 관하여(about) 우리의 사업 여행(출장) /
콕 찍듯 가리켜(at) 점심 (점심때에)

② **on**: 하루 단위의 시간을 표현할 때 사용

요일	on Monday 월요일에
평일, 주말	on weekdays 평일에 / on weekends 주말에
날짜, 기념일	on my birthday 내 생일에

(a) 고대인은 '해가 하늘에 덧붙어(on) 있는 동안'을 하루의 시간으로 인식했으므로 날짜, 요일 등에 접촉의 전치사 'on(무엇에 덧붙어서)'을 사용

(b) We are going to the museum **on Friday**.
우리는 이다.(are) 가고 있는 상태(going) / 무엇을 목표로(to) 그 박물관 (그 박물관으로) 무엇에 덧붙어서(on) 금요일 (금요일에) (우리는 갈 것이다. 박물관으로 금요일에)

(c) 날짜, 요일 앞의 on은 생략할 수 있음

I have an interview **on Wednesday**. (or **Wednesday**.)
나는 가지고 있다.(have) 면접을(an interview) / 무엇에 덧붙어서(on) 수요일 (수요일에)

③ **in**: 비교적 긴 시간을 나타냄

월	in April 4월에 / in December 12월에
계절	in (the) spring 봄에 / in (the) winter 겨울에
연도, 세기	in 2016 2016년에 / in the 19th century 19세기에
오전, 오후, 저녁	in the morning 아침에 / in the evening 저녁에 예외) night 앞에는 in이 아니라 at을 씀

※ 아침, 점심, 저녁은 깨어서 활동하지만 밤은 잠자는 시간대이기 때문에 활동시간이 짧을 수밖에 없으므로 짧은 느낌에 맞춰 전치사 at 사용

▶ **at** night (○) / in night (×)

(a) It rains a lot here **in April**.
비가 온다.(it rains) 많이(a lot) 여기는 / 무엇 안에서(in) 4월 (4월에)

(b) I usually go to the park for a walk early **in the morning**.
나는 보통(usually) 간다. (go) 무엇을 목표로(to) 공원 (공원으로) 무엇만을 생각하면서(for) 산책 일찍 / 무엇 안에서(in) 아침 (나는 보통 간다. 공원으로 산책하러 일찍 아침에)

④ 'this, that, last, next, all, every' 등을 포함하는 기간 표현 앞에는 at, on, in을 쓰지 않음
"What did you do **last weekend**?"
무엇(what) 했니(did)? 너 하는 것(you do) / 지난주에(last weekend)

(7) **시간 전치사 II**

① before: 무엇 전에 / after: 무엇 후에

(a) We packed our bags **before our vacation**.
우리는 쌌다.(packed) 우리의 가방을 / 무엇 전에(before) 우리의 휴가 (우리의 휴가 전에)

(b) a: When should we meet?
언제(when) 해야 하니(should)? 우리 만나는 것(we meet)

   b: **After 6 o'clock**.
무엇 후에(after) 6시 (6시 후에)

② during: 무엇 동안에 / for+기간: 무엇 동안
through: 무엇 동안 죽 (처음부터 끝까지)

(a) during: 무엇 동안에

ⓐ 특정 기간을 나타내는 명사 앞에는 during을 사용

ⓑ We will be traveling in Africa **during the summer**.
우리는 일 것이다.(will) 여행하고 있는 상태이다.(be traveling) 아프리카에서 / 무엇 동안에(during) 여름 (우리는 여행하고 있을 것이다. 아프리카에서 여름 동안)

(b) for+기간: 무엇 동안

ⓐ 숫자를 포함한 기간 앞에는 for를 사용

ⓑ We will be traveling in Africa **for two months**.
우리는 일 것이다.(will) 여행하고 있는 상태이다.(be traveling) 아프리카에서 / 무엇만을 생각하면서(for) 두 달 (우리는 여행하고 있을 것이다. 아프리카에서 두 달 동안)

▶ for two hours는 '두 시간만을 생각하면서'의 이미지인데 두 시간만을 생각한다는 것은 그 두 시간 **동안** 계속 어떤 일을 생각했다는 의미임. 따라서, 전치사 for에서 '무엇 동안 내내'라는 의미가 나왔음

(c) through: 무엇 동안 죽 (처음부터 끝까지)

It kept raining **through the night**.

잡고 있었다.(It kept) 비가 오고 있는 상태를(raining) 무엇을 통과해서(through) 밤
(비가 계속해서 왔다. 밤새도록)

▶ through는 특정 시간대(기간)를 관통한다는 이미지에서 '무엇 동안 죽(처음부터 끝까지)'이
라는 의미가 나옴

③ in+기간: ~후에 / within+기간: ~이내에

(a) a: Are you ready?

이니?(are) 너 준비된 상태(ready) (너 준비됐니?)

b: Not yet. I will be ready **in 10 minutes**.

아니요. 아직 / 나는 준비된 상태일 거예요.(will be ready) / 무엇 안에(in) 10분 (10분 후에)

▶ 10분 안에 준비된 상태일 것이라는 것은 10분 후에는 모든 준비가 끝날 것이라는 의미
임. 따라서, 전치사 in이 '~후에'로 의역되는 경우가 발생하는 것임

(b) I ordered a pizza. It will be delivered **within 30 minutes**.

나는 주문했다.(ordered) 피자를 / 그것을 배달했던 상태일 것이다.(will be delivered) 무엇 이내에(within)
30분 (30분 이내에) (피자를 배달할 것이다. 30분 이내에)

(8) 시간 전치사 Ⅲ

① since / from ~ to ⋯

(a) since: 무엇부터 (지금까지) 계속

ⓐ since는 과거부터 지금까지 계속되는 시간을 표현하므로 과거와 현재 두 시점을 관련시켜
주는 현재완료와 어울림

ⓑ I haven't eaten anything **since breakfast**.

나는 가지고 있지 않다.(haven't) 먹었던 상태를(eaten) 어떤 것도 / 무엇부터 계속(since) 아침
(나는 지금까지 먹지 않았다. 어떤 것도 아침부터 계속)

(b) from ~ to ⋯: ~부터 ⋯까지

ⓐ The cafe is open **from 10 a.m. to 11 p.m.**.

그 카페는 이다.(is) 여는 상태(open) / 무엇에서부터 시작하여(from) 오전 10시 무엇을 목표로 (to) 오후
11시 (그 카페는 연다. 오전 10시부터 오후 11시까지)

ⓑ 'from ~ to ⋯'와 같은 뜻으로 'from ~ until ⋯'을 쓸 수 있음

It usually rains a lot **from April until May**.

보통(usually) 비가 온다.(rains) 많이(a lot) / 무엇에서부터 시작하여(from) 4월 언제까지(until) 5월 (4월
부터 5월까지)

② by: (늦어도) 언제까지(어떤 동작의 완료) / till(until): 언제까지 계속

(a) by의 원뜻은 '가까이에(near)'임. 이것을 시간에 적용하게 되면 '어느 시간 가까이에(언제까지)'

라는 의미가 나옴. 이와 같이 by는 늦어도 정해진 시점까지 어떤 행동이나 상황이 마쳐진다고 할 때 사용

You should drink this milk **by May 31**.

너는 해야 한다.(should) 마시는 것(drink) 이 우유를 / 언제까지(by) 5월 31일

(b) until은 특정 시점까지 어떤 행동이나 상황이 계속된다고 할 때 사용

We danced at the party **until midnight**.

우리는 춤췄다.(danced) 콕 찍듯 가리켜(at) 파티 (파티에서) / 자정까지 계속(until)

(9) 기타 전치사 I

① with: 무엇과 함께 (협력)

You have to write your answer **with a pen**.

너는 해야 한다.(have to) 쓰는 것을(write) 너의 대답을 / 무엇과 함께(with) 펜 (펜을 사용하여)

(너는 써야 한다. 너의 대답을 펜을 사용하여)

② without: 무엇 없이

You must not drive **without a license**.

너는 해서는 안 된다.(must not) 운전하는 것(drive) 무엇 없이(without) 면허증 (면허증 없이)

③ by + bicycle, taxi, train 등 (교통수단): ~을 타고

(a) I sometimes go to school **by bicycle**.

나는 가끔(sometimes) 간다.(go) 무엇을 목표로(to) 학교 (학교로) / 가까이에 있어 영향을 미치는 힘은(by) 자전거 (나는 가끔 학교에 간다. 자전거를 타고)

▶ 전치사 by의 원뜻은 '가까이에(near)'임. 가까이에 있으면 영향을 미치므로 여기에서 '가까이에 있어 영향을 미치는 힘은'이라는 의미가 나옴

(b) '걸어서'라는 의미로 말할 때는 'on foot'를 씀

ⓐ on foot: on(무엇에 덧붙여서)+foot(발) → 발을 (땅에) 덧붙게 해서 → 걸어서

ⓑ I came here **on foot**.

나는 왔어요.(came) 여기에(here) / 무엇에 덧붙여서(on) 발(foot) (걸어서)

④ in + shirt, jacket, boots 등 (의복, 신발): ~을 입고, ~을 신고

Who's the boy **in the blue shirt**?

누구이니(who is)? 그 소년 / 무엇 안에 있는(in) 파란 셔츠 (파란 셔츠를 입고 있는)

⑤ on: 무엇에 덧붙여서 위에

(a) on + the(or소유격) + way: 길에 덧붙여서 → 가는 중에

I'm **on my way** home.

나는 있다.(am) / 덧붙여서(on) 나의 길에(my way) 집으로 가는(home)

(나는 집으로 가는 중이야.)

ⓑ on sale: 세일에 덧붙여서 → 세일 중에

　　　Everything in this store is **on sale**.

　　　모든 것(everything) 무엇 안에(in) 이 가게 (이 가게에서) / 있다.(is) 무엇에 덧붙여서(on) 세일 (세일 중)

　　　(이 가게 안의 모든 것은 세일 중이다.)

　　ⓒ on the phone: 전화에 덧붙여서 → 전화로

　　　I'm talking **on the phone** now.

　　　나는 이다.(am) 대화하고 있는 상태(taking) / 무엇에 덧붙여서(on) 전화 (전화로) 지금

　　ⓓ on the computer: 컴퓨터에 덧붙여서 → 컴퓨터로

　　　I usually do my work **on the computer**.

　　　나는 보통(usually) 한다.(do) 나의 일을 / 무엇에 덧붙여서(on) 컴퓨터 (컴퓨터로)

⑩ **기타 전치사 Ⅱ**

　① like: 무엇처럼

　　a: What does Albert do?

　　　무엇을 하니(what does)? 알버트가 하는 것(Albert do) (알버트는 직업이 뭐니?)

　　b: He's a doctor, **like his father**.

　　　그는 의사야, 무엇처럼(like) 그의 아버지 (그의 아버지처럼)

　　▶ like의 원뜻은 '좋아하고 있다'임. 무엇을 좋아하다 보면 그 무엇처럼 되어 가므로 like가 전치사로 쓰이면 '무엇처럼'의 의미가 됨

　② about: 무엇에 관하여

　　"What are you thinking **about**?"

　　무엇에 관하여(what about) 이니(are)? 너 생각하고 있는 상태(thinking)

　　(무엇에 관하여 너 생각하고 있니?)

　③ for: (얼마의) 가격으로 / by: ~로(단위)

　　ⓐ I bought the book **for 5,000 won**.

　　　나는 샀다.(bought) 그 책을 / 무엇만을 생각하면서(for) 5천 원 (5천 원의 가격으로)

　　ⓑ Sugar is sold **by the pound**.

　　　설탕을 이다.(is) 팔았던 상태(sold) / 가까이에서 영향을 미치는 힘은(by) 파운드 (파운드로)

　　　(설탕을 판다. 파운드로)

　④ for: 무엇에 찬성하여 / against: 무엇에 반대하여

　　ⓐ Are you **for the plan**?

　　　이니?(are) 너 / 무엇만을 생각하면서(for) 그 계획 (너는 찬성하니? 그 계획에)

　　▶ '그 계획만을 생각한다'는 것은 그 계획에 호의적이라는 이미지이므로 여기에서 '찬성하여'라는 의미가 나옴

(b) He is **against the idea**.

그는 이다.(is) / 무엇에 반대하여(against) 그 의견 (그는 반대한다. 그 의견에)

⑤ on: 무엇에 관하여 / except: 무엇을 제외하고

(a) He has many books **on mathematics**.

그는 가지고 있다.(has) 많은 책을 / 무엇에 덧붙어서(on) 수학 (수학에 관하여)

(b) Everyone **except him** liked the idea.

모든 사람(everyone) 무엇을 제외하고(except) 그(him) / 좋아했다.(liked) 그 의견을
(그를 제외하고는 모든 사람이 좋아했다. 그 의견을)

(11) 형용사+전치사

① be angry at: ~에 화나다

I**'m** not **angry at** you.

나는 아니다.(am not) 화난 상태(angry) / 콕 찍듯 가리켜(at) 너(you) (너에게)

▶ '콕 찍듯 가리켜(at)' 특정 대상에 화가 난 것이므로 전치사 at 사용

② be sorry about: ~에 관하여 미안하다

I**'m sorry about** the noise last night.

나는 이다.(am) 미안한 상태(sorry) / 무엇에 관하여(about) 소음(the noise) 어젯밤

③ is famous for: ~으로 유명하다

This restaurant **is famous for** its pasta.

이 레스토랑은 이다.(is) 유명한 상태(famous) / 무엇만을 생각하면서(for) 파스타 (파스타로)

▶ '거기에 대해서는 그 무엇만을 생각(for)하게 할 정도로' 유명하다는 이미지이므로 전치사 for 사용

④ be interested in: ~에 흥미를 갖다

"**Are** you **interested in** science?"

이니?(are) 너는 흥미를 가진 상태(interested) / 무엇 안에(in) 과학 (과학 분야에)
(너는 흥미를 가지니 과학에?)

▶ 흥미를 갖는 것은 '어떤 분야 안에(in)' 속하는 것이므로 전치사 in 사용

⑤ be afraid of: ~을 무서워하다

When I was young, I **was afraid of** insects.

그때(when) 내가 이었을(was) 때 어린 상태(young), / 나는 이었다.(was) 무서워하는 상태(afraid) (그 감정과)
분리 불가능한 것은(of) 곤충(insects) (나는 무서워했다. 곤충을)

(a) afraid는 형용사이기 때문에 목적어를 직접 취할 수 없으므로 완충작용을 할 수 있는 전치사가 필요함

(b) 여러 존재 중 곤충에 대해 무서워하는 감정을 갖는 것이어서 '곤충을 무서워하는 감정'과 '곤충'은 서로 분리할 수 없으므로 '분리 불가능'을 본질로 하는 전치사 of를 사용

(c) 기타 사람의 감정을 나타내는 형용사와 전치사 of가 쓰인 표현

> - be ashamed of: ~을 부끄러워하다
> - be proud of: ~을 자랑스러워하다
> - be tired of: ~에 싫증 나다
> - be fond of: ~을 좋아하다
> - be sure of: ~을 확신하다

⑥ be similar to: ~와 비슷하다(유사하다)

Your shirt **is similar to** mine.

네 셔츠는 이다.(is) 비슷한 상태(similar) / 무엇을 목표로(to) 나의 것 (나의 것과)

(네 셔츠는 비슷하다. 내 것과)

▶ 무엇과 비슷하다는 것은 '그 무엇만을 목표로(to)' 닮아 가는 것이므로 전치사 to 사용

⑦ be familiar with: ~에 익숙하다

I'm not **familiar with** it.

나는 아니다.(am not) 익숙한 상태(familiar) / 무엇과 함께(with) 그것

(나는 익숙하지 않다. 그것에)

▶ 무엇에 익숙해지려면 '그 무엇과 함께(with) 하는' 관계가 필요하므로 전치사 with 사용

⑫ 동사+전치사

① look at: ~을 보다

Look at the clouds! It's going to rain soon.

눈을 돌려라(look) 콕 찍듯 가리켜(at) 구름. / 할 것이다(is going to) 비 오는 것(rain) 곧

(봐라. 구름을! 비가 올 거야. 곧)

▶ 여러 대상 중 '무엇 하나만 콕 찍듯 가리켜(at)' 보는 것이므로 at 사용

② apply for: ~에 지원하다

Randy **applied for** a new job.

랜디는 지원했다.(applied) 무엇만을 생각하면서(for) 새 일자리

▶ apply: ply(fold 무엇에 겹치다) → (새로운 일에 겹치는 것은) → 지원하다

▶ 무엇에 지원할 때는 절박하게 '그 무엇만을 생각(for)'할 것이므로 for 사용

③ depend on: ~에 의지하다

I can always **depend on** him.

나는 할 수 있다.(can) 언제나 의지하는 것(depend) / 무엇에 덧붙어서(on) 그 (그에게)

▶ 무엇에 의지한다는 것은 그 '무엇에 붙어서(on)' 기대는 것이므로 on 사용

④ belong to: ~에 속하다

Who does this car **belong to**?

누구(who) 하나요(does)? 이 차 속하는 것(belong) 목표로(to)

(이 차는 누구의 것인가요?)

- ▶ belong: be(존재)+long(오래) → 오래 존재하다 → '어디에 오래 존재한다'는 것은 그 어디에 속하는 것이 되므로 → ~에 속하다
- ▶ '무엇에 속한다'는 것은 여러 존재 중 '무엇만을 목표로(to) 그 무엇에 속하는 것'이므로 to 사용

⑤ 다음과 같은 동사 뒤에는 전치사를 쓰지 않음

(a) Alice didn't **answer** the phone. (answer: ~에 대답하다)

앨리스는 하지 않았다.(didn't) 대답하는 것(answer) 그 전화에

(앨리스는 전화를 받지 않았다.)

- ▶ answer the phone: 대답하다. 전화에 → 전화를 받다

(b) Will you **call** me when you get home? (call: ~에게 전화하다)

할 것이니?(will) 너 전화하는 것(call) 나에게 / 그때(when) 네가 가졌을 때 (get) (도착함을) 집에

(너 전화할 거니? 나에게 / 네가 도착했을 때 집에)

(c) We will **discuss** the new schedule. (discuss: ~에 대해 토론하다)

우리는 할 것이다.(will) 무엇에 대해 토론하는 것(discuss) 그 새로운 계획

(우리는 토론할 것이다. 새로운 계획에 대해)

- ▶ discuss의 cuss는 strike의 뜻이며 결국 discuss는 '여기저기 두드려 보다(strike)'라는 이미지임. 토론이라고 하는 것은 서로 다른 생각들을 두드려 보는 것이므로 이러한 그림에서 '토론하다'라는 의미가 나옴

전치사 총정리

전치사	이미지	원뜻	예문
up		(최고치까지) 무엇 위로	He is coming **up** the stairs.
down		무엇 아래로	He fell **down** the stairs.
from		무엇에서부터 시작하여	He came **from** Europe.
to		무엇을 목표로 도착할 때까지(미래)	Let's go **to** the museum.
toward		어떤 쪽을 향하여 (운동의 방향)	He walked **toward** me.
on (upon)		무엇에 덧붙어서 위에	This book is **on** the table. • on 구어체 upon 문어체
beneath		무엇에 덧붙어서 아래에	He put the pillow **beneath** my head.
off (or away)		무엇에서 떨어져서 (무엇에서 분리되어)	He fell **off** the bed.
over		위에서 무엇을 다 덮어서 (수직방향의 바로 위)	There is a bridge **over** the river.
under		대항할 수 없는 무엇 아래에 (수직방향의 바로 아래)	The dog is **under** the table.
underneath		무엇 아래에 (덮여 있어서 보이지 않는 경우)	He is looking **underneath** the car.
above		무엇 위쪽에 (비스듬히 멀리 떨어져서 위) (기준 이상)	There is a waterfall **above** the bridge.
below		무엇 아래쪽에 (비스듬히 멀리 떨어져서 아래) (기준 이하)	The hut is **below** the top of the mountain.
in		무엇 안에	This ball is **in** the box.

전치사	이미지	원뜻	예문
into		무엇 안으로	He jumped **into** the sea.
out		무엇 밖에	This ball is **out** the box.
out of		무엇 밖으로	He tried to pull it **out of** the water.
across		무엇을 가로질러	Don't run **across** the road.
along		무엇을 죽 따라서	He ran **along** the river.
around		무엇을 돌아서	He ran **around** the lake.
past		무엇을 지나서	My house is **past** the bookstore.
through		무엇을 통과해서	The fly came **through** the window.
about (=concerning=regarding=as regards=as to=in(with) regard to=respecting=with respect to=in respect of=in(with) reference to)》 《떨어져(ab=away) 밖에(out) 있다》		무엇에 관하여 (about 다음의 것과는 동일체가 아니고 떨어져 있는 것(관련된 것)이라는 개념임)	Tell me all **about** it.
after		무엇의 뒤를 따라서 (무엇 후에)	He takes **after** his father.
before		무엇 전에	He will leave **before** lunch.
by	가까이에 있는(near) (가까이에 있으면 영향을 미치게 됨)	① 가까이에 있어 영향을 치는 힘은 ② 무엇 가까이에 (무엇 옆에―장소) ③ 어느 시간 가까이에 (언제까지―시간)	①This house is heated **by** gas. ② Come and sit **by** me. ③ I will finish my work **by** tomorrow.
for		무엇만을 생각하면서 (생각 전치사)	It's a book **for** children.

전치사	이미지	원뜻	예문
of	일부 of 전체	분리 불가능한 무엇의 일부로서의	the handle **of** my car
at		여러 개 중 무엇 하나만 콕 찍듯 가리켜	He met her **at** the hospital.
with (along with)		무엇과 함께 (무엇과 힘을 합쳐)	He lives **with** his parents.
in front of		무엇의 앞에	The bus stop is **in front of** my house.
in back of (=behind)		무엇의 뒤에	Your bag is **behind** the chair.
beside next		무엇의 옆에	The telephone is **beside** the window.
between		(둘) 사이에	My house is **between** the bookstore and drugstore.
among		(셋 이상) 사이에	He is the tallest boy **among** the students.
according to		무엇에 따라서	Just do it **according to** the plan.
against		무엇에 반대하여	She is **against** seeing him.
amid		무엇의 한복판에	He found himself **amid** the enemy.
apart from (=aside from=except=except for=excepting for=but=save)		무엇을 제외하고	There is nobody here **apart from** me.
as	A as B =	그건 다음과 같이	He treats me **as** a child.
as for	문장 앞에 온다	무엇에 대해 말하자면	**As for** me, I like fall much better.
because of (=owing to =due to)		무엇 때문에 (이유는)	He didn't go out **because of** the bad weather.
beyond		무엇 너머에	Don't go **beyond** the river.

전치사	이미지	원뜻	예문
by means of (=by dint of=by virtue of)		무엇에 의하여	**By means of** hard work he succeeded.
during		무엇 동안 계속 (동작, 상태의 계속)	**During** the night it rained.
in addition to (=besides=as well as)		무엇에 더하여 (무엇 외에도)	He speaks French well **in addition to** English.
in case of		무엇의 경우에	**In case of** fire, ring the alarm bell.
including		무엇을 포함하여	Five were present, **including** the teacher.
in place of (=instead of)		무엇 대신에	I will go there **in place of** you.
inside	in보다 좁은 개념	무엇의 안쪽에	Go **inside** the house.
outside	out보다 좁은 개념	무엇의 바깥쪽에	You can park your car **outside** our house.
in spite of (=despite of=notwithstanding =for all=with all)		무엇에도 불구하고	He failed **in spite of** his efforts.
like		무엇처럼	Her eyes shine **like** stars.
unlike		무엇과 다르게	**Unlike** your brother, you study a lot.
near		무엇 가까이에	Do you live **near** here?
regardless of		무엇에 상관없이	You can do it **regardless of** age.
since	과거의 어떤 사건부터 지금까지 계속 (현재완료와 함께 씀)	무엇부터(지금까지) 계속(죽)	It has been raining **since** last night.
throughout		① 모든 곳에(도처에) ② 모든 시간 동안(내내)	① He traveled **throughout** the country. ② He played the game **throughout the day.**
till(until)	till-격식적 until-비격식적	언제까지 (동작, 상태 계속)	I will be here **till** six.
within	within+특정 기간	어떤 기간 이내에	I will finish my work **within** one week.
up to		어떤 수, 정도까지	I can take **up to** five people in my car.
onto		어떤 덧붙는 목표점을 향해	The cat jumped **onto** the table.

D 특수문장

Part 30 일치(一致)와 화법(話法)

1. 주어와 동사의 일치

(1) 동사는 주어의 인칭과 수에 따라서 문법적으로 일치하여야 함

(2) **A and B**: 복수가 원칙이지만 예외가 있음

① **A black and white dog was** running there. (한 마리–단수)
한 마리의 검고 흰 얼룩 개가 이었다.(was) 뛰어가고 있는 상태(running) 그쪽으로

② **A black and a white dog were** running there. (두 마리–복수)
한 마리의 검은 개와 한 마리의 흰 개가 이었다.(were) 뛰어가고 있는 상태(running) 그쪽으로

③ **Romeo and Juliet was** written by Shakespeare. (작품–단수)
로미오와 줄리엣을 이었다.(was) 썼던 상태(written) / 가까이에서 영향을 미치는 힘은(by) 셰익스피어
(로미오와 줄리엣을 썼다. 셰익스피어가)

(3) **A or B / either A or B / neither A nor B / not only A but also B**일 때는 **B에 일치시키고, 'A as well as B'일 때는 A(전자)에 일치시킴**

① **Either** you **or** he **has** to stay home.
둘 중 하나(either) 너 아니면(or) 그 사람 / 해야 한다.(has to) 머무르는 것(stay) 집에
(너와 그 사람 중에서 한 사람은 집에 있어야 한다.)

▶ either A or B: 둘 중 어느 하나

② **Neither** you **nor** I **am** rich.
둘 중 어느 것도 아닌(neither). 너 아니면 나 / 이다.(am) 부유한 상태(rich)
(너도 나도 부유하지 않다.)

▶ neither A nor B: 둘 중 어느 것도 아닌

③ **Not only** you **but also** he **is** right.
오직 하나가 아니다(not only) 너 / 반대로 역시(but also) 그는(he) 이다.(is) 옳은 상태(right)
(너뿐만 아니라 그 역시 옳다.)

=He **as well as** you **is** right.
그는 그렇게(as) 잘(well) 그건 다음과 같이(as) 너 / 이다.(is) 옳은 상태(right)
(그는 너뿐만 아니라 옳다.)

▶ not only A but also B: A뿐만 아니라 B 역시
▶ A as well as B: A도 B뿐만 아니라

2. 시제의 일치

(1) 주절의 동사와 종속절의 동사는 그 시제가 맞아야 함

(2) 주절의 동사가 현재시제, 미래형, 현재완료형이면 종속절의 시제는 제한이 없음

① He **says** that he **can** drive a car.

그는 말한다.(says) / 그건(that) 그가 운전할 수 있다고(he can drive) 차를

② He **will say** that he **could** drive a car.

그는 말할 것이다.(will say) / 그건(that) 그가 운전할 수 있었다고(he could drive) 차를

③ He **has said** that he **will** be able to drive a car.

그는 말해 왔다.(has said) / 그건(that) 그가 운전할 수 있을 것이라고(he will be able to drive) 차를

(3) 주절의 동사가 과거시제이면 종속절은 과거시제나 과거완료형이 됨

① I **think** that he **is** honest.

나는 생각한다.(think) / 그건(that) 그가 정직하다고(he is honest)

I **thought** that he **was** honest.

나는 생각했다.(thought) / 그건(that) 그가 정직했다고(he was honest)

② He **says** that he **has read** the book.

그는 말한다.(says) / 그건(that) 그가 계속 읽었다고(he has read) 그 책을

He **said** that he **had read** the book.

그는 말했다.(said) / 그건(that) 그가 계속 읽었었다고(he had read) 그 책을

(4) 시제의 일치에 대한 예외: 주절의 시제가 변해도 종속절의 시제가 변하지 않는 경우가 있음

① 일반적 진리: 동사는 현재시제

We **learned** that the earth **moves** round the sun.

우리는 배웠다.(learned) / 그건(that) 지구는 움직인다는 것(the earth moves) 무엇을 돌아서(round) 태양

② 현재의 습관: 동사는 현재시제

He **said** that he **goes** to church every Sunday.

그는 말했다.(said) / 그건(that) 그가 간다는 것(he goes) 무엇을 목표로(to) 교회 (교회로) / 하나하나의(every) 일요일에 (일요일마다)

③ 역사적 사실: 동사는 과거시제

Our teacher **says**, "World War Ⅱ **broke** out in 1939."

우리 선생님은 말한다.(says) "2차 세계대전은 일어났다.(broke out) 1939년에"라고

④ 가정법: 그대로의 시제를 씀

She **said** that If she **were** rich she **would** buy it.

그녀는 말했다.(said) / 그건(that) 만약(if) 그녀가 부유했다면(she were rich) 그녀는 샀을 것이라고(she would buy) 그것을

⑤ must는 그대로 쓰거나 'had to'를 씀

He **said** that he **must**(or **had to**) start at once.

그는 말했다.(said) / 그건(that) 그가 출발해야 한다고(he must start) 곧(at once)

3. 화법의 전환
(1) **평서문의 전달: 전달동사 say는 say로, 'say to'는 tell로 바꾸고, 그 외의 동사는 그대로 씀**

① He said, "This boy is very honest."

⇒ He **said** (that) that boy **was** very honest.

그는 의견을 말했다.(said) / 그건(that) 그 소년이 아주 정직하다고(was very honest)

② She said to him, "I met your father."

⇒ She **told** him (that) she **had met** his father.

그녀는 이야기했다.(told) 그에게 / (그건that) 그녀가 만났었다고(had met) 그의 아버지를

(2) **의문문의 전달**

① 의문사가 있는 의문문: 전달동사를 ask로 바꾸고, 피전달문을 '의문사+주어+동사'의 순서로 배열함

I said to the boy, "How old are you?"

⇒ I **asked** the boy how old he **was**.

나는 물었다.(asked) 그 소년에게 / 얼마나(how) 나이 든 상태(old) 그가(he) 이었는지(was)

(나는 물었다. 그 소년에게 그가 몇 살인지를)

② 의문사가 없는 의문문: 전달동사를 ask로 바꾸고, 피전달문을 'if(or whether)+주어+동사'의 순서로 배열함

He said to me, "Is this your book?"

⇒ He **asked** me **if**(or **whether**) that **was** my book.

그는 물었다.(asked) 나에게 / 그것이 인지 아닌지를(if that was) 나의 책(my book)

(그는 물었다. 그것이 나의 책인지 아닌지를)

③ 명령문의 전달: 전달동사를 'tell, ask, order, advise, beg 등'으로 바꾸고 목적어 뒤에 to부정사를 씀

(a) The teacher *said to* us, "Be quiet in the classroom."

⇒ The teacher **told** us **to be** quiet in the classroom.

선생님은 내용을 이야기했다.(told) 우리가(us) 조용한 상태이도록(to be quiet) / 무엇 안에서(in) 교실

(b) He *said to* me, "Please close the window."

⇒ He **asked** me **to close** the window.

그는 요구했다.(asked) 내가(me) 닫을 것을(to close) 그 창문을

(c) The police officer *said to* them, "Don't go out."

⇒ The police officer **ordered** them **not to go** out.

그 경찰관은 명령했다.(ordered) 그들이(them) 나가지 말 것을(not to go out)

④ 감탄문의 전달: 전달동사를 'cry, shout 등'으로 바꾸고 감탄문 어순을 그대로 쓰거나 very를 보충하여 평서문으로 변경함

He said, "What a pretty girl she is!"

그는 의견을 말했다.(said) "얼마나 예쁜 소녀인가! 그녀는"

⇒ He **cried out** what a pretty girl she was.

그는 소리쳤다.(cried out) 그녀는 얼마나 예쁜 소녀인가라고

⇒ He **cried out** that she was a **very** pretty girl.

그는 소리쳤다.(cried out) / 그건(that) 그녀가 매우 예쁜 소녀라고

Part 31 특수구문(特殊構文)

1. 도치, 강조, 생략

(1) 도치(倒置): 거꾸로 놓다

① 영어는 어순을 중요시하는 언어임에도 도치를 쓰는 이유는 의미를 강조하기 위해서임
② 목적어, 보어, 부사(구) 등이 강조 때문에 문두에 나가는 경우

  (a) **What he said in mind** nobody knew. (목적어)
   무엇 그가 말했던 것 무엇 안에(in) 마음 / 아무도 알지 못했다.(nobody knew)
   (그가 생각했던 무엇을 아무도 몰랐다.)

  (b) **Happy** are those who love flowers. (보어)
   행복한 상태(happy)이다.(are) 그 사람들 / 그 사람들은(who) 사랑한다. 꽃을
   (행복하다. 꽃을 사랑하는 사람들은)

  (c) **Never** have I seen such a tall man. (부사)
   결코 가지고 있지 않다.(never have) 나는 보았던 상태를(seen) 그렇게(such) 키 큰 남자를
   (결코 나는 본 적이 없다. 나는 그렇게 키 큰 사람을)

③ 관용적인 도치

  (a) He is tired. **So am I**.
   그는 이다.(is) 피곤한 상태(tired) / 그렇게(so) 이다.(am) 나도(I) (그렇다. 나도)
   ▶ So(그렇게) am(이다) I(나도) → 그렇다. 나도

  (b) You don't like snakes. **Neither(Nor) do I**.
   너는 좋아하지 않는다.(don't like) 뱀을 / 어느 것도 하지 않는다.(neither do) 나도
   (너는 좋아하지 않는다. 뱀을 / 좋아하지 않는다. 나도)
   ▶ Neither(어느 ~도 아닌) do(하는 것) I(나도) → ~하지 않는다. 나도

  (c) **Were I a bird**, I could fly to you. (If I were a bird, ~)
   이었으면(were) 내가 새, / 나는 날아갈 수 있었을 것이다.(could fly) 너에게(to you)
   (내가 새였으면, 날아갈 수 있었을 것이다. 너에게)

  (d) **Here** comes the bus!
   여기에(here) 가까워진다.(온다)(comes) 버스가

  (e) **There** goes the bell.
   저기에(there) (지금 울린 곳에서) 멀어진다.(goes) 벨이(벨 소리가) (the bell)
   (저기 벨이 울린다.)

  (f) Woman **as** she was, she was very brave.
   그건 다음과 같다.(as) 그녀가 여성이었다.(she was woman)와 / 그녀는 매우 용감한 상태이었다.

(그녀는 여성이었음에도 불구하고, 그녀는 매우 용감했다.)

▶ '그녀가 여성인 것=그녀가 매우 용감한 것'처럼 두 문장이 같아지려면 '그녀가 여성임에도 불구하고 매우 용감하다'와 같이 두 문장을 연결해야 하며 따라서, 여기서 as는 'though(~임에도 불구하고)'의 뜻임

(2) 강조

① It is ~ that 강조구문

(a) It was **I** that met her in the park yesterday. (I 강조)

그것은 이었다.(was) 나 / 나는(that) 만났다. 그녀를 공원에서 어제

(b) It was **her** that I met in the park yesterday. (her 강조)

그것은 이었다.(was) 그녀 / 그녀를(that) 나는 만났다. 공원에서 어제

(c) It was **in the park** that I met her yesterday. (in the park 강조)

그것은 이었다.(was) 공원에서 / 그곳에서(that) 나는 만났다. 그녀를 어제

② 강조어구에 의한 강조

(a) 강조의 조동사 'do'

ⓐ 말하는 사람이 생각할 때 듣는 사람이 어떤 일에 대해 확신이 없다고 생각할 때 강조의 조동사 do 사용. 강조하는 동사 앞에 위치

ⓑ Please **do** come in.

원하는 대로 하게 해주세요.(please) 하는 것.(do) 가까워지는(오는) 것(come) 무엇 안에(in)

(어서 들어오세요.)

(b) on earth(in the world): 도대체

ⓐ 'on earth'는 '땅에(earth) 덧붙어(on) 있다'라는 뜻으로 의문문에서 '이 땅에 덧붙어 잘 살고 있으면서 도대체 왜 공중에 붕 떠있는 듯한 그런 허튼소리를 하느냐'는 불만(놀람, 노여움)을 표현할 때 사용됨

ⓑ What **on earth(in the world)** do you mean?

무엇을(what) 도대체(on earth) 너는 의미하니(do you mean)?

(도대체 무슨 뜻이야?)

▶ 상대방이 한 말이 이해가 되지 않아서 무슨 의도에서 한 말인지 확인하려는 표현

(c) He is the **very** man (that) I want to see.

그는 이다.(is) 바로 그 사람(the very man) / (그 사람을 that) 나는 원한다.(want) 만나기를(to see)

(그는 바로 그 사람이다. 내가 만나고 싶은)

(d) I **myself** went there.

나(I) 내 자신이(myself) 갔다. 거기에

(e) He doesn't like sports **at all**.

그는 하지 않는다.(doesn't) 좋아하는 것(like) 운동을 / 콕 찍듯 가리켜(at) 전부(all)

(그는 좋아하지 않는다. 운동을 전혀)

▶ not at all: not(아니게)+at(콕 찍듯 가리켜)+all(전부) → 전혀 ~아니게

(f) This is **by far** the best.
이것은 이다.(is) 매우(by far) 최고 (이것이 단연 최고다.)

ⓐ far의 원뜻은 '강의 건너편'임. 고대 원시인들에겐 강의 건너편은 '매우 거리가 멀고 시간이 걸리는 정도가 매우 큰 존재'이었으므로 far는 '장소나 거리가 먼, 정도가 매우 큰' 등의 의미를 갖게 되었음

ⓑ by far는 '강의 건너편(far) 가까이에(by=near)'라는 이미지로 '강의 건너편'이 매우 크게 느껴질 것이므로 '매우'라는 뜻이 나왔음

(3) 생략

① 동일어구의 생략

(a) Come tomorrow if you want to **(come)**.
가까워져라.(와라)(come) 내일 / 만약(if) 네가 원하면 오기를(to come)

(b) To some life is pleasure; to others **(life is)** suffering.
어떤 사람들에게(to some) 인생은 이다.(is) 즐거움; 다른 사람들에게는(to others) (인생은 이다.) 괴로움(고통)(suffering)

▶ suffer: suf(sub 아래에서)+fer(carry 나르다) → (무거운 것) 아래에서 (그것을 메고) 나르다 → 고통받다

② 관용적인 생략

(a) Correct errors if **(there are)** any.
바로잡아라.(고쳐라)(correct) 잘못을 / 만약 (있다면) 어떤 것이(if any)

(b) Put "the" where **(it is)** necessary.
놓으세요.(put) the를 / 어디에(where) 그것이 필요한 곳에
(the를 넣으시오. 필요한 곳에)

(c) **(This is)** Not for sale.
이것은 이지 않다(is not) / 무엇만을 생각하면서(for) 판매 (이것은 비매품이다.)

2. 공통, 삽입, 동격, 무생물주어

(1) **공통관계: 한 어구가 다른 둘 이상의 어구에 대해 공통의 문법적 관계를 갖는 경우가 많음**

He has been and will be **a hard worker**.
그는 가지고 있다.(has) 이었던 상태(been) (부지런한 일꾼) / 그리고, 일 것이다.(will) 부지런한 일꾼이다.(be a hard worker) (그는 지금까지 부지런한 일꾼이었으며 또 앞으로도 그럴 것이다.)

(2) **삽입: 글 안에 보충설명을 위해 다른 어구나 절을 삽입하는 경우가 있음**

① He is, **so to speak**, a grown-up baby. (말하자면)
그는 이다.(is) / 그렇게(so) 말하기로 되어 있는(to speak) 상태, / 다 큰 애기(a grown-up baby)

(그는, 말하자면, 다 큰 애기다.)

▶ so to speak: so(그건 다음과 같이)+to speak(말하기로 되어 있는 상태) → 다음과 같이 말하기로 되어 있는 상태 → 말하자면

② There is little, **if any**, hope of his recovery.

거의 없다.(there is little) / 만약 어떤 것이 있다고 해도(if any), / 희망(hope) 무엇의 일부로서의(of) 그의 회복(recovery) (거의 없다. 설사 있다고 해도, 그가 회복될 희망은)

▶ if any: if(만약)+any(어떤 ~라도) → 만약(설사) 어떤 것이 있다고 해도

③ It was very cold, and **what was worse**, it began to snow.

날씨가 이었다.(it was) 매우 추운 상태(very cold), / 그리고 설상가상(심지어) / 시작했다.(it began) 눈이 오기를(to snow) (날씨가 매우 추웠다. 그리고, 심지어 눈이 오기 시작했다.)

▶ what was worse: what(무엇이)+was(이었다)+worse(더욱 나쁘게) → 더욱 심하게 → 설상가상(심지어)

▶ to make matters worse: to make(만들어)+matters(문제들을)+worse(더 나쁘게) → 설상가상(심지어)

(3) **동격(同格)**: 어떤 명사 또는 명사 상당어구를 보충설명하기 위해 다른 명사나 명사 상당어구를 병행하는 것을 동격이라 함

I saw **Robert**, *our homeroom teacher*.

나는 보았다.(saw) 로버트를, 우리의 담임선생님인

(4) **무생물주어**: 무생물을 주어로 하여 표현하는 경우가 있음

The heavy rain has caused the river to rise.

그 심한 비는 가지고 있다.(has) 원인이 되었던 상태(caused) 그 강물이(the river) 위쪽으로 움직이는(불어나는) 상태(to rise) (그 심한 비는 원인이 되어 왔다. 강물이 불어나는 상태의)

부록

동사의 종류
준 동 사

동사의 종류

성질에 따른 분류	존재동사	움직임이 없는 동사	be동사: ~이다 / 있다	❶ 진행형과 수동태에 쓰이지 않는 be동사	조동사 (❷❸❹❺)
				❷ 진행형과 수동태에 쓰이는 be동사	
			❸ 완료형의 have: 가지고 있다		
			❹ 미래조동사 • will: ~할(일) 것이다 • shall: ~하(이)기로 되어 있다 • can: ~할(일) 수 있다 • may: ~할(일) 수도 있다 • must: 반드시 ~하(이)기로 되어 있다		
	동작동사	움직임이 있는 동사	❺ 본래는 본동사이지만 상황에 따라 조동사로 쓰이는 동사들 • do: ~을 하다 • ought to: ~해야 한다 • need: ~해야 한다 • dare: 감히 ~할 용기가 있다		
			❻ 일반동사: 동작동사 전체에서 ❺를 뺀 동사 (동작동사-❺)		본동사 (❻)
형태에 따른 분류	부정사	• 말의 법칙이 따로 정(定)하여져 있지 아니한(不) 말(詞)로서 인칭, 수의 영향을 받지 않고 항상 원형으로만 쓰이는 동사		• 부정사=원형부정사=동사원형≠to부정사 • '행위 자체'를 표현	
	준동사	• 준동사는 동사의 특성을 그대로 가지고 있어 동사에 준(準)하지만, 문장 안에서 다른 품사(명사, 형용사, 부사)로 써먹는 말들임 • to부정사, 동명사, 분사(현재분사, 과거분사)로 분류		• **to부정사**=to+부정사 • **동명사**=부정사에 -ing를 붙임 • **현재분사**=부정사에 -ing를 붙여 진행형 표현 • **과거분사**=부정사에 -ed를 붙이거나 형태를 바꾸어서 **완료형**과 **수동태** 표현	
	시제	• 부정사의 형태를 바꾸어서 나타내는 시간의 법칙		• **현재시제**=부정사에 -(e)s 등을 붙여 표현 • **과거시제**=부정사에 -ed 등을 붙이거나 형태를 바꾸어 표현	
	유사시제	• 조동사의 도움을 받아서 표현하는 어떤 시간 안에서의 하나의 모습으로 시제는 아니지만 시제와 유사한 형태 • 부정사의 형태가 바뀌는 것이 아니라 be동사, 완료형의 have, 미래조동사의 도움을 받아 표현		• **진행형**=be동사+부정사 -ing • **완료형**=have+과거분사 • **미래형**=미래조동사(현재형)+원형부정사 • **가정법**=미래조동사(현재형or과거형)+원형부정사	

준동사

준동사		형태	역할	의미	성질
❶ to부정사		to+부정사	명사 형용사 부사	무엇 하기(이기)로 되어 있는 미래 의미	미래성
		❶ 전치사 to(무엇을 목표로 하여 도착할 때까지)의 원뜻에 미래의 의미(도착할 때까지)가 있어 to가 붙는 to부정사는 미래의 의미를 갖게 됨 ❷ **To read** good books is important. (명사적 용법) 읽는 것은(to read) 좋은 책을 / 이다.(is) 중요한 상태(important) (읽는 것은 좋은 책을 / 중요하다.)			
❷ 동명사		부정사+ing	명 사	무엇 하고(이고) 있는 것 진행 의미 명사 느낌	과거성
		❶ ing가 붙으면 진행의 의미를 갖는데, 지금 진행하고 있다는 것은 최소한 현재보다 단 0.1초라도 이전에 동작이 시작되었다는 의미이므로 동명사는 과거의 의미를 갖게 됨 ❷ **Riding** a bicycle is fun. (주어로 쓰임) 타는 것은(riding) 자전거를 / 이다.(is) 재미있는 상태(fun) (자전거를 타는 것은 재미있다.)			
❸ 분사	현재분사	부정사+ing	형용사	무엇 하고 있는 상태 진행 의미 형용사	진행형에 사용
		❶ '동사+ing'는 동명사든 현재분사든 진행의 의미를 가짐 ❷ I am **going** to school. (현재진행형) 나는 이다.(is) 가고 있는 상태(going) / 무엇을 목표로(to) 학교 (나는 가고 있다. 학교에)			
	과거분사(p.p.)	부정사+ed	형용사	무엇 했(이었)던 상태 과거 의미 형용사	완료형과 수동태에 사용
		❶ 완료형: 무엇 했(이었)던 상태를 가지고 있다/ 있었다 /있을 것이다 　　과거분사(p.p.)　　　　　have　　had　　will have ▶ 어떤 시점에서 어떤 시점까지 계속적으로 이어지는 상태를 표현하기 위해 완료형 사용함 ▶ She **has gone** to Paris. (완료형-현재완료) 그녀는 현재 가지고 있다.(has) 갔던 상태(gone)를 / 무엇을 목표로(to) 파리 (그녀는 파리에 가있다.) ❷ 수동태: 무엇 했(이었)던 상태(p.p.)이다(be동사) ▶ 말하는 사람의 의사와 관계없이(passive) 이미 벌어져 있는 상태를 표현할 때 사용 ▶ The door **was opened** by him. (수동태) 그 문을 이었다.(was) 열었던 상태(opened) / 가까이에서 영향을 미치는 힘은(by) 그 사람 (그 문을 열었다. 그가) ▶ open(연다-현재동사)-opened(열었다-과거동사)-opened[열었던 상태-과거분사(형용사)] ▶ 수동태에서 주어는 행위의 대상이므로 목적어처럼 느끼면 됨